グローバル化時代の宗教文化教育

井上順孝

弘文堂

はじめに

　グローバル化という言葉が広まり始めた頃、世界中でマクドナルドが販売されるような現象と説明する文章をよく見かけた。グローバル化を画一的とか均質的といったイメージでとらえられたのであろう。ただそれはあくまでグローバル化の一側面に過ぎない。グローバル化はもっと別のところにより大きな特徴がある。一言であらわすとボーダレス化である。

　ボーダレス化の分かりやすい例は、コミュニケーション手段である。たとえば今から半世紀ほど前の1970年代前半に、手紙や固定電話で国外の人と連絡を取るときにどんなことをしたか。航空郵便で送るなら、封筒の表面に「Air Mail」と朱書し、どの国に送るかで値段が違うので、切手代を確認した。国際電話なら交換手を呼んで相手がいる国と電話番号を告げた。相手に料金を支払ってもらうコレクトコールというのもあった。現在の電子メールでは相手が今どこにいるかなど考える必要はない。メールアドレスさえ知っていればいい。電話もスマートフォンのアプリを使えば、どの国にいようと国内にいる感覚で電話ができる。連絡しあうときに国境という感覚は喪失してしまっている。

　こうした例にとどまらず、グローバル化は日常生活のあらゆる側面に及んできている。その影響は複雑で、当然ながら個人や社会にとって好ましく思われる場合もあれば、そうでない場合もある。しばしば厄介な事態を招いてもいる。ボーダーが薄れたり、失われたりすると、それまである社会で自明であったことがそうでなくなっていく。カオスの起爆剤にもなり得る。

グローバル化がもたらす厄介な側面は、必然的に宗教に関わる事柄にも及ぶ。宗教はどの国においても、文化の中に溶け込み、人々の意識や行動のあり方に、当人もあまり意識しないような形で作用している。暗黙の文化的価値や社会的なコンセンサスの構築に参画している。それが土台から少しずつ揺るがされてきている。

21世紀に入ると、グローバル化は情報化と密接に関連しながら一段と進展した。宗教の活動形態や宗教情報の広がりも、今までよりも格段にスピードが速まり、同時に活動内容や情報内容における多様性も増した。とくに一部の新しい宗教に至っては、「ハイパー化」と呼べるような種々の要素の自由な取り込みが観察される。

情報化はこれまで自明とされてきた神道や仏教に根差す宗教文化を揺るがす一方で、外来の新しい宗教や宗教文化との接触の機会を増やす方向に働く。島国という地理的特徴をもっていた日本にも宗教や宗教文化に対する新しい姿勢が求められている。自国の宗教文化をあらためて考え直し、これまで接触の少なかった宗教文化を柔軟に理解していかなければならない。そのためには、現代の宗教と宗教文化についての素養を深めることが出発点で、何よりも学びの姿勢が重要になる。

10年ほど前、國學院大學での演習を担当していたとき、神饌、つまり神社で神に供える食べ物について発表した学生がいた。その学生が神饌に用いる米は国産米でなければならないという主張をして、他の学生たちからかなり反論を受けるという出来事があった。発表した学生は日本書紀の一文を持ち出して、国産米を使うのは天照大神からの命令であると主張した。これに対し、国産米かどうか分からないとか、安い外国の米でも文句は言えないといった意見が出た。そもそも米は日本原産ではないという指摘も出された。グローバル化や情報化が進行する同時代に育っても、どのような環境にあったかで、一つの事柄に関して著しく異なった認識を生じる例である。

大学時代に少林寺拳法部に所属していた。卒業後は部員の多くが拳生会という名称のＯＢ・ＯＧ会に所属する。２０１０年代の後半であったが、その総会に出ていたとき、数歳下の後輩が近寄ってきて私に質問した。「近くにモスクができたのですが、テロの心配とかないでしょうかね？」

最初冗談かと思ったのだが、その顔は真剣であった。むろん常識はずれの人ではない。会社でもきちんと役職についていて、拳生会でも世話役を買ってでている気さくな人である。そんな人がモスクに対して、こんな考えをもっているのかと、現実を突きつけられる思いであった。

大学の講義では現代のイスラム教についても概説する。大学生の大半がイスラム教をすぐテロと結びつけて考えるのは、体験的によく分かっている。そこでその認識を変えるために、一歩日本を出たなら、世界に20億人近くいるイスラム教徒についての基本的知識は不可欠だと説く。なぜイスラム教徒がモスクを建てようとするかについても説明する。半期の講義が終わる頃には、宗教の多様性についてある程度理解し、イスラム教徒からテロリストを連想するとか、宗教はアブナイと決めつける学生は、かなり減っていく。

拳生会での後輩の発言を聞いて、こうした教育を社会人に広げていくことの必要性が高まっていると感じた。ＪＯＣ（日本オリンピック委員会）の国際人養成アカデミーで講演したり、企業の中堅の人たちを対象にした講習の講師を務める機会も多くなった。そうした場で宗教や宗教文化がいかに生活に密着したものであるかを説明すると、関心をもってもらえるということを肌で感じた。

本書では寺院や神社あるいは教会などで目にする宗教の姿よりも、日常生活の中にときにひっそりと、ときに明瞭に姿をあらわしている宗教文化について、多くの頁を割いている。宗教は特別な事柄であるとか、一部の人だけが関わっているといった認識を持っている人がいたとしたら、それを再考して欲しいと考えたからである。

現在の中等教育で用いられる教科書を見ると、複数の科目でキリスト教や仏教の教えの概要や儀礼などについては、ある程度説明されている。問題はそれを現代に即して教えられる教師、またそうしなければならないと考えている教師がどれだけいるかである。大学になると、宗教や宗教文化について多くの学びができる大学と、まったく考慮されていない大学との偏りがはなはだしい。社会人になれば、よほど差し迫った事情でもないと自ら学ぼうとする人は稀である。

こうした現状からの一歩前進を目指して、ここ10年ほどに広がりを見せた宗教文化教育の目指すところについて述べたのが本書である。グローバル化の時代には予測もつかない宗教的価値観に出会うこともあろう。できるだけ具体的事例に即して説明するように心がけたので、宗教文化の基礎的素養を深め、多様な価値観を理解していく姿勢を養うための一助としていただければと願っている。

目次

第1章 身の回りにある宗教文化の急速な多様化

1 21世紀に加速した宗教文化の多様化

増加する外来の宗教施設

21世紀に入り、それまではあまり身近に目にすることのなかったような国外からの宗教の施設が増えている。そうした宗教の信者の絶対数がまだそれほど多くないので、それをあまり実感していない人も多いかもしれない。外観からすぐ宗教施設だと分かる建物もあるが、多くは普通のビル、さらにその中の一室であったりするものも多く、そうと分かりにくい。宗教についての知識がそれほど豊富でない人にとって、看板やちょっとした象徴物、あるいはアイコンが入口にあったとしても、宗教施設かどうかを判断するのは、とても難しい。

新聞、雑誌あるいはテレビ等で比較的話題に上ることが多くなったのは、イスラム教のモスク（マスジッド）の増加である。だが、モスクも外観からすぐ分かるものはそれほど多くはない。1935

写真 1-1　神戸のジャイナ教寺院

年に建てられた神戸市中央区にある神戸モスクや、2000年に新たな装いのもとに建てられた東京都渋谷区の東京ジャーミィーなどであると、外観からもモスクだと分かりやすい。しかし2019年の時点で百近くになったモスクの多くは、外観はさほどモスクらしさがなかったりする。それまで別の建物であったのをモスクとして使うようになって場合はとくにそうである。

ジャイナ教の寺院も神戸にあるが、さほど大きくなく、仮にその前を通ったとしても、「バグワン　マハビール　ジェイン寺院」と書いてある案内板をちゃんと読まないと、宗教施設だとは気づかないまま通り過ぎそうである。台湾で戦後設立された佛光山という仏教系の教団があり、日本にも寺院を設立しているが、外観や寺院名を見てすぐ国外から来た宗教の施設と分かる人は少ないだろう[1]。

神社や寺院やキリスト教会の建物やシンボルを日本人は見慣れているから、鳥居があれば神社を連想し、法輪のある屋根を見れば寺院かと思う。十字架があればキリスト教会と思う。しかし、ユダヤ教のシナゴーグ、佛光山の施設、あるいはシーク教の集会所などとなると宗教に関心を持った人以外がすぐに認知するのは難しい。タイのタンマガーイ教団や韓国の圓佛教のように、普通のビルや民家を宗教施設に使っている場合など、なかなか見分けることはできない。

外来の宗教施設の多様化は、グローバル化が進行する中で生じる現象の一つである。グローバル化が進めば、人と人との交流が国境を越えて広がる度合いが急速に高まる。日本に留学する学生、国際結婚により日本に住むことになった外国人、そして彼らの子どもたち、企業その他において短期・長期に働く人、こうした人たちがどんどん増えている。さらに観光やビジネス、国際会議、その他で日本を訪れる人となると、まさにウナギのぼりと言っていい増え方である。

日本を訪れたり、日本に住んだりする外国人の増加を、具体的な数字で少し確認しておく。グラフ1-1にみるように、1960年に日本に入国した人の数は約14万人であったが、1980年には129万人と一桁増えている。2000年には527万人、そして2018年には3千万人を超えた。21世紀にはいってからの増加が顕著であることが一目瞭然である。

グラフ1-2は外国人居住者の推移を示しているが、これも、1960年に約65万人であったのが、1980年には78万人、2000年には169万人、そして2018年には273万人となった。1980年代後半あたりからの伸びが目立つ。

人々のグローバルな交流はさまざまな形での、多くの分野での文化の交流をもたらす。言葉のよう

1　21世紀にはいってからの日本における外来宗教の展開については、宗教情報リサーチセンター編『日本における外来宗教の広がり―21世紀の展開を中心に』（2019年）を参照。なおデジタル版は次のサイトからダウンロードできる。http://www.rirc.or.jp/20th/20th.html

に常に用いるものであると、日本国内に住んでいても、多様な言語が耳に入ってくるということは、おそらくほとんどの日本人が実感しているはずである。歩きながらでも、電車の中でも、また商店街でも、日本語以外の言葉があちこちから聞こえてくる。英語のほかに、中国語、韓国語が加わった表示は、街中に見かける。しかし、宗教文化となると、日常生活では認識されにくい。食の戒律や服装

写真 1-2　神戸のシナゴーグ

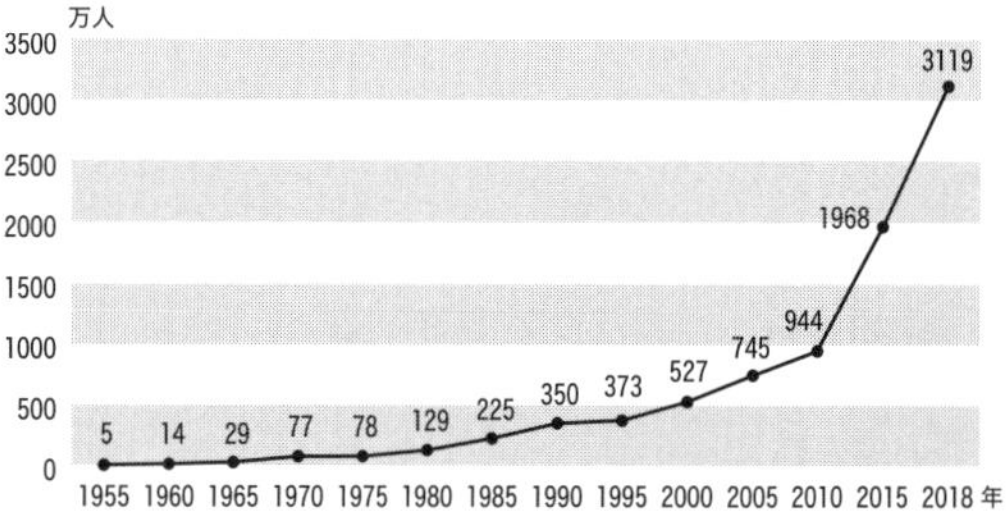

グラフ 1-1　外国人入国者数

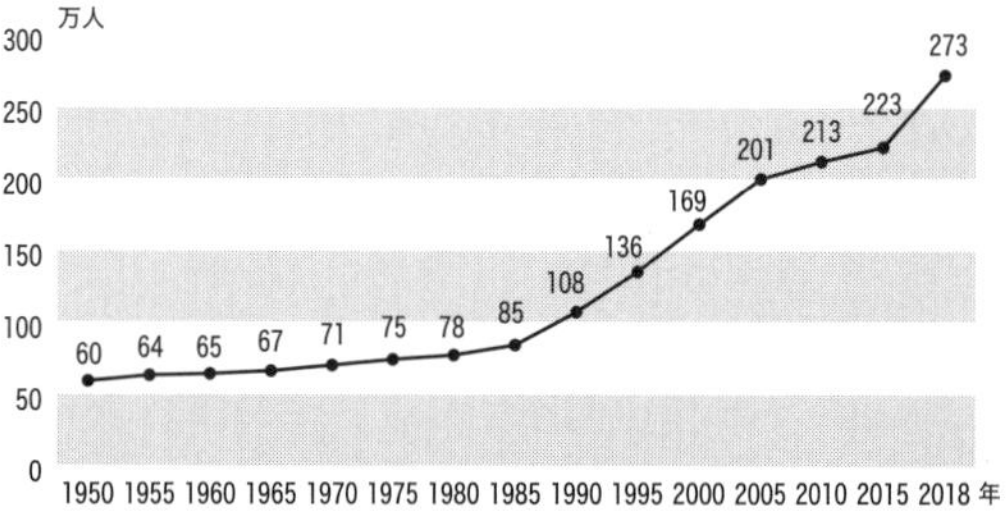

グラフ 1-2　在留外国人数

に関する戒律などは、比較的気づきやすいが、戒律により禁じられた行為とか、言葉、さらに心の内面に蓄えられている価値観のようなものは、よほど人間関係が深まらないと気づかないことが多い。

それぞれの宗教の戒律などについての原理原則的な解説をした書は増えている。しかし実際に人々がそれをどう守っているかは千差万別である。基本的なことを知識として知っておくことは大事であり、それが相手を理解しようとするときの出発点である。けれども、生きた宗教文化、生活の中に姿を見せる宗教と向かいあうときには、宗教の戒律は地域や個人において微妙に、時に大きく姿を変えることにも気づかなければならない。そのような柔軟な理解の仕方は、異なった宗教文化に対する基本的な姿勢や発想法を培っていかないと、ハウツー的な情報だけに接していては、相互の理解につながる対応はなかなか難しい。

気づきにくい自国の宗教文化

多様な宗教文化についての理解を深めることは、同時に自分のなかに無意識のうちに存する宗教文化の発想法にも気付いていくことである。実はこのことがきわめて難しい。自分が日常的に行なっていること、これまで習慣的に行なっていることは、分かった上でやっているという思い込みがあるからである。日本の宗教文化についても、親や周りの人とともに行なってきたことが多く、いろいろなことを言い聞かされてきたので、たいていのことは分かっているつもりになっている。とくに年中行事や人生儀礼は誰もが小さいときから似たような経験しているから、慣習として受け止め、おおよその意味を把握している。だが、そうしたものも、いったん突っ込んだ質問に直面すると、たじろぐ人が多い。

「なぜ初詣をするのか？ 何に拝んでいるのか？」

「なぜ節分に豆をまくのか？ 鬼は外という鬼の正体は何なのか？」

「七五三はなぜ三歳、五歳、七歳なのか？」

「なぜ男性と女性の厄年は異なるのか？」

これらは、外国人が日本に住むようになって、多くの人が行なう年中行事や人生儀礼に接したとき生まれる自然な問いのほんの一部である。もっと根本的な問いとしては、「なぜ一人の人間が神や仏など異なった対象を拝んだりするのか」というものがある。キリスト教圏やイスラム教圏で育った人が、日本の宗教の現状に接したとき必ずと言っていいほど抱く疑問である。筆者も何度かこの類の質問を外国人のジャーナリストから向けられたことがある。信仰とは一つの神に対する絶対的な帰依、信頼といったものであるというふうに考える人たちにとっては、複数の神、あるいは神仏を拝むということが理解しづらいし、神社で何という名の神か分からないままに、熱心に拝んでいるというようなことも理解し難い。

一人の人間が複数の神々、その他を信仰対象としたり、異なる宗教の儀礼を実践したりすることは、学術的にはシンクレティズム（重層信仰）と言われる。こうした信仰形態は日本独特のように思っている人もいるが、シンクレティズムは、日本のみならず、アジアのいくつかの国々に見られる。日本は歴史的に神仏習合時代が長かったので、神仏を合わせ拝むのはごく自然になっている。中国では仏教と道教が習合したし、インドではヒンドゥー教と仏教もいくぶん習合した。ブッダもヒンドゥー教では神々の一つになっている。そうしたアジアにおける宗教の歴史が現在にも及んでいる。日本人の神社や寺院、あるいはカミやホトケへの態度に疑問をもって質問してきた外国人のジャーナリストには、神仏習合などの経緯を簡単に述べて、現代のシンクレティズムを説明したりしたのだが、たいてい理解が得られた。

専門的な説明はさておいても、外国の人たちから見れば、日本人の宗教に対する態度がときに不思議に思えたり、謎だったりすることも、自覚した方がいい時代になったということである。他を理解するとともに自らを理解するという点が、宗教文化教育の根幹にある。自らをいささかも顧みることなく、自分とは異質に見える他者の側面を見つけて、嫌悪感をもって批判する典型がヘイトスピーチである。これがグローバル化の進む世界の各地で見られるのは、自分を見直す作業がもっとも難しいことを示す典型的例である。

日本に住むイスラム教徒（ムスリム）は2019年時点で外国人を含めて十数万人と見積もられているが、全人口からすると、0・1～0・2％程度ということになる。地域によりかなりの差があるけれども、おしなべて千人に1人か2人程度なら、そう目立つほどではない。ヒンドゥー教やジャイナ教、シーク教は南アジアを発祥の地とする宗教であるが、こうした宗教を信じる人が日本にもいることを知らないどころか、宗教自体について知識もない人がいる。こうしたこともあって、グローバル化の流れの中で日本の宗教状況もかなり変わり始めていることに、まださほどの注意が向けられていない。ただ教育の現場では、大まかに言えば保育園、幼稚園、小学校、中学校、高校、大学の順に宗教の多様化を身近に感じる場面が増えてきている。それはさまざまな宗教的な背景をもつ人たちが日本に居住し、その子どもたちが学校に通うようになってきているからである。そこでの宗教の多様化は、観光客の間に見られる宗教の多様化に比べて、柔軟な対応が求められる局面がはるかに多くなっている。

2 企業が直面する宗教文化のボーダレス化

企業が直面した宗教問題

宗教文化は、日常生活のあらゆる面に関わっているので、ビジネスにおいても宗教の違いがもたらす考え方や行動面の違いを視野に収めるべき事例が増えている。日本人社員が国外で勤務する機会が増加しているし、日本の企業で働く外国人社員の割合も増加している。また国内で作った製品やソフトなどを販売する国も多様化してきている。多様な宗教文化が複雑に交錯する機会が増えることによって、宗教文化の違いによって生じる行き違いや、反感、トラブルが増えることも避けがたい。

たとえば食品加工一つを例にとっても、日本では、食の戒律は非常に稀であるので、日本人を対象としている限り、生産過程や販売の際に、宗教上の戒律を考慮することは、ほとんどない。しかし、食べ物に関しては厳しい戒律を有する宗教がある。これは次章で触れるが、ユダヤ教はとくに多くの、そして複雑な食の戒律がある。イスラム教では豚のタブーが厳しい。ヒンドゥー教では牛肉を忌避する。それぞれの宗教の信者が多い地域では、こうしたことに無頓着であると、大きなトラブルに巻き込まれたり、商品のボイコットを受けたりしかねない。

2000年末に起こった「味の素事件」は、このいい例である。インドネシア味の素社が、東ジャワの工場で、味を引き出す酵素を作るためのバクテリアの培養に、本来使われる牛肉ではなく、豚肉から抽出した成分を使用したことが分かったのが発端である。戒律をチェックする同国のウラマー評議会（MUI）の指摘によって、製品回収を求められることになったのである。翌年、日本でもこの事件は大きく報道された。

イスラム教徒（ムスリム）が食品を購入したり、レストランで食事したりするようなときには、それらがハラール（許可されたもの）でなければならない。インドネシアで味の素はそれまでハラールと認定されていたが、この事件のときに、ハラール不適合とされたのである。一時は工場閉鎖、日本人責任者の身柄拘束という事態にまで発展した。両国政府を巻き込む大きな事件となったが、日本政府の要望もあって、当時のワヒド大統領がウラマー評議会の見解を否定して決着に至った。この事件の報道がなされたとき、なぜこのような騒ぎへと発展するのか、その背景を直ちに理解した日本人はどれだけいただろうか。

宗教と食べ物に関する戒律は、古くから知られているが、21世紀に入ると、これまでにはなかったような分野での問題が浮上してきた。代表的なものとして、コンピュータのゲームソフトに絡む問題がある。2007年6月に、ソニーの「プレイステーション3」用ゲームソフト（「レジスタンス―人類没落の日」）に英国国教会が抗議をした。戦闘場面にマンチェスター大聖堂が無断で使用されているというのが理由であった。国教会の態度は当初なかなか強硬で、もしソニーが謝罪やソフトの販売停止などに応じないなら、法的措置も辞さないという構えであった。ソニーが正式に謝罪したことによって、収束の方向に向かったが、教会側はソフトの回収を訴え続けていく意向を示した。

この事件の翌年の2008年、今度はソニー・コンピュータ・エンタテインメント（SCE）が問題を起こした。「プレイステーション3」用ゲームソフト「リトルビッグプラネット」内で用いられている音楽の歌詞に、コーランの一節が含まれていたことが判明したのである。同社は、海外でのソフトの発売を延期して曲の一部を削除する対応をとった。ただ日本では予定通り発売された。

同じ2008年には、集英社の人気アニメ「ジョジョの奇妙な冒険」のDVDに、イスラム教を侮辱する内容があることが明らかになった。アラビア語圏のウェブサイトで批判が高まったので、原作コミックスの出版元でアニメ制作も主導した集英社は、問題のあったアニメDVDと原作コミックスの一部出荷停止を決定した。問題となったのは、敵役がイスラム教の聖典であるコーラン（クルアーン）を読みながら主人公の殺害を指示したり、モスクが破壊されるなどの場面が含まれていた点である。

外務省もこの問題を重く見て、5月に「イスラーム教徒の感情が傷付けられたのは遺憾であり、異なる宗教や文化への理解をはぐくみ、再発しないようにすることが重要」との外務報道官談話を発表した。

これらは新聞でも報道され、多くの人が知るところとなったが、他の企業でも報道されない小さなトラブルが起こっていると考えられる。企業にとって、宗教の違いがもたらす習慣、感覚、忌避感の違いを意識しなければならないような場面は、少しずつ増えていると言っていいだろう。

宗教が関わる問題への対処法は、国によっても、地域によっても、また内部のグループによっても異なる。イスラム教では各指導者が発するファトワ（宗教令）が影響力をもち、同じ問題でも指導者ごとに異なったファトワが出されることは珍しくない。先に挙げたインドネシア味の素の件で、ウラマー評議会のファトワを当時のワヒド大統領が否定するということからしても、いろいろな思惑が絡んでいたとはいえ、同じ国でも異なった解釈があることがよく分かる。

イギリス国教会の反応も、キリスト教会の一般的な反応というわけではない。事柄によってローマカトリックが反発したり、東方正教会が反発したりという違いが出ることがある。ゲームではないが、映画では反キリスト教的なものはこれまでにも数多く制作された。少し古くなるが、1988年の映画『最後の誘惑』では、イエス・キリストがマグダラのマリアと交わる想像をするシーンなどがあり、一部に上映禁止運動が起こったりした。2006年の『ダ・ヴィンチ・コード』も、カトリック教徒の多い国では、やはり上映禁止運動が起こったりした。

宗教側の基準もまちまちであるとするなら、あまり神経質になると経済活動の妨げになるとも言えよう。それでも最低限の宗教文化に関する知識を得ておくという態度は、グローバル化が進むにつれ、いっそう必要になってくる。異なった宗教文化が接する割合は格段に増しており、また異なった宗教文化に対する基本的な配慮の欠如が、大きな問題を引き起こす機会が生じやすくなってくると考えられるからである。また企業のリスク管理という点からも、考慮せざるを得なくなってくる。

企業側の意識

企業が多様な宗教文化の問題にどのような意識を持っているかを調べるために、２００９年に主だった企業を対象としたアンケート調査をしたことがある。その調査の目的は大きく次の二つであった。

（１）企業が現在、宗教文化に関連した諸問題に、どの程度直面しているか。

（２）企業では今後の大学卒採用者に対し、宗教文化についてのどのような基礎的素養を求めているか。

当時は、こうした問題への関心はあまり高くなかった。上場企業の中から２２００社を選んで、その人事課に質問票を送付したが、回答があったのはわずか１２４社、５・６％に過ぎなかった。回答内容を見ても、まだ宗教に関わる事柄を重視しているという傾向は、さほど強くなかった。ただその中では、ＩＴ系の企業など、時代の最先端を行くような企業において、宗教文化への関心が比較的高いことが感じられた[2]。

調査結果のうち、当時の企業の宗教問題に関する関心のあり方を示すと考えられるものを一つ示しておきたい。それは「貴社で次のようなことの必要性を感じたことがありますか」という質問への回答である。あらかじめ次の七つの選択肢を示し、複数回答可としておいた。

１　社員・従業員に、接客に際しての宗教上のマナーを学ばせる社内の部署

２　外国人の顧客・ユーザー等に関係する宗教的な基礎知識について情報を収集している社内の部署

3　社員・従業員の間の宗教上のトラブルを防ぐためのリサーチをする社内の部署
4　外国人社員についての宗教上のマナーを学ばせる社内の部署
5　商品に関して、宗教の戒律からくるトラブルを未然に防ぐための情報を提供する信頼できる民間団体
6　社会的トラブルの多い宗教団体についての情報を提供してくれる信頼できる民間団体
7　国外に社員・従業員を派遣するときに、宗教的な基礎知識を与えるための研修をしてくれる団体

結果はグラフ1-3に示したが、「5　商品に関して、宗教の戒律からくるトラブルを未然に防ぐための情報を提供する信頼できる民間団体」がもっとも多かったが、それでも20％であった。

この調査は後に述べる宗教文化教育推進センターの設立前であり、こうしたものが社会的にどの程度必要と感じられているのかを調べることが大きな目的であった。ここに挙げられた回答の選択肢から分かるように、1から4までが「社内の部署」の必要性、5から7までが社外の団

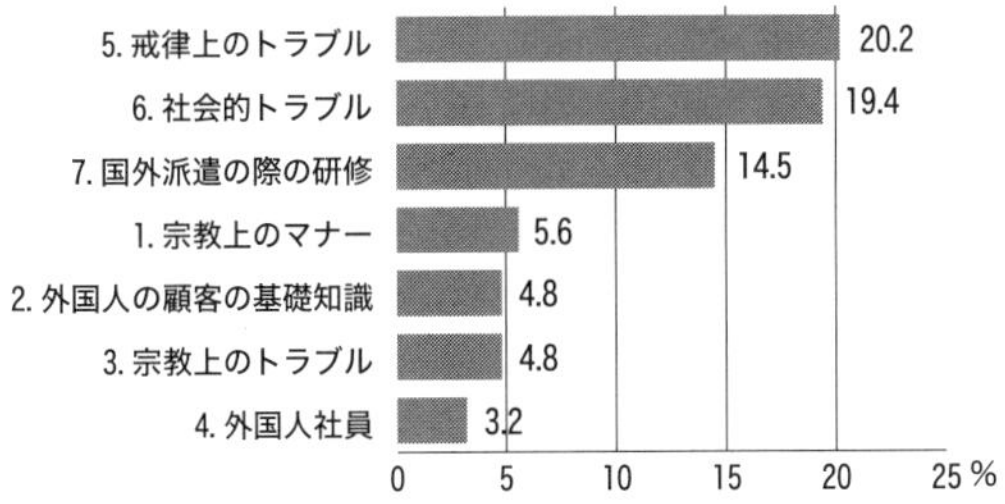

グラフ1-3　企業の宗教問題への関心

2　調査結果は次の報告書に示されている。井上順孝編『インターネット時代における宗教情報リテラシーに関する研究』（國學院大學、2010年）。なおこの調査はディスコ社の協力によって実施された。調査対象の選定にあたり貴重な助言を頂戴した当時の小坂文人社長に謝意を示したい。

体の必要性についてである。上位に来たのはいずれも社外の団体の必要性である。この時点の企業の宗教文化について学ぶことへの関心は一般的にかなり低く、社内で何か対策を立てるという意識は非常に低い。ただ外部にそういうことを学ぶに適切な団体があればいいと感じる企業は、若干あるということが分かった。「日本や世界の宗教文化に関する基礎的な情報をオンラインで得られるようなセンター」の必要性を感じるかという質問に対しては、「あったら便利」が約3分の2であり、「必要性を感じない」が約3分の1であった。

企業の側から、宗教文化の理解を深めようとするときの大きな理由に、リスク・センシティブ（risk sensitive）な観点がある。リスク・センシティブとは、「リスクに対する感受性」であり、簡単に言えば、企業活動にとってのリスクを予測し、できる限り回避しようとするとする姿勢をもつことである。このリスクの対象に何を考えるかであるが、2009年のこの調査の時点では、企業が宗教文化をその対象に含めることはまだ一般的でないということが分かった。ただ、一部の企業では、すでにそうしたことを視野に収め、さらにこれをCSR[3]、すなわち企業の社会的責任履行の問題とも関連付ける考え方も出てきていた。宗教文化に対する誤解や認識不足が不要な社会的トラブルをもたらしたとするなら、それは企業の社会的責任が問われることにもなるからである。

グローバルな展開をしている企業に宗教文化への関心が比較的高いのは当然にも思われる。グローバル時代は、人、モノ、情報が多様なルートで展開する。つまり、キリスト教徒、イスラム教徒、仏教徒、ヒンドゥー教徒、あるいは無宗教者などが多様な出会いをする。ある宗教的意図をもって作られたモノ、たとえば十字架、数珠、お守り、お札などが、もともとの宗教的コンテキストとは異なった社会に流通する機会も増える。宗教に関して交わされる情報が多種多様になるのは言うまでもない。

情報時代には、かつてなかったような商品も開発されていく。コンピュータ時代、デジタル時代は、新しいハードウェアとともに、数多くのソフトウェアを生み出す。アニメのＤＶＤ、映画のＤＶＤ化が進む。これらには文化的なコンテンツが含まれる。ロールプレイングゲーム（ＲＰＧ）は神話や宗教的伝承がふんだんに盛り込まれている。つまり、宗教文化に関わる事柄が、これまでにない形態の中での議論にさらされる可能性が生じるのである。

イスラム教との関係はもっとも留意すべきことがらになる。イスラム教の戒律は特定の宗教家にだけ関わるものではない。『コーラン』に基づく戒律ならすべてのイスラム教徒が守ろうとする。従って、企業がそれに触れるようなことをした場合に、それに気づく人が多いということである。劇中音楽にアザーンの一部を使用したとして、２０１５年にはアニメ「ノラガミ」、そして２０１９年にはアニメ「鬼滅の刃」がＤＶＤの出荷停止などの対応を迫られた。

むろんこうした問題はイスラム教だけに限られない。２０１６年に仏を擬人化したＲＰＧの「なむあみだ仏っ！」（ＤＭＭ　ＧＡＭＥＳ）が、タイの保守的な仏教団体から抗議を受けた。「なむあみだ仏っ！」はその後も継続し、アニメ化などの展開もしているが、同じＤＭＭ　ＧＡＭＥＳが開発していた神社を擬人化したゲーム「社（やしろ）にほへと」は、２０１７年に開発中止を発表している。「配慮不足」などとしてネット上で物議をかもしていたことが、開発中止の一つの原因とみられてい

3　ＣＳＲはCorporate Social Responsibilityの頭文字をとったものである。

る。

つまり、宗教文化を無視することで起こる問題は、国外の宗教に関してだけ起こるわけではない。日本の中でも宗教や宗教文化への配慮の乏しさが企業にとって大きなリスクになる。2000年代に起こった具体的事例を挙げよう。

2002年にオリンパス光学工業が朝日新聞など四つの全国紙で、「他力本願から抜け出そう」というキャッチコピーを用いデジタルカメラを宣伝した。これに対し浄土真宗本願寺派は、真宗教義の要諦である他力本願の誤用であり、真宗教団の存在の否定につながる恐れがあるとして抗議した[4]。オリンパス光学側は慣用句として使用したが、勉強不足で配慮が足りなかったと回答した。そして、表現をあらため、コピー作成に関わった広告代理店は、そうした事態にふたたび陥らないようにと、マニュアルを作成した。同年には、NHKがドラマ「お江戸でござる」で他力本願を「他人任せ」の意味に誤用したとして、やはり浄土真宗が「以後注意を」と依頼文を送付した。

ハラール認証とコーシャ認証

第4章でその経緯を説明するが、1998年に宗教情報リサーチセンターが設立された[5]。ここには1990年代以降の宗教記事データベースがある。このデータベースで調べると、「ハラール」という言葉が一般紙に登場する割合が急に増えるのが2014年である。2019年くらいになると、ハラール関係の記事がない日はないくらいになっている。大学における講義の体験からしても、2010年代初頭では、この言葉を知っている学生はごくわずかであったが、2010年代後半になると、半数程度が少なくとも言葉だけは知っているようになってきた。

この言葉が広まった背景には、イスラム教徒の豚肉に関する戒律が広く知られるようになったことがある。東南アジアの国々との経済的な関係が深まれば、食べ物、食品への関心は高まらざるを得ない。イスラム教徒に料理を出す機会、食品を作って輸出する機会などが急速に増えている。日本に住むイスラム教徒は十数万人であるとしても、東南アジアのインドネシア、マレーシアなどイスラム教徒が多数派である国への企業進出、商品輸出の割合は増加の一途である。それに伴い「ハラール認証」が注目されるようになった。ただ2000年代には、ハラールについての日本での認識はまだ不十分で、商取引上の問題も起こっている。しばしば報じられたのが、2008年に佐賀牛の中東輸出計画が解体処理に関する不十分さで遅滞した例である。アラブ首長国連邦（UAE）政府に申請していた佐賀牛に関して、解体処理施設がハラール認証されていなかったので、輸出が足踏み状態になったことがあった[6]。

写真1-3　ハラール認証（マレーシア）

4　他力本願に関しては、1988年にオクトパス問題が起こっている。これは大阪府のある業者が、「合格祈願・他力本願寺」と称してオクトパス（「置くとパス」との語呂合わせ）というお守りを販売したもの。東西本願寺が抗議して、商品が回収された。しかし、現在「他抜き本願」と称するお守りが売られている。

5　宗教情報リサーチセンターは公益財団法人国際宗教研究所の活動の一環として1998年に設置され、21世紀にはいってからの新聞・雑誌の宗教記事についてのデータベースが充実している。会員制であるが、一部のデータはオンラインでも提供されている。

２０１０年代になって、さまざまな企業が、イスラム教、ユダヤ教、ヒンドゥー教などにおける戒律や、その宗教において当然とされている価値観についての理解を深める必要性が一段と増えてきた。それは大きく言えば人的側面と広い意味での製品との両方にまたがっている。

人的側面とは、多様な宗教を信じる人が、企業のウチにもソトにもいるということである。ウチにいるとは、各企業の中に外国人が占める割合は確実に増加してきているということである。ソトにいるとは、取引対象、販売対象など、その企業が生産や販売、広告、流通等、さまざまな局面で関わる人たちにも外国人の占める割合が非常に高くなっているということである。

こうした動向は地方紙を読むと、どのような動きが起こっているかがよく見えてくる。

青森県八戸市の「グローバルフィールド」と同県五戸町の「青森県農産物生産組合」の２社が２０１０年11月に、仙台イスラム文化センターから鶏肉に関してのハラール認証を取得した。鶏肉に関しての認証はこれが日本で初めてであったとされる。認証への取り組みは１年半前から始めたということである。[7]

２０１２年にはハラール認証の支援にあたるＮＰＯ法人「日本アジアハラール協会」が福岡市で発足した。九州でハラール認証団体ができたのは、これが初めてであった。[8]

２０１３年２月には、日本で初めてとされるハラール食品見本市が福岡市で開催された。このときは九州を中心とする約20の会社や団体が参加し、アジを具材に使ったギョーザや鶏肉のソーセージなど約40品目が展示されたという。

宗教専門紙の『中外日報』はこうした動向をつかんで、２０１３年４月20日付の社説で、次のように述べている。

すでにテレビなどでも紹介されているが、ハラール食品を提供するために、いろいろな工夫をしている企業もある。前の人が何を食べたか気にしなくていいように、使い捨ての食器を用意するところも出てきている。あるいは新千歳空港のように、イスラーム教徒に配慮して、礼拝のための部屋を設置した例もある。

団体で訪れる人々は、個人で訪れる場合よりも、自分たちの宗教の戒律や儀礼について、より強く意識するのがふつうである。戒律が社会的に維持されてきたことを考えるなら、こうなるのは、自然なことといえる。団体客を受け入れる場合には、個人での客以上に相手の宗教文化に配慮した方がいいといえるだろう。

2014年になると、ハラール認証との取り組みを伝える記事が一気に増える。1月には岡山県赤磐市の山本製菓は同社のおかき3種類についてハラール認証を取得した記事がある[9]。やはり1月に、千葉市に日本初のハラール食加工施設が稼働することを伝える記事がある[10]。少し変わったところでは、

6 『佐賀新聞』2008年9月18日付などを参照。
7 『東奥日報』2011年1月13日付による。
8 『読売新聞 佐賀版』2012年6月9日付による。
9 『山陽新聞』2014年1月11日付による。

日本の調査捕鯨船「日新丸」が船内で行なうクジラ肉の加工処理について、ハラール認証を取得したという記事がある。認証を得るには豚肉のほか、アルコールを含まないなど細かい規定を満たす必要があるので、手の消毒に使っていたアルコールがイスラム法上認められないと指摘を受け、次亜塩素酸ナトリウムに変更したという[11]。

この頃、大学の学食でもハラール対象をするところが出てきている。とくに留学生が多くいる大学では、調理場もハラールに対応した例も出てきた。2014年に神田外語大学が日本の大学として初めてハラール認証を受けた[12]。

また同年9月には、徳島県の阿波観光ホテルのレストランが県内第1号のハラール認証を取得したことが報じられている[13]。こうした記事が並ぶのを見ていくと、2014年頃には、ハラール認証の取得は全国的な広がりを示したことがよく分かる。

ハラール認証だけでなくだけでなくコーシャ認証も2010年代の半ばから、各地で展開され始めた。コーシャはカシュルートと表記されることもあるが、ユダヤ教で「食べてもいい食べ物」を意味する。ハラールと比較すると格段に複雑である。これについては次章で触れるが、実際に企業もこのことを考慮し始めていることが分かる。これもいくつか地方紙の記事から拾ってみる。

2014年9月には飲料用ティーバッグや粉末スティックを生産する静岡県の製茶メーカー「静パック」がコーシャの認証を取得した。ユダヤ教徒の多い欧米などで展開することを目指したものとされている。日本の茶業界ではこれが初のコーシャ取得であった。認証に当たってはイスラエルからラビが来日して製造工程を審査したという[14]。2015年12月15日には、青森県弘前市のある酒造店の純米酒「六根」が、ユダヤ教徒の戒律に基づく「コーシャ」の認証を東京都にある「コーシャージャパン」から受けている。[15] 2016年には福島県郡山市に本店のある宝来屋がコーシャ認証を取得した。同社が製造するみそや甘酒など計11種で、甘酒のコーシャ認証はこれが日本初であった。取得までに1年かかったという。[16] 2017年には岐阜県高山市の酒造店の日本酒「特別純米深山菊」がコーシャ認証を受けた。これには第二次世界大戦中、多くのユダヤ人を救った外交官の杉原千畝にゆかりの同県八百津町と高山市など周辺自治体のPRによって、高山市を訪れるイスラエルの観光客が増えていることが関係している。[17]

静岡県はハラール認証にも積極的であるが、コーシャ認証にも積極的で、2017年4月には県が『しずおか　コーシャ　おもてなしガイドブック』を刊行している。日本イスラエル親善協会が監修した16頁の小冊子で、駐日イスラエル大使館の協力も受けている。

10 『毎日新聞』2014年1月11日付による。
11 『読売新聞』2014年1月22日付による。
12 『東京新聞　千葉版』2014年5月13日付による。
13 『徳島新聞』2014年9月25日付による。
14 『静岡新聞』2014年10月3日付による。
15 『東奥日報』2016年1月8日付による。
16 『福島民友』2016年6月16日付による。
17 『中日新聞』2017年11月4日付による。

3　地域社会が直面する多様な宗教文化の到来

移民と宗教

日本では外国人在留者が21世紀に入って増加の一途で、それは世界的な傾向でもある。移民に伴う宗教の広がりは歴史的に数多くその例が見られ、今日の移民は交通手段の発達、情報テクノロジーの発達があって、量的にこれまでとはくらべものにならない。ここ30年くらいをみても、国連の統計では１９９０年には約１億５千万人であったのが、２０１９年には約２億７千万人となっている。日本の全人口の２倍以上が移民という時代である。また移民と厳密な区分ができない場合があるが、外国人労働者もまた国際的に増えている。

２０１９年の統計によると、もっとも移民が多い国は米国で、約５千万人とずば抜けた数である[18]。米国は隣国メキシコからの移民がもっとも多く１千万人を超える。米国に次ぐのがドイツで約１千３百万人である。続くサウジアラビア、ロシアも１千万人を超える。日本は約２５０万人で26位である。ヨーロッパ諸国の場合、全人口に対する比率で見ると、スイス、オーストリア、スウェーデン、アイルランド、エストニア、ラトビア、フランス、ノルウェー、英国、スペインなどは、いずれも12％以上を占める。もっとも多いスイスは29・６％である[19]。

ヨーロッパ各国には多くの移民がいるが、地域的には中東や南アジアの出身者が比較的多い。英国はこの統計では約950万人ほどで5位で、インドからの移民がもっとも多く、次いでポーランド、パキスタンの順である。インド、パキスタンが多いのは、この地が1858年から1947年まで英国の植民地であったことが関係する。フランスは約830万人で7位で、内訳をみるとアルジェリアからの移民が一番多く、次がモロッコである。これもかつてフランスがこれらの国を植民地としていたことが関係する。ドイツは、トルコからの移民が一番多く、次いでポーランドである[20]。

旧植民地との関係もあるが、最近は経済格差が影響し、いずれの国も移民は多様な国から流入している。中東でも経済的に豊かな国の場合、移民に依存する割合はヨーロッパよりも高かったりする。2017年の統計でみると、アラブ首長国連邦（UAE）は移民の占める割合が実に88％強で、クウェートは約76％である。さらにカタール約65％、バーレーン約48％、オマーン約45％、サウジアラビア約37％という数字をみていくと、産油国の豊かさを背景に多くの移民が中東で労働力として大きな割合を占めているのがよく分かる。移民の出身国は公表されていないことが多いが、インドからの移民が多いことは確かである。パキスタン、バングラデシュ、フィリピンからも多い[21]。

移民の場合がより顕著であるが、人の移動は文化の移動をもたらす。そこには当然のことながら宗

18 「グローバルノート—国際統計・国別統計専門サイト」による。https://www.globalnote.jp/post-3818.html
19 https://www.weforum.org/agenda/2016/08/these-4-maps-might-change-how-you-think-about-migration-in-europe/
20 http://honkawa2.sakura.ne.jp/1171a.html
21 https://ecodb.net/country/SA/migrant.html

教文化の移動が含まれる。一定数の人が移民すれば、その人たちが母国において持っていた宗教や、宗教文化が移民した地域や国に大なり小なりもたらされる。移住した地に支配的な宗教を選んだり、現地の宗教文化にすぐ馴染む人もいるが、そうではない人も多い。

この場合、移民した人たちがもっていた個人的な信仰を維持することに対してはあまり疑問は起こらないし、日本でもそれに対しては比較的寛容である。たとえばインドネシアやマレーシアなどから来て日本で生活している人たちの中にはイスラム教徒が多いが、そうした人たちが日本でイスラム教を信仰し続けることに疑問をもつ人はほとんどいない。信仰というものは、住んでいる地域や環境でそう簡単に変わるものではないことは、たいてい認識されているからである。

ところが問題になるのは、当人もあまり意識していないうちに身についている宗教文化の方である。つまり生活習慣や年中行事、人生儀礼の中に姿をあらわす宗教の要素である。あまり宗教と意識されない宗教文化が継承されることは現代に限った問題ではないし、また特定の宗教の場合に起こるというものでもない。普遍的に観察されるといっていい。しかし意識されにくい宗教文化がはっきりとした宗教的行為よりも、移民した先の国での生活においてかえって問題になることがある。

移民が継承する宗教習俗

日本も19世紀以来、ハワイや北米、南米などに移民を送っているが、日系移民社会で起こったことを少し振り返っただけで、移民社会と宗教習俗との深いつながりは了解される。

ハワイや北米西海岸には１８９０年代から各地に寺院や神社が建てられた。これは信仰上の理由も関係するが、主には日系人が日本にいたときと同様の人生儀礼や年中行事を現地でも行ないたいという要望に対応するものとして建立されていった場合が多い[22]。初詣やその他祈願の場としての神社であり、葬儀や年忌法要の場としての寺院が主たるものであった[23]。

ハワイの神社には今でも日系人が初詣に出かける。日本とは違いアロハ姿での参拝客が大半である。またハワイやカリフォルニア州では現在でも、夏には「盆ダンス」が行なわれている。日本の盆踊りに当たる。浴衣姿で太鼓に合わせて踊る。仏教寺院の敷地などを使って行なわれるが、宗教の所属とはほとんど関係がない。日本文化の紹介のような意味合いにもなってきている。

このような光景をみて、「郷に入らば郷に従え」といったような意見を持つ日本人はまずいないであろう。米国に移民したのだから、米国の宗教的習俗や習慣に従うべきだという論にはまずならない。そういう人も実際いるが、母国の宗教文化を継承する人たちがいても、それが非難の対象にはされないだろうということである。それが当然と思えるなら、国外から日本に来て、母国の宗教文化に従った生活を維持する人たちにもそのような考えを適用するのが公平な見方である。

日本は単一民族であるというような主張がいまだに国会議員の口から出ることがあるが、それは歴史的に言っても、また現在の状況から言っても、一つのフィクションというのが適切である。そのよ

22 この点については拙著『海を渡った日本宗教』(弘文堂、1985年)参照。
23 戦前は朝鮮半島や台湾にも神社や寺院が建てられたが、これらはこうした要望によるというのではなく、国策に従って建てられた。ハワイの神社が教派神道関連のものが多いのに対し、台湾や朝鮮半島には官幣大社が建てられたことがそれを端的に示している。

うなフィクションが一部とはいえ政治家の認識を支配しているのが事実ではあるにしてもである。

ヨーロッパ各国におけるイスラム教徒の移民の増加に伴って、スカーフ問題、モスク問題、ブルキニ問題などが起こっている。スカーフ問題は１９８９年にフランスにおける事件が大々的に報じられ、今でも解決のついていない問題である。この背景にはライシテの問題がある。ただライシテと呼ばれる状況も、現実にはかなり揺れ動きがある。[24] 最初の論争が起きたのはフランスの公立学校においてイスラム教のヒジャーブの着用を認めるか否かがきっかけである。論争は継続し、２００４年には「宗教シンボル禁止法」が制定された。公立学校において「宗教への帰属をこれ見よがしに示す標章や服装の着用を禁止する」という内容である。この法律はイスラム教のヒジャーブだけではなく、ユダヤ教の帽子や大きすぎる十字架など、宗教シンボル一般を禁じたものであったが、主たるターゲットがムスリマ（女性イスラム教徒）であることは明らかであった。

モスク問題もヨーロッパでは続いている。２０１４年にはスェーデン南部の都市エスキルストゥーナでクリスマスの日、モスクに異物が投げ込まれて出火し、煙などで５人が負傷するという事件があった。

ブルキニというのはブルカとビキニから合成された言葉で、ムスリマが海などで着る全身を覆った水着である。ブルカという顔をすっぽり覆った言葉を使っていることから、決していい意味でないことが分かる。ブルキニを着て海水浴をしたりプールに入ったりすることを禁止する例がヨーロッパでは数多く出された。たとえば２００９年８月にイタリアのピエモンテ州のある町でブルキニを着用してプールに入場することが禁止され、違反者に数万円相当の罰金を科す規則が設けられた。「子ども

が怖がる」が禁止の理由とされたが、町長は外国人排斥を唱える右派政党のメンバーであった

これらは宗教上の戒律の問題ではあるが、当事者からすると、多分に社会習慣の問題でもある。ムスリマが外を出歩くとき髪をヴェールで隠すのは、宗教上の理由であると同時に、それは小さいときから親しんだ生活習慣から来ているものでもある。ヴェールをかぶらないと恥ずかしいという感情を持つ人もいるという[25]。

イスラム圏においてさえ、たとえばどのようなヴェールが好ましいかは国ごとに異なる。この点を米国のミシガン大学が2014年に行なった調査結果がよく示している。この調査は「公衆の前では女性はどの格好が適切と思うか」というテーマで、チュニジア、エジプト、トルコ、イラク、レバノン、パキスタン、サウジアラビアの7か国が対象となっている。ブルカ、ニカブ、チャドル、アルアミラ、ヒジャブ、何もかぶらないという6つのスタイルが比べられている。男女平均値ではアルアミラが44％でもっとも多いが、国ごとでは大きく異なる。サウジアラビアがもっとも適しているとしたのはニカブで63％である。逆にレバノンは何もかぶらないを選んだ割合がもっとも高く49％にのぼる。それに次ぐのはトルコで32％である。男女差はあまりない。つまり、髪を隠すにしてもどの形式がふさわしいと考えるかが、国ごとに大きく異なり、戒律であるが同時に生活習慣でもあるということは、

24 これについては、ジャン・ボベロ『フランスにおける脱宗教性の歴史』（三浦信孝／伊達聖伸訳、白水社、2009年）、伊達聖伸『ライシテ、道徳、宗教学―もうひとつの19世紀フランス宗教史』（勁草書房、2010年）、及び同『ライシテから読む現代フランス―政治と宗教のいま』（岩波新書、2018年）を参照。

25 スカーフ問題をさまざまな角度から扱ったドキュメンタリー映画『スカーフ論争　隠れたレイシズム』（2004年）はムスリマの意見を採り入れている。

表 1-1　どのヴェールが適切と思うか（男女別回答）

国名＼ヴェール		ブルカ	ニカブ	チャドル	アルアミラ	ヒジャブ	何もつけない
チュニジア	男	1	2	4	50	25	17
	女	1	2	2	61	20	13
エジプト	男	1	9	19	52	14	5
	女	2	9	12	52	11	4
トルコ	男	0	2	2	44	20	32
	女	0	2	2	47	15	33
イラク	男	4	8	32	43	10	3
	女	4	7	32	45	10	2
レバノン	男	3	1	2	28	13	52
	女	1	1	4	38	11	45
パキスタン	男	5	37	30	20	6	1
	女	2	27	31	29	10	2
サウジアラビア	男	10	64	9	10	4	2
	女	11	63	7	10	6	3

これでよく分かる。[26]

ニューカマーがもたらす宗教文化

ニューカマーという言い方がある。地域社会に以前から住んでいた人たちにとって、新しく移住してきた人たちはニューカマーである。以前は新興住宅地においてよく使われた。その場合は宗教に関わる問題として、神社の祭りの担い手にニューカマーを入れるかどうかで対立が起こったりした。神社の祭りは古くからの氏子たちによって担われているのが普通なので、新興住宅地に住む新しい住民が増えた場合、どのように対処するかで、けっこう激しい議論が起こった場合もある。

グローバル化が進行すると、このニューカマーに外国人移住者が含まれるようなった。むしろそれが中心的な問題になってきている。日本人同士のニューカマーの問題には、しきたりや習俗が絡むことがあるが、国外から来たニューカマーとなると、それぞれの宗教に基づく戒律、慣習などがにわかに多様になるので、従来とは異なった問題も出てくる。とくにイスラム教徒やヒンドゥー教徒などとの出会いは、これまではきわめて稀であった。またカトリック教会では日曜日のミサに集まる大半が外国人という地域も出てきている。ブラジルやフィリピンはカトリックの信者が大半を占める国であるから、そこから移民した人や働きに来た人などは、カトリック信者である場合が多い。日本人用のミサと外国人用のミサを別々に行なっている例も少なくない。

日本に在留する外国人は２０１８年末で約２７３万人である。もっとも多いのが中国（約76万人）、次いで韓国（約45万人）というのは、従来とかわらないが、以下、ベトナムが約33万人、フィリピンが約27万人、ブラジルが20万人である。フィリピンやブラジルはカトリック教徒が多い。またヒンドゥー教徒が多いネパールが約９万人、イスラム教徒が多いインドネシアが約６万人、上座仏教徒が多いタイが約５万人である（表1-2参照）。

２０１０年代に入ると、こうしたニューカマーの増加を背景に、宗教に関する問題に焦点を当てた研究が増えてくる。三木英・櫻井義秀編『日本に生きる移民たちの宗教生活―ニューカマーのもたらす宗教多元化[27]』では、日系ブラジル人、ペルー人といった主にカトリックに関わる人たち、タイからの移民と上座仏教の関わり、各国からのイスラム教徒の問題などについての事例研究が収録されてい

26　この結果はピューリサーチセンターの次のサイトで閲覧できる。https://www.pewresearch.org/fact-tank/2014/01/14/qa-with-author-of-u-mich-study-on-preferred-dress-for-women-in-muslim-countries/

27　ミネルヴァ書房、２０１２年。

表1-2　在留外国人 2018 年

1	中国	764,720
2	韓国	449,634
3	ベトナム	330,835
4	フィリピン	271,289
5	ブラジル	201,865
6	ネパール	88,951
7	台湾	60,684
8	米国	57,500
9	インドネシア	56,346
10	タイ	52,323
11	ペルー	48,362
12	インド	35,419
13	朝鮮	29,559
14	ミャンマー	26,456
15	スリランカ	25,410
16	英国	17,943
17	パキスタン	16,198
18	バングラデシュ	15,476
19	フランス	13,355
20	カンボジア	12,174

る。移民の日常生活において宗教がどのような役割を果たしているかが具体的に示されていて、こうした研究が本格化したことを思わせる。

三木英編『異教のニューカマーたち—日本における移民と宗教[28]』にはイスラム圏からの観光客の増加とハラール問題という議論がある。日本で活動する韓国人宣教師についての議論もある。三木はニューカマーの宗教問題に関心を抱き、各地で調査を続けているが、ニューカマーの中の信仰熱心な人たちを「宗教的ニューカマー」、そしてその人たちが信仰する宗教を「ニューカマー宗教」と名付けている。グローバル化時代には、以前と比べて多様な宗教が日本にも入ってくるわけだが、地域社会を中心にしてこの状況を捉えたときの特徴づけとなろう。

高橋典史他編『現代日本の宗教と多文化共生—移民と地域社会の関係性を探る[29]』は、とくにキリスト教の信者の移民に関わる事例が多く扱われている。ここでは多文化共生が中心的なテーマとして掲げられている。さまざまな生き方をする人たちがどのように共生できるかというグローバル化時代の大きなテーマに関心を寄せている。多文化共生に宗教がどう関わっていくかを見ていく上で、モノエスニックな宗教組織とマルチエスニックな宗教組織という区分が出されている。前者はほぼ特定の民族の信者たちによって独占されているようなものであり、後者は複数の民族の人たちを含むものである。ここでは多くの国に信者がいるカトリックの組織の柔軟性に言及されている。ただ同じカトリック教徒であっても、外国人と日本人の間の壁はなかなか越えられず、地域によっては断絶状態である。カトリックに関して取り上げられている地域は、大阪府、兵庫県、京都市、名古屋市、浜松市、川口市などである。イスラム教に関しては、東京豊島区の大塚モスク、群馬県伊勢崎市の境町モスクにおける地域との関係にも簡単に触れられている。また日本のカトリック教会や立正佼成会の難民受け入れにも言及がある。

グローバル化で人の交流が進む中で、移民や外国人留学生の日本での生活は観光客とは異なり、多くの軋轢を生みやすくなる。観光客はごく短期間日本にいて、いわば「お客さま」である。これに対し移民や留学生、あるいは国際結婚で日本に住むことになった外国人は、長期にわたり日本で生活する人たちである。

19世紀末から20世紀初めに社会学者ゲオルク・ジンメル（1858〜1918）はこれに関するとても興味深い指摘をしている。「放浪者（Wandernde）」と「よそ者（Fremde）」という区分である。放浪者というのは「今日訪れ来て明日去り行く」者、つまり一時的にそこにいるが、やがて去っていく人である。これに対しよそ者は「今日訪れて明日もとどまる」者、つまり外からやってきてそこに居つく人である。一般的に人々は放浪者にはやさしいがよそ者には冷たいとする。こうした見解はユダヤ人としてドイツにおいて差別を受けたジンメル自身の経験も関係しているかもしれないが[30]、この

28　森話社、2017年。
29　明石書店、2018年。

指摘は的確である。

ジンメルは形式社会学という立場から分析したのだが、この区分にあてはめると、観光客は放浪者に近い。これに対し長期の在留者になると、「よそ者」に近くなる。周囲の視線は厳しくなる。「おもてなし」の対象にはなりにくいということである。これはかなりの程度、日本で起こっていることである。「お客さん」とみなした場合は、丁寧で、「おもてなし」の対象となる。しかし、永住者となると、隣人となることさえ拒否するという冷たい対応に見舞われたりする。そして多分、これは多くの国に当てはまる。ジンメルの慧眼はグローバル化する世界で移民をめぐって起こる問題の本質をすでにえぐっていた。

そのような傾向は不可避でも、移民や長期滞在者との関係が円滑になることが望まれる。２０１８年12月に「出入国管理及び難民認定法及び法務省設置法の一部を改正する法律」が成立した。「改定入管法」と呼ばれるこの法律の成立により、外国人労働者は増加していくという予測がなされる。この法律自体が日本の人口減少を見越して、外国人の労働力を重視するための法律であったからである。このようなマクロな条件の中で、宗教文化の混在はいっそう進むことになる。相互の理解への試みはますます重要になる。

30　ジンメルはマックス・ウェーバーによってドイツのハイデルベルク大学の教授に推薦されたが、ユダヤ人であるという理由によって就任できなかった。

第2章　生活の中にある宗教文化

1　食と衣服の戒律

意識されない宗教文化

　宗教文化というと、宗教文学、宗教絵画、宗教音楽、宗教建築など、個々の宗教と密接に結び付いた文化がまず連想されよう。それだけではなく、世界的に広がった宗教も民族宗教と呼ばれるような宗教も、長い歴史の中で生活のあらゆる側面にその影響が大なり小なり及ぶ。そしてもともと宗教的な意味、あるいは教えと関わりがあったということが忘れられているものも少なくない。しかし宗教に関わりがあったということは、知らずに使っている言葉、行なっている習慣、あるいはものの見方といったものに思いがけない影響を与えていることがある。

　そのもっともいい例は、日本語の中の仏教語の存在である。もとが仏教用語であったものが、そのことをさほど、あるいはまったく意識することなく使われるというのは日常茶飯である。たとえば次のような言葉がそうである。

愛着、行脚、以心伝心、一期一会、因果応報、因縁、縁、縁起、大袈裟、我、果報、喫茶、自業自得、自力、精進、世間、他力本願、檀那、奈落、不退転、分別、方便、無我、無学、無情、利益。

これらの中にはもともとの意味とは変わってしまったものもある。愛着は「この服には愛着がある」などと、とくに悪い意味はないが、仏教の教えからするとあるものへの強い執着であり、捨て去るべきものである。無学などは、「至って無学でして」と謙遜の言葉になっているが、もとは学ぶことがないほどの知識をもつ人の意味である。方便は「嘘も方便」と決していい意味では使われないが、法華経の中に出てくる言葉であり、救いに導くための一つの止むを得ない方法である。法華経には「法華七喩」と呼ばれる七つの有名なたとえ話が出てくる。その中でもよく知られているのが、「三車火宅」という「譬喩品《ひゆほん》第三」に出てくる話である。

家が火事になっているのに無心で遊び、呼びかけても出てこない3人の子どもたちに対し、「羊の車と鹿の車と牛車の三つの車が門の外にあるぞ」といって、子供たちを外に出すことができた。その後3人に立派な大白牛車を与えた。羊の車と鹿の車と牛車をそれぞれにあげるといったのは、結果的に嘘になるかもしれない。だが、3人を火事から救った上で、それにまさる大白牛車を与えた。こういう最終的目的のための一時的手段が方便である。

ある程度は元の意味を保ちつつ、日常生活でそれほど宗教的意味を込めずに使われているものもある。たとえば、以心伝心は禅仏教において、本当の教えは言葉を超えたところで伝わるといった意味になるが、言葉を用いなくても、言いたいことが伝わるというように用いる。果報はある行為の報いということで、いいことをすればいい報いが、悪いことをすれば悪い報いがという教えを踏まえてのものだが、「果報は寝て待て」となると、いい知らせは、あくせくしないでじっと待っていなさい、などといった意味で用いられる。

このように、仏教から派生した用語が、とくに宗教的な意味合いを持つとは意識されずに日本人の日常生活に溶け込んでいる。また仏教の信者はさておいても、僧侶には本来厳しい戒律があったというようなことは、あまり知られなくなっている。それは日本仏教が近代において戒律を重視しなくなったことにも関係する。現代日本では僧侶の場合も酒を飲むなとか、不淫すなわち性行為をしてはならないという戒律はない。戒律に従って妻帯せず飲酒もしない上座仏教の僧侶の生活と比べると、これだけでも大違いである。上座仏教に属するタイの僧侶であれば、227もの戒律を守って生活することが求められる。性行為はもちろん、女性に触ることさえ禁じられている。

1989年にタイで開かれた国際会議に参加したおり、タイの女性が高僧を紹介してくれるということで、その僧侶のいる僧院をその会議に出席した男性研究者と一緒に訪れたことがある。面会した僧侶はわれわれ二人が遠く日本から来たのだからと記念の小さな品をそれぞれに手渡してくれた。タイ人の女性にも何かを渡したのであるが、そのとき女性は低く頭を下げ、両手を上にあげ掌を広げた。僧侶はその両手に少し上からポトッと小さな品を落とした。僧侶に対するうやうやしさを表現すると同時に、手が触れることを避けるための自然な仕草をそのとき初めて目の当たりにした。

日本の僧侶には、そんな配慮はいらない。またタイの僧侶と違っていつも僧服を身に付けているわけではない。日常生活においては僧侶も平服でよくなったのも明治以降のことである。また得度しても剃髪していない僧侶が多いから、平服になると僧侶とは分からない。仮に常日頃僧侶に敬意を示す心をもっている人であっても、髪を伸ばし、洋服を着ていたりすると、目の前の人が僧侶かどうか判断できないのが日本である。

もっとも厳しいユダヤ教の食の戒律

宗教ごとの食の戒律はグローバル化が進む時代においては、知っておくべきことの一つであるが、日本の宗教においては一般的に食の戒律が意識されることが少ないために、何か特殊な決まりのように考えがちである。宗教によっては特定の食べ物が禁じられていると知ると、大変厄介な宗教のように受け止める人もいる。しかし、それを守っている人たちにとっては、まさに日常的な生活のごく一般的な習慣として守られているのである。

ユダヤ教は食の戒律がもっとも厳しく、細かな規定がある。何を食べていけないかは、ヘブライ語聖書の中の「レビ記」などに書いてある。一部の動物は食べていけないが、具体的な名前があげられている場合と、一般的な特徴があげられている場合とがある。たとえば魚介類については、次のような記述がある。

「水の中にいてひれやうろこのないものは、すべて汚らわしいものである。」（11章）

水中の生き物であると、ヒレとウロコの有無が問題となるということが分かる。ヒレとウロコがないと食べられないということになるので、タコやイカは口にしない。エビや貝類も食べない。ユダヤ教徒であると、シジミやアサリのはいった味噌汁とか、うな重には手を出さない人がいることを想定しなくてはならない。

ハンバーガーのメニューの一つに、チーズバーガーがある。これもユダヤ教の戒律にひっかかる。どうしてか。「出エジプト記」23章その他に、神がモーセに「あなたは子山羊をその母の乳で煮てはならない」と命じたことが記されている。これによって食べられる動物であっても、親と子とを一緒に料理することを忌避することになった。食材だけでなく料理法にも規定があるということである。

ハンバーガーはその名が示すように、ドイツのハンブルクでの人気料理であったが、18世紀にドイツ移民が米国にもたらした「ハンブルクステーキ」が米国においてハンバーガーブームが起こるきっかけというのが定説のようである。つまり聖書の時代とは遠く隔たった時代に生まれたものである。今日の料理の大半は聖書に書かれていないものであるから、聖書の文言から類推して判断される。チーズバーガーは牛肉（パテ）とチーズが使われているから避けるという解釈が派生した。こういう解釈からいくと、日本の親子丼も駄目ということになってくる。鶏肉（親）と卵（子）が一緒の料理だからである。

イスラム教徒が豚を忌避するのは、よく知られているが、ユダヤ教でも豚は避けられる。これは蹄が分かれているか、そして反芻するかというのが判断の基準であるから、ややこしい。「レビ記」11章に次のようにある。

「地上のあらゆる動物のうちで、あなたたちの食べてよい生き物は、ひづめが分かれ、完全に割れており、しかも反すうするものである。」

ひずめが分かれていることと、反芻することの二つの条件を満たさないといけない。豚の場合はひずめが分かれているけれども、反芻しないので汚れており食べられない。逆にラクダ、岩タヌキ、野ウサギは、反芻するがひずめが分かれていないので食べられない。豚の場合はさらに穢れた動物というイメージもある。

またユダヤ教では、血を避ける。牛や羊、鶏といった食べられる動物であっても、その血は避けられる。「レビ記」17章には次のようにある。

「いかなる生き物の血も、決して食べてはならない。すべての生き物の命は、その血だからである。それを食べる者は断たれる。」

このように血を食べることへの強い禁止は、レビ記の複数の箇所にある。血を食べていけないので、肉を食べるときは血抜きをする。

『ベニスの商人』というシェイクスピアの有名な戯曲がある。ユダヤ人の金貸しシャイロックはアントーニオに彼の肉1ポンドを担保にすることで金を貸すことを承知する。波乱の出来事のあとに、アントーニオがシャイロックに金を返すことができるようになったにも関わらず、シャイロックは、アントーニオから肉1ポンドを切り取ることにこだわる。そして有名な裁判の場面である。裁判官はシャイロックに肉1ポンドを切り取ることを認めるけれども、こう付け加える。「血を一滴でも流せば、契約違反として全財産を没収する。」

これは日本ではいわば大岡越前守の名判決のような感覚で受け止められているようだ。しかし、この作品はシェイクスピアの時代（16～17世紀）の英国における、強いユダヤ人への偏見を背景にしている。肉を切り取ってもいいが、血を一滴も出してはならないという判決は、ユダヤ人が肉を食べるときに血抜きをするという風習を踏まえていると考えられるからである。現代のユダヤ人が皆このような厳しい食の戒律をきちんと守るとは限らない。ユダヤ人にも超正統派、正統派、保守派、改革派などの違いがあり、改革派はあまり戒律にこだわらない人が多いが、超正統派などは戒律を厳密に守る。そうした人は日本にはほとんどいないが、イスラエルでは一定の数を占める。彼らは兵役も拒否するなど、いわば特権も与えられている。その特権への批判がイスラエル国内では最近高まっているという報道もある。

日本にいるユダヤ人はごくわずかである。ユダヤ教の会堂であるシナゴーグは神戸市や東京都渋谷区にあるが、日本人が気軽に訪れる場所ではない。また世界全体でもユダヤ人の人口は1500万人ほどであり、イスラム教徒の百分の一程度である。日本人にとって注意を払うべき問題にはなりにくいかもしれない。[1]ただ、ニューヨークは人口の約１割がユダヤ系の人たちであり、そこではユダヤ人の食への戒律はだいぶ身近な話になる。ニューヨークにはコーシャフード・レストランが数多くある。コーシャフードとはユダヤ教の戒律にのっとっていて、安心して食べられる食べ物である。イスラム教のハラールに近い。

ユダヤ教の厳しい食の戒律に比べれば、キリスト教の食の戒律はあまり顕著ではない。ただし一部のカトリック教徒は、金曜日に肉食を避ける。金曜日はイエス・キリストが十字架にかけられた曜日と考えられている。とくに復活祭の前の金曜日を聖金曜日と呼ぶ。イエスの処刑の日であるので受難日という言い方もされる。この日は肉の代わりに魚を食べるという場合もある。ちなみに魚はイエスの象徴としてよく使われる。ローマ帝国でキリスト教徒が迫害を受けていた１～３世紀には、魚（ギリシア語でイクトゥス）の絵を、キリスト教徒同士が信者であることを密かに確認する手段に用いたことがあったと言われている。毎週の金曜日ではなく、とくに復活祭の前の四旬節の金曜日に、肉を避けるという人もいる。

図2-1　イクトゥス

コーランに従う食生活

前章で述べたように、イスラム教徒は豚を食べないというのは、日本でもかなり知られるようになり、２０１０年代半ば以降、ハラールという言葉も日本でも知られるようになってきた。とはいえ、ハラールという言葉を知っているとしても、ほとんどの日本人は、これに関して細かな理解をもったわけではなく、たんに食べていい食品や料理というような意味で使われることが多い。

ではなぜイスラム教徒は豚肉を忌避するのであろうか。豚肉はアッラーから禁じられているということは、コーランに何度か出てくる。2章「牝牛」、5章「食卓」など複数個所に、次のように記されている。

「アッラーが汝らに禁じ給うた食物といえば、死肉、血、豚の肉、それからアッラー以外の名が唱えられたもののみ。」

死肉と血、豚肉が禁じられている。ユダヤ教と同じく血が禁じられているのも注目したい。それ以外の肉でもアッラーの名のもとに処理されていないと食べられない。しかしながら、故意ではない場合や、やむを得ない場合は食べることも許されるとしてある。そうした融通性あるいは合理性とでも呼ぶべきものがコーランにはよく見られる。

豚肉が禁じられているだけでなく、牛肉でも羊肉でも、アッラーの名のもとに処理されたものでなければ食べられない。ハラールという言葉をきちんと理解しなくてはならないのは、このように、たんにどの動物が食べられないというだけではなく、すべての製造過程に関わってくる規定だからである。

1　ユダヤ人問題を考える上で歴史的な展開を踏まえた優れた入門書として市川裕『ユダヤとユダヤ教』（岩波書店、2019年）がある。ユダヤ商人が世界的に広がる上でイスラム教徒との関係がいかに重要であったかを分かりやすく示している。この点は、今日の中東でのイスラエルとアラブ諸国との対立からのみユダヤ教とイスラム教との関係をみようとする傾向への強い警告にもなっている。

殺されてから食として出されるまで、すべてイスラム教徒によって処理されたものだと確認したいイスラム教徒もいる。豚肉を処理したことのある調理用器具を使って作られた料理も食べないとするイスラム教徒もいる。もろもろの問題をクリアしているという認証がなされたのが、ハラール食品である。ハラールは許された行為を意味するので、食品を作るにあたって、すべてイスラム教にとって適法になされているのがハラール食品である。そうした食べ物を供しているのが、ハラール・レストランである。

ハラール認証はさまざまな機関で出されている。日本ではマレーシアのハラール認証を採用しているところが多いが、これはマレーシアのものがかなり厳しいことによる。つまり厳しい認証をクリアしていれば、多くのイスラム教徒に安心を与えるだろうという考えによる。

ただしハラール自体は食べ物に関することだけではない。イスラム教徒の行為全体についての区分から生じた観念である。神の目からすると人間の行為は次の五つに分けられる。

①義務とされる行為（義務）
②義務ではないが、望ましい行為（推奨）
③どちらでもよい行為（許可）
④禁止されないが望ましくない行為（忌避）
⑤禁止される行為（禁止）

この最後の禁止がハラームで刑罰が科される。刑罰が科されるから、基準が明確になっている。殺人や窃盗、姦通、豚肉を食べること、イスラム教を棄てることなどはハラームである。ハラームでないものがハラールと一応は考えられている。ただ、少し曖昧なところもある。むしろハラームについて正確に理解した方がいいということになる。

不殺生と肉食禁止

ユダヤ教やイスラム教で肉を避ける理由には「穢れ」の観念が関係しているが、南アジアや東南アジアで肉を避ける場合には、それとは異なった宗教的な理由が背景にある。ヒンドゥー教や仏教、さらにジャイナ教の戒律の背後にある宗教的観念は殺生を避けるというものである。とりわけジャイナ教徒には徹底したベジタリアンがいる。なお、日本では仏教と不殺生との関わりがあるということから、仏教徒は肉食《にくじき》が禁じられているというふうに思っている人もいるが、実は上座仏教では肉食は禁じられていない。肉食の禁止は大乗仏教で生じた。

上座仏教徒はとくに肉食を避けているわけではなく、タイ料理にも肉はよく用いられている。僧侶は殺生してはいけないけれども、肉を食べることまでは禁じられていない。ただし、肉を食べてもいいのは、次の三つの条件を満たしたときである。

僧侶がその動物を殺すところを見ていない（見）

僧侶への布施のために殺されたものとは聞いていない（聞）

その僧侶のためにわざわざ殺されたという疑いがない（疑）

この見・聞・疑の三つがないという条件を満たしているものを三種浄肉といい、これならば僧侶も食べてよいとされている。上座仏教の僧侶が日本に来たときでも、肉料理を出さないようにするといった配慮は必要ないが、焼肉屋でみずから肉を焼いて食べるような店に案内するのは避けなければならない。

仏教徒が肉食を避けるようになったのは、大乗仏教が成立して以降であり、その影響は中国を経て、東アジアに広く及んだ。大乗仏教の経典の一つに『楞伽経《りょうがきょう》』がある。4世紀以降に成立したと考えられているが、ブッダがスリランカに下って法を説いたという形をとっている。楞伽とはスリランカの古い名称であったランカーの音訳である。この中に「遮食肉品」という章があり、ここで肉食を禁じるように書かれている。

「一切の肉はみな父母の不浄なる精液と経血とが和合して生じた不浄の身に由来するものである。であるから菩薩は、肉を不浄であると観相して、けっして肉を食べてはならない。」

ここで肉は不浄であると明確に述べてある。インドでは、9世紀の後期密教の頃になると、とくに不浄な肉として五肉が挙げられた。それは牛肉、象肉、犬肉、馬肉、人肉である。

ヒンドゥー教徒は牛を神聖視しているから食べない。牛が神聖視されるのはシヴァ神の乗り物とされていることが大きな理由と考えられるが、クリシュナ神と牛とも深いつながりがある。特に雌牛が神聖視されるのだが、雌牛は古くからインドの人々に非常に有用な五つのものをもたらしていた。すなわち牛乳、ギー（バター）、ヨーグルト、尿、糞である。

ヒンドゥー教はカースト制度と深く結びついている。カーストという言葉はポルトガル語からきており、ヨーロッパ人が使い始めてこれが一般化した。インドで四種姓（バラモン、クシャトリア、ヴァイシャ、シュードラ）を指す概念はヴァルナ（「色」という意味）である。他に職種をあらわすジャーティという概念があるが、カースト制度という言い方は両方を混同している場合もある。ヒンドゥー教徒の場合、カーストが高位であるほど、ベジタリアンになる割合が高いとされる。バラモン階級は最も高位のカーストであり、古代においては司祭階級であったので、基本的にベジタリアンである。ベジタリアンであるということは、殺生を避けるということである。これはインドで形成された輪廻という観念と深く結びついている。殺生を避けるのは良き行ないであり、それが次の世も高いカーストに生まれてくることにつながるのである。

輪廻においては人間が次の世も人間として生まれ変わるとは限らない。悪い行ないを重ねると、そのカルマによって、場合によっては動物に再生するかもしれない。これは今動物として生きているものも、前世は人間であったかもしれないという考えにつながる。家畜として飼っている山羊が、前世は死んだ祖父であるかもしれないなどという可能性を完全には否定できなくなる。この輪廻という観念もまた、ベジタリアンであることを支えていると言える。

不殺生戒が徹底しているのがジャイナ教徒である。小さな虫の類も殺してはいけないことになっている。ジャイナ教の僧侶がマスクをして、箒を手にし、飲み水を濾《こ》すための布などを持って歩く姿を画像等で見た人もいるかもしれない。僧侶が付けているマスクは、風邪予防ではなく、空中の虫を誤って吸い込まないためのものである。箒は清掃のためではなく、道路の虫を踏み殺さないように掃くためのものである。そして布は水を飲むとき、小さな水中の虫等を飲まないように濾すためのものである。ジャイナ教徒がインド人口に占める割合は約0・5％であるが、それでも数百万人になる。日本にもジャイナ教の寺院が神戸にあり、信者たちが礼拝に訪れる。

インドにおけるベジタリアンとノンベジタリアンの境界線は複雑である。ベジタリアンといっても、たいていは牛乳などの乳製品は食する人が多い。逆に野菜でも根菜だと食べないという人がいる。ネギやニラ、ニンニクの類は食べないベジタリアンもいる。これらは欲望を高めるというふうに考えているのである。[2] 日本の仏教でも、精進《しょうじん》潔斎しているときは、これらの野菜を避ける傾向がある。食べ物と欲望との関係は、経験的に分かってきたものであると考えられる。

一応ノンベジタリアンであっても、その内容がまた複雑である。肉は食べないが、卵や魚は食べるという人などがいる。また山羊や鶏は食べるが牛や豚は食べないという人もいる。こうした細かな違いは、とても日本人には把握できないし、また通常はそこまで詳しく知る必要もない。日本にいるインド人に食事をもてなすことになったら、前もって食べられないものを聞いておくなどするしかない。

なお、ビーガンという言葉が2019年あたりから日本でもかなり知られるようになったが、これはビーガニズムという考えを持つ人たちであり、特定の宗教に関わってはいない。より厳格なベジタリアンというイメージで、卵や乳製品、あるいははちみつなども食べない。根底には人間が動物を搾取して生きることへの否定がある。ビーガニズムにも細かくは立場の違いがある。毛皮を作ることに反対する人たちもいる。ビーガニズムは1944年に英国でベジタリアンの運動から出てきたとされている。ビーガン食が大きな脚光を浴びるようになったのは2010年代である。英国の雑誌『エコノミスト』は2019年を「ビーガンの年」とした。ただし日本ではまだあまり知られていない。

ほとんどの人は1日に3回は食事をする。料理が美味しいか美味しくないか、栄養のバランスがいいか悪いか、あるいは健康にいいか悪いかといったことは、多くの人の関心事である。そうした話題が絶えることはない。しかし宗教の戒律が食品や料理に与えた影響は、それを食べることが好ましいかどうか、許されるかどうかという文化的判断基準である。栄養があり、美味しそうに見えることがあっても、食べてはならないものは食べない、そういう行動原理を生んだのである。グローバル化の時代にその行動原理も変化の波にさらされることは予想されるが、その原理を大事に守っている人が現に世界には相当数いるという事実は、しっかり認識しなければならない。その上での対処の仕方を模索しなければならないのが現代社会である。

2 暦の中の宗教

年中行事の中の宗教性

年中行事と呼ばれるものの中には、宗教性を帯びたものが数多くある。日本なら初詣、お彼岸、お盆などが年中行事である。年中行事はその宗教が広がった気候風土に多分に影響される。新年の祭り

2 この点については井上順孝編『ビジネスマンのための「世界の宗教」超入門』の第7章「多彩な信仰が織りなす多文化社会の混沌と秩序―インドの宗教文化」(冨澤かな執筆)を参照。

とか冬至の祭りなどのように、多くの宗教に見られる儀礼もあるが、その宗教だけが決めた特別の日時に行なわれる儀礼もまた数多くある。

日本は1873（明治6）年からグレゴリオ暦という太陽暦を導入した。それまでの旧暦は太陰太陽暦と呼ばれるものである。ひと月は月を基準にし、1年は太陽を基準にする。ひと月は29・5日であるので、12か月で354日となり、そのままではだんだん季節がずれていく。そこで3年に1度くらい閏月を入れて調整した。これによって太陽の周りを回ることによって生じる季節の違いにも留意した。

イスラム暦は世界でも珍しい純粋な太陰暦である。月が12回地球の回りを回ると1年である。太陰暦は太陽暦より約11日短い。1年の刻みに太陽の位置が考慮されていなかったので、季節はどんどんずれていく。イスラム暦における月名を言うときには、1月、2月、3月とは言わず、第1月、第2月、第3月というふうに言う。北半球では1月は冬であるが、イスラム暦の第1月は冬のこともあれば夏のこともある。ラマダーン月は第9月で、ハッジ巡礼の月は第12月であるが、季節は移動していく。この点は留意が必要である。

イスラム暦（ヒジュラ暦）と太陽暦の換算は容易ではない。イスラム暦はムハンマドが信仰仲間とともにメッカ（マッカ）からメディナに移った「聖遷（ヒジュラ）」の年を元年とする。この出来事は西暦（当時はユリウス暦）では622年に当たるが、単純に西暦から621を引くとヒジュラ暦になるというわけではない。1年が約11日短いから、ヒジュラ暦の33年が、おおよそ太陽暦の32年になるからである。ちなみにヒジュラ暦1441年のラマダーン月が始まるのが、太陽暦（グレゴリオ暦）

2020年の4月24日である。ヒジュラ暦はその元年には西暦と621年の差があったが、2020年には579年の差に縮まっている。

明治初期に旧暦から太陽暦（新暦）に変わったことで、日本では年中行事を行なう日時にも影響が出てきた。その影響は現在にも及んでいる。お盆を7月にするか8月にするか地域によって差があるが、これは旧暦でやるか新暦でやるかの違いによる。また三日月といっても3日に出るわけではなく、十五夜といっても満月は15日ではなくなった。

同じアジアでも、日本では正月を新暦で祝うが、中国、台湾、韓国、ベトナムなどでは、今でも旧暦によって盛大に祝う。旧正月は中国や台湾では春節、韓国ではソルラル、ベトナムではテトと呼ばれる。東アジアに中国宗教の影響は広く及んでいるが、ベトナムもかつては漢字を用い、中国宗教の影響を強く受けた国である。そうした国々の多くが1年の区切りの始めとなる日を旧暦に従って祝う。

それぞれの宗教にとって重要な意味をもつ日を祝う行事は数多くある。日本の仏教では、4月8日の灌仏会《かんぶつえ》、12月8日の成道会《じょうどうえ》、2月15日の涅槃会《ねはんえ》がよく知られている。灌仏会はブッダの生まれた日、成道会はブッダが悟りを開いた日、涅槃会は入滅（死去）した日とされている。ただし上座仏教では、ブッダの誕生はウェーサク月（4月または5月）の満月の日に祝われ、「ウェーサク祭」と呼ばれる。この日はまたブッダが悟った日でもあり、入滅した日でもあるとされる。

キリスト教の三大行事とされるイースター（復活祭）、ペンテコステ（聖霊降臨日）、クリスマス（降誕祭）のうち、クリスマスはキリスト教徒のみならず日本人に広く親しまれるようになった行事である。クリスマスはイエス・キリストの誕生を祝う日である。英語のクリスマスは「キリストのミサ」

という意味だが、フランス語ではノエル（誕生日）といい、ドイツ語ではヴァイ・ナハテン（「聖なる夜」）という。しかしクリスマスがもっとも一般的な言葉として世界に広がっている。クリスマスも現在の12月25日になったのはローマ時代で、ローマの冬至の祭りと習合したという説が有力である。冬至はいわば太陽の死と甦りの象徴となる。イエス・キリストの死と復活のイメージと重なる。またイエスは「世の光」ととらえられていた。冬至との習合にはそれなりの理由があったとされている。

クリスマスは商業化が進み、仏教圏でもイスラム圏でも、一部で祝われるようになっている。社会主義国の中国でもクリスマス行事はけっこう盛んである。それを逆から示しているのが、２０１４年に中国各地でクリスマスを祝うことを禁止する運動が起きたという報道である。この年の12月、湖南省では大学生が中心となり、「伝統的」な漢服姿でデモを敢行して、クリスマスセールなどを行なう店舗に対し「外国の祭日を祝う必要はない」と抗議し、民族主義を主張したという。陝西省の西北大学ではクリスマス行事を禁止し、24日夜には伝統文化に関する映像上映会を開催し、全学生に出席を義務付けた。また浙江省温州市では教育部局が小中高、幼稚園に対しクリスマス関連イベントを禁止する通達を出した。キリスト教信者の急増に対する政府当局の警戒感もあったと考えられる。

また、多くの民族や宗教が同居する米国では、21世紀になって、「メリークリスマス」という言い方の代わりに「ハッピーホリデーズ」という言い方が広まるという現象も起こっている。２００５年に当時のブッシュ大統領が１４０万枚のクリスマスカードを発送したが、宗教性を薄くするために「メリークリスマス」ではなく「ハッピーホリデーズ」という表記を使ったことが話題になった。

世俗化し商業化したと言われるクリスマスであるが、基本的には宗教行事であるので、グローバル化が進むと、多民族国家と呼ばれるような国においては、ある特定の宗教行事が突出することを抑制する傾向も出てくる場合があるということを示す例である。

クリスマスも学問的には実際にイエス・キリストが生まれた日とはされていない。灌仏会もそうであるが、伝えられている出来事が実際にその日に起こったかどうかはともかく、その日にその出来事を共有しうる記憶として受け止め、信者としての思いを新たにするといったことが、宗教共同体の維持にはきわめて重要である。世俗化した行事として広く行なわれているとしても、個々の行事はそのような機能を保っている。それぞれの信者が属する宗教暦に従って宗教行事をすることが、自分の所属する共同体の世界観を受け入れている証しにもなるからである。[3]

宗教暦が混在する時代

一つの国にいろいろな宗教を信じる人が増えると、こうした宗教暦が混在することになる。仏教やキリスト教の宗教暦は広く知られているが、イスラム教やその他の宗教の年間の行事は馴染みが薄い。ラマダーンはイスラム暦の第9月のことであるが、この月に行なわれる断食（サウム）もラマダーンと言われるようになっている。ラマダーンに関するコーラン2章「牝牛」にある記載は次のとおりである。

3　暦と宗教の関わりについては、中牧弘允『ひろちか先生に学ぶこよみの学校』（つくばね舎、2015年）、同『ひろちか先生に学ぶこよみの学校II』（同前、2017年）、同『世界をよみとく「暦」の不思議』（イースト・プレス、2019年）という、一連の分かりやすい書があり参考となる。

限られた日数の間守らなければならぬ。但し汝らのうち病気の者、また旅行中の者は、いつか他の時に同じ数だけの日。また断食が出来るのに（しなかった）場合は、貧者に食物を施すことで償いをすること。

ラマダーン月には日の出から日没まで一粒の食べ物、一滴の水ものどを通せない。したがってこれを厳格に守る人は唾も呑み込まない。唾がわいた場合、これを吐き捨てる。この戒律を知らない日本人が、イスラム教徒は道路に唾を吐く礼儀知らずの人たちだ、と評したこともあるようだ。断食は、病人、旅行者、妊婦、乳児をもつ母親、老人は断食しなくてもいい。また日没後は食をとることが許される。これはイフタールと呼ばれる。イスラム教徒が多い国では、合図とともに皆が一斉に食事を楽しむ光景が見られる。ラマダーンが終わると、イド・アル＝フィトル（「断食の終わりの祭り」という意味）と呼ばれる盛大な祭りが行なわれる。

多民族国家では当然宗教暦が混在していて、それを互いに了解している。たとえばイスラム教が国教のマレーシアは、国民の過半数がイスラム教徒であっても、中国系の人やインド系の人が一定数住んでいるので、宗教的な色彩のある年中もそれぞれに行なわれる。異なる宗教的行事が混在するということは、マレーシアに住んでいれば日常的に体験される。旧正月に中国系の人が爆竹を鳴らしても、ラマダーン月にイスラム教徒が断食をしても、それぞれは習慣の違いとして認識されている。

日本はこれに比べると、異なった宗教暦の混在は意識されづらい。春節には中国から多くの人が日本を訪れるようになって、旧暦の正月という季節の考え方に馴染んできたが、それはかつての日本での正月であったわけである。戦後は新暦が定着するようになったので、旧暦による行事は戦前までかなり行なわれていたにもかかわらず、若い世代にとっては、馴染みのないものと映ったりする。またラマダーン月のように、日本にはそれに相当するものがなく、また実施される時期が異なるようなものには、馴染むのにいっそう時間がかかると考えられる。

これからの時代を考えれば、異なった宗教暦が日本に混在する割合は増えるのは確実であるから、そのことが社会的に広く認識される必要がある。民俗学が明らかにしてきたように、細かくみれば日本の中でもどんな年中行事があり、何をするかは地域によって異なっていた。ところが戦後に都市化が急速に進み、都市への人口集中が顕著になって、地方ごとの習俗が薄れてきたのである。都市では地方色が見出しにくくなる反面、いろいろな地域の行事が寄せ集まるという現象も起こる。節分の日に恵方巻を食べるというのは関西の習慣であったが、21世紀になり関東でも急に広がり、恵方巻を売る店が増えた。食事に関しては抵抗が少ないせいか、こうした例はよくある。

しかし一定の儀礼を伴う行為となると、食文化の相互影響のようにはいかない。外国人に対し、なぜ日本の伝統的なしきたりに従った生活のリズムにならないのかと不快感を示す人もいる。「郷に入らば郷に従え」ということわざが突然持ち出されたりする。その人自身が別に常に郷に従った生活をしているわけでもないにもかかわらずである。それぞれの国や地域でそこに住む人たちに関わっていた宗教暦を相互に了解するという態度は、宗教文化教育の中で培うべき一つである。

一年に定期的に行なわれる宗教行事とは別に、時間に吉凶があるといった考え方に基づく暦日もある。時間のみならず空間にも吉凶があるとする考えは、東洋の宗教的習俗には広く見られる。第二次大戦後、日本では迷信をなくそうという動きが一時強まったことがあるが、そのときやり玉に挙げられた一つが六曜である。六曜は太陽暦がつかわれるようになった明治期になって日本で広まった。先勝・友引・先負・仏滅・大安・赤口の六つで、この六曜が記された手帳やカレンダーはけっこうある。一時期手帳などからほとんど姿を消したものの、やはり必要とする人がいたので復活したようだ。

　現在でも六曜の一部が気にされるが、それは主に冠婚葬祭の日取りを決める場合である。日柄という言い方がそれを示している。「本日はお日柄も良く」という台詞は、かつて結婚式の定番であった。これが天気が良いという意味であると誤解する人もたまにいるが、むろん天気とは関係なく、日柄とはその日の良しあし、吉凶のことである。結婚式は仏滅を避け、大安を選ぶとか、葬式は友引を避けるというふうに気にされる。何かの信仰というより、不吉なことは避けたい、めでたいことはめでたい日にやりたいという思いに基づいている。

　ここには日本の文化の特徴である語呂合わせ的な要素が加わっている。友引に葬式を避けるのは、この日に葬儀や埋葬をすると友を引いて、友人もまた死ぬかもしれないという不安からの忌避である。ただし、六曜の友引のもともとの意味は引き分け、勝負なしである。もとは留引《ゆういん》と書いたが、友引と表記されるようになってこういう解釈が生まれるようになった。

　六曜はときどき順番が飛ぶので、その理由が分からないと、そのことに特別な意味が込められているように思われるかもしれないが、六曜の決め方は実はさほど複雑ではない。旧暦に基づいており、それぞれの月の一日が六曜のうちのどれが来るかが決まっている。1月と7月の一日は先勝、2月と8月の一日は友引、3月と9月の一日は先負、4月と10月の一日は仏滅、5月と11月の一日は大安、

6月と12月の一日は赤口である。したがって、月末と月初の境目でジャンプが起こる。逆に言えば、六曜の順番になっていない日があれば、旧暦ではある月の一日ということである。

3 除災招福の普遍性

日常生活の中の祈願

各宗教は人間の為すべき行ないを示し、為してはならないことを定めている。殺人や盗みや嘘を禁じ、性的な放縦を戒め、父母への敬愛や孝養を勧め、隣人と仲良くすること勧めるなどは、多くの宗教に共通してみられる。モーセの十戒には「あなたの父母を敬え」、「殺してはならない」、「姦淫してはならない」、「盗んではならない」、「隣人に関して偽証してはならない」といった教えがある。原始仏教における在家の五戒は、不殺生、不偸盗、不邪婬、不妄語、不飲酒である。最後の酒を飲むなという戒律を除くと、殺すこと、盗むこと、不適切な性的関係、嘘をいうなという戒であり、これらも多くの宗教に見られる禁止である。

こうした宗教的な徳目がそれぞれの宗教の教えの特徴を示すものとしてよく説明される。その一方で、人々が日常的に行なう宗教的祈願というものに注目すると、その内容はより共通性が強いことに気付かされる。除災招福という言葉に集約されるようなものが大半である。つまり災いや悪しき出来事を避けられるように、そして幸せがもたらされますようにという願いである。これらは富を得たいとか、いい伴侶を得たいとか、名声を得たいといった、いうなれば俗的な関心事と大きく重なる。それゆえに、宗教的な深みがないとか、さらには宗教性が乏しいものだ、とかいった評価がなされがちである。けれども合格祈願であれ、良縁祈願であれ、病気治癒祈願であれ、神仏に真剣に祈れば、その加護が得られるという考えが宗教行為であるとするなら、祈願の内容で宗教的かそうでないかを判断するのは、少し変ではないのか。

たとえば、ミリタリー・チャプレン（従軍牧師）が、戦地に向かう兵士たちを前に無事を祈り、（敵を倒すという）目的が達成されるように祈る行為は、キリスト教の精神から言ってふさわしいのかという議論は起こっても、キリスト教の信者が日々神に祈る内容からすれば、著しく逸脱しているとは言い難い。あるいはスポーツの試合に勝つことを祈るのであれば、そこまでは問題にされないであろう。「苦しい時の神頼み」という諺は、いい加減な信心のあり方を非難めいて言う印象がある。英語にも「Man turns to God only in trouble」という同じような表現があるから、この態度はむろん日本だけではないと分かる。苦しい局面に立たされると、神や仏にすがりたくなる心理は、人間に普遍的と考えていいだろう。日頃信心深い人が困難にぶつかって神仏に祈るのは宗教的とみなし、信仰心などもっていないとうそぶく人が、困難な事態に直面し、にわかに神仏に祈るのはあまり宗教的ではないとみなしてもよさそうだが、その中間にはいろいろなバリエーションがある。

少しゆるやかに考えるなら、人々の宗教的な祈願の多くは、その内容をみるなら現世利益を願うものであり、たいていは除災招福に包含されると言っていい。現世での幸せを願うことをきわめて肯定的にとらえているのが中国の道教である。道教では現世における幸せを福禄寿という言葉に集約している。福禄寿は人格化されて描かれるが、福は子孫の繁栄を、禄は物質的豊かさ、富の蓄積を、そして寿は健康で長生きすることを意味している。

道教において理想化された人格は仙人として描かれる。中国に行くと、日本人が七福神の図とよく間違える「八仙渡海図」がある。これは中国で有名な8人の仙人が一緒に船に乗った絵である。8人の仙人とは、李鉄拐《りてっかい》、漢鐘離《かんしょうり》、呂洞賓《ろどうひん》、藍采和《らんさいわ》、韓湘子《かんしょうし》、何仙姑《かせんこ》、張果老《ちょうかろう》と曹国舅《そうこっきゅう》である。それぞれが仙人になったいわれについてはさまざまな伝説がある。何仙姑は女性であるが、藍采和も女性という説がある。仙人は不老長寿を達成した人とされる。「八仙渡海」というこの八仙を扱った香港の長編ドラマが、1980年代にCS（通信衛星）の番組として日本で放映されたのを観たことがあるが、仙人たちは酒や賭け事が好きでときにいさかいもするなど、きわめて人間臭く描かれていた。

キリスト教は現世利益に関係なく広がったかと言えば、そんなことはない。キリスト教は一神教とされているが、カトリックには多くの聖人がいて、国ごとに職業ごとに、あるいは一人ひとりに守護聖人がある。国ごとの聖人の例を挙げれば、英国は聖ジョージ、フランスは聖デニス、スペインはサンディエゴ、ハンガリーは聖ステファンなどである。職業ごとの例を挙げれば、医者は聖ダミアンなど、画家は聖ルーカス、音楽家は聖セシリア、大工は聖ヨゼフなどである。なお、11月1日は「万聖節」、あるいは「諸聖人の祝日」と呼ばれる日である。こうした聖人への祈願も除災招福に含めうる。

とくに聖母マリアに対する祈願は広く行なわれて、ヨーロッパのカトリック教会を訪れると、日本の絵馬によく似た「EX・VOTE」と呼ばれるマリアへの祈願や感謝の文言を記した札を見かけることがある。

イスラム教のメッカ（マッカ）巡礼はよく知られているが、巡礼者たちはカーバ神殿の周りを左周りに7回周ったあと、いくつかのことを行なうが、その中にミナという所に行き、三つ建っている石柱に石を7個投げるというものがある。この石柱は悪魔の印であり、投石は悪魔を払う行為である。これは除災行為に含めうる。

日常的な宗教習俗には多くの共通点があるということを認識することも重要である。戒律の違いなどをあまりに強調すると、宗教は厄介なもの、面倒なものという印象を与えかねない。しかし神社や寺院に行って絵馬に祈願や御礼の言葉を書く行為と、カトリック教会において「ＥＸ‐ＶＯＴＥ」にある祈願や感謝の言葉を刻む行為とに、人間が神や仏に向かうときの類似の心について考える機会を提供するといったことも、宗教文化教育の一つに包摂される。

病気治しへの期待の普遍性

戦後、日本社会で新宗教と総称される新しい教団の信者が急速に増えたことが、ジャーナリストや研究者たちから注目された時期があった。具体的に注目を浴びた教団名をあげると、創価学会、立正佼成会、霊友会、ＰＬ（パーフェクトリバティ）教団、世界救世教などである。これらの教団あるいはその前身となる団体が創始された時期は１９３０年代だが、信者数が千人単位の頃はあまり社会的な関心を持たれなかった。だが、数十万人単位となると、否が応でもマスメディアの注目を浴びることになる。新聞や雑誌に盛んに掲載され、多くの人がその存在を知ることとなった。

そうした頃、新宗教に入信する人たちの特徴をあらわす言葉として「貧病争」という言い方がよくされた。つまり、経済的な困窮、病気、そして人間関係の悩みがあって、新宗教に入信するのだという理解の仕方である。この三つは実は人々が宗教に救いを求めるときに一般的に観察されることである。とくに深刻な病いを抱えている人が宗教に救いを求めるのは、古代から現代まで、またどの国であってもよく見られることで、新宗教に限られた話ではない。

19世紀半ばに現在の岡山県に二つの教団が創始された。黒住宗忠を教祖とする黒住教と、金光大神（赤沢文治）を教祖とする金光教である。この二つの教団とも、きわめて熱心な信者となった人の中に、教祖から見えなかった目を見えるようにしてもらったという体験を持つ人がいる。医学的に起こったことの説明はできないが、主観的に見えなかった目が見えるようになったという体験は、本人でないと分からない心理的影響をもたらしたと考えられる。絶望的な病を治癒されたという体験があって、終生教祖への深い帰依の心を抱いたのである。

イエス之御霊《みたま》教会のように、キリスト教系の団体にも牧師が病気治しができることを明言するものがある。聖書にもイエスが病人を癒したことが書かれているではないかと、その根拠をあげる。奄美大島でこの教団に属するある教会を調査したとき、その教会の牧師から「病気を癒すこともできない牧師は、本当の牧師ではない」というような意味の発言を聞いたことがある。

現在は病気を治すのは医者であり、病気ではないかと感じた人が行くのは病院である。だがそのようになったのは近代であり、それ以前は病気治療に宗教者が関わるのは珍しいことではなかった。天理教の教祖中山みきがいわゆる「神がかり」の状態になったのは、江戸時代後期１８３８年のことである。長男の足の病の治癒のためにみずからが修験者の祈祷の加持台《かじ》となったときであった。これは天理教の成立に関わる重要な出来事の端緒だったわけで、その出来事の後、天理教ではみきは「神のやしろ」になったとされ、やがて多くの信者の病を治したとされている。ここで留意したいのは、大事な一人息子の病を治すために中山家が頼ったのが医者ではなく宗教家であったということである。当時はそれが当然のことであったと考えられる。

ブッダやイエスも病を癒せると期待されたことがあった。ブッダが苦から解き放たれるために説いた巧みな教えの一つとして、日本でも各仏教宗派でよく説かれる有名な話がある。

インドのある村で、一人息子を亡くして嘆き悲しんでいたキサーゴータミーという女性が、ブッダに息子を生き返らせてくださいと頼みに来る。ブッダは承諾するのだが、一人も死者を出したことのない家から白い芥子の実をもらってくるように言う。芥子をもらうくらいは簡単なことと思っていたキサーゴータミーは、家々を回るうちやがて一人の死者も出したことのない家などないことに気が付く。そして自分の悲しみを相対化して、ブッダの弟子になるのである。

この話もこうした願いをもってキサーゴータミーがブッダのもとに来たということは、当時ブッダが病人はおろか死者さえも生き返らせる力をもっているという期待が存在していた、ということを物語っている。

イエスは最初病気治しの神と考えられていたという研究がある。山形孝夫『治癒神イエスの誕生』[4]では、イエス運動は、アスクレピオス神への信仰と競合する形で広がったとしている。アスクレピオス神とはギリシアで紀元前5世紀頃、オリンポスの神々に代わって登場したとされ、病気治しをすることで広まった。医学の祖とされるヒッポクラテスもアスクレピオス医師団の出身だったという。地中海東海岸にもこの信仰の拠点があり、イエスはそこを避けたと解釈している。シドンという町で、イエスが女性の癒しの頼みを最初断ったのは、シドンがアスクレピオス信仰の強い町であったからとする。

新約聖書のうち、イエスの言行を記したのが福音書であるが、そこにはイエスが病人を治した話がいくつかあり、さらに死者を蘇らせた話もある。精神に異常をきたした人を癒し、重い皮膚病の人を癒し、耳の聞こえなかった人を聞こえるようにし、目が見えなかった人を見えるようにしている。信仰の立場からはこれらは奇蹟物語に含まれようが、行なったことは心身の病いの癒しである。現代なら医者がやっていること、あるいはそれ以上のことを手がけている。

宗教家が病気治しに深く関わった時代もあったというより、病気治癒に関して、医療と宗教が明確に区分されていない時代が人間の歴史では長く続いたと考えた方が事実に近いと考えられる。アフリカや東南アジアには、現在でも多くの呪医と呼びうる人がいることが人類学者の研究によって示されている。呪医とは呪術的な方法で医療行為を行なう人を指すが、呪術的というのは便宜的な表現と言ってよく、実際に用いられる手段は多様である。近代的医療では基本的に用いない方法くらいに捉えておいた方がいい。なかには科学的根拠のあるものも含まれていると考えられる。

道教の観念では薬には上薬・中薬・下薬の三種類がある。今日でいう薬、つまり病気になったとき

4　増補改訂版、小学館、一九八八年。

に服するのが下薬である。精気を養うのが中薬である。そして上薬は仙人になるための薬である。金もその一つと考えられたが、金粉入りの酒が中国で売られているのは、その観念の断片が継承された結果と言える。

医術と宗教との結びつきは、現代日本においても民間療法の一部に残っている。それがかなりの広がりと相互影響があったことは、『近現代日本の民間精神療法―不可視なエネルギーの諸相』[5]に細かに記されている。この書の中で平野直子らによって紹介されているレイキという療法は、もともと20世紀初めに日本で生まれたものが欧米で注目され、これが1980年代頃から日本に逆輸入されたというような経緯がある。[6]どのように姿を変え、どこに広がるかが、なかなか予測がつけられないし、過去の広がりをたどるのも容易でないのが、民間療法の特徴でもある。

また代替医療と呼ばれるものが、1990年代あたりから西欧や日本でも注目を浴びるようになった。しかし何が代替医療かは少し曖昧で、東洋医学や民間療法、ヨガや気功なども含まれている。これらのほとんどに宗教、とりわけインドと中国で展開した宗教との関係がある。インドにはヴェーダ宗教と関わりの深い伝統医学のアーユルヴェーダがあり、中国には道教の観念と深く結びついた伝統医療がある。これらには心身の関係に関する哲学的考察がある。それが現代社会においても再評価されているということになる。仏教における生老病死の四苦の例を挙げるまでもなく、病気とどう向かいあうかは、宗教の展開にとって目を背けられない問題であるから、その対処法は長い年月をかけてそれぞれに蓄積されている。そうした対処法は、それぞれの国の文化の中に埋め込まれているので、とくに宗教を信じているわけでもない人であっても、自分が深刻な病になった途端、すがりたくなる解決法の一つとして急浮上する。

4 生活文化の中の宗教――教養から娯楽まで

文学作品としての教典

各宗教の教典は聖典、経典などと呼ばれるときは、その書物そのものへの神聖さとか尊さが込められている。その宗教が神や仏やあるいは宗教の創始者にどのような考えを抱き、また信者はどのようなことを求められているかを知るときに、まず知らなければならないのは、その宗教で教典とされているものの内容である。他方で、これらの教典をその宗教に関わった人々の歴史や世界観や人生観が込められたものとして見るとき、文学作品としても扱えるようになる。

神からの啓示が記されたと信じられている旧約聖書には、「雅歌」というものがあり、これは愛の讃歌と解釈されることもある。内容を読めばそのような解釈になるのはごく自然なことである。冒頭の1章1節から7節までを示してみる。[7]

5 栗田英彦・塚田穂高・吉永進一編、国書刊行会、2019年。
6 創始者は白井甕男とされている。漢字表記は霊気あるいは霊・気である。

ソロモンの雅歌。

あの方が私に口づけをしてくださるように。／あなたの愛はぶどう酒よりも心地よくあなたの香油はかぐわしい。／あなたの名は注がれた香油。／だから、娘たちはあなたを慕っています。

私を引き寄せ／あなたの後ろから付いて行かせてください。／さあ、急ぎましょう。／王はその部屋に私を連れて行ってくれました。／楽しみましょう／あなたのもとで喜びましょう。／あなたの愛をぶどう酒よりもたたえましょう。／彼女たちはあなたをひたすらに愛します。

エルサレムの娘たちよ／私は黒くて愛らしい。／ケダルの天幕のように／ソロモンの幕布のように。

私を見つめないでください。／日に焼けたので、私は黒いのです。／兄弟たちが腹を立て／私にぶどう畑を見張らせたのです。／けれども、自分のぶどう畑は見張りませんでした。

私の魂の愛する人、教えてください。／あなたはどこで群れを飼うのですか。／真昼には、どこで群れを伏させるのですか。／どうして私は、あなたの仲間の群れのそばで／ベールで身を隠す女のようになるのですか。


雅歌の意味は「歌の中の歌」あるいは「ソロモンの歌」という意味とされている。ユダヤの王ソロモンが著者ということになっている。雅歌は恋の歌、愛の讃歌であるが、寓喩（たとえ）として解釈されたりもする。聖典であっても、このような内容を含んでいるから、文学作品としての側面をもつのはあきらかであり、実際文学者たちによって多様な解釈を生んできた。

キリスト教の聖人を扱った書であり13世紀に完成した『黄金伝説』はキリスト教が広まっていく上で聖人が果たした役割を考えるときに欠かせない書である。序章以下176章からなる大部のこの書には、「主の降臨と再臨」から始まって、聖アンデレ、聖ニコラウス、聖女ルキア、聖トマス、聖女アナスタシア、聖ステパノ、聖ヨハネと、数多くの聖人の伝説が載せられている。中世のキリスト教の信仰を知るには欠かせない書ともされている。

仏教説話集のジャータカも文学作品と言える。ジャータカというのは、「本生譚《ほんじょうたん》」、「本生話」などと訳されるが、ブッダの前生の話を集めたものである。ブッダは人間として生まれ悟りを開いたが、それ以前に輪廻を繰り返していて、そこで神や人間、あるいは動物の姿をとった菩薩としてあらわれたという信仰によって出来上がった話である。紀元前3世紀から2世紀頃に成立したとされている。中村元はジャータカ物語は、ガンジス河流域に民衆の間に伝えられていた教訓的寓話が仏教により採用され、釈尊（ブッダ）の前世と結びつけられたとしている。[8]

ジャータカは仏教の教えという観点からすると本流とは言い難いが、仏教が民衆の間に広がっていくときに、ブッダのイメージがどのように受け止められたかを知る上では大変重要な文献となってくる。なお、宮沢賢治もジャータカをよく読んでおり、その小説にも影響が見られるという指摘がある。また日本の『今昔物語』や『宇治拾遺物語』のように民間説話集と呼ばれるものになると、仏教教化

7 雅歌を文学作品とみなしたものに、池澤夏樹編集・秋吉輝雄訳『雅歌—古代イスラエルの恋愛詩』（教文館、2012年）がある。
8 中村元『ジャータカ全集1』（春秋社、1984年）のまえがき参照。

に用いられたとしても、文学作品としての性格が強くなる。古事記や日本書紀の神代巻は神話であるが、それも含めて古代文学の対象となっている。日本人の神観念、他界観、自然観といったものを探れる文献だからである。

小説や詩歌といったいわゆる文学作品だけでなく、宗教の教典とみなされるものも、そこから当時の人々の宗教観や宗教習俗、宗教意識といったものを見出せる。これらもまた、生きた宗教文化の理解に大事である。教典から宗教的意味を見出していくのは主には神学者などの営為であるが、そこに含まれた文学的要素やそこから派生した文学作品は、広く一般の人に開かれてきた。それを通して、なぜその宗教が広く人々に受け入れられたかを考える上でのヒントにもすることができる。

絵画や彫刻から読み解かれる宗教的ストーリー

イエス・キリストやその弟子たち、聖母マリア、あるいは聖人となった人物が絵画や彫刻にどう描かれるかは、キリスト教の信者たちが、自分たちの信仰に関わる出来事をどのような視点から記憶にとどめてきたかを知る上で非常に興味深い素材である。レオナルド・ダ・ヴィンチの代表作として有名な「最後の晩餐」は、また多くの画家によって描かれた場面である。ダ・ヴィンチの作品が優れていたことや、最後の晩餐の場面が多くの教会に描かれたことも、この場面を有名にした理由である。それに加えて、場面に示されたストーリーも重要である。すなわちイエスと弟子たちの最後の食事であり、その中に一人裏切り者がいたということが、いっそう関心を呼んできた理由として考えられる。共に食する行為も裏切り行為も、人間の生存にとって重大な出来事である。

聖母マリアを描いた絵画の中には、幼子イエスを抱いた場面が多くある。幼い子どもを抱えた母の姿としてとらえれる。ピエタとして知られるのは、十字架上で死んだイエスが降ろされ、母マリアがイエスを抱いている場面を描いたものである。バチカンのサンピエトロ大聖堂には、ミケランジェロが描いたピエタがある。ピエタはイタリア語で「哀れみ」といった意味であるが、子どもを失った母の哀しみとして伝わってくる。神の子イエスというイメージより、イエスを慈しむ母、イエスの死を悼む母のイメージが想起されるような絵画になっている。これはマリア崇拝が盛んになっていく歴史的背景が重要であるとともに、母子を描くこうした構図そのものが、人々の感情に訴えるところが大きかったからと考えられる。

イエスやマリアの顔や姿を描いたもの、東方正教会におけるイコン、あるいはブッダや阿弥陀如来、大日如来などの仏像は、崇拝や崇敬の対象とする意味合いが強くなる。しかしある出来事を描写したものは、そこにどんなストーリーが込められ、また観た人はどのようなストーリーを感じるかという点について、解釈が多様になってくる。芸術とはそのようなものであるという一般論とは別に、なぜそのような場面の描写が宗教画としてたびたび描かれ、信者だけでなく、多くの人が関心を抱いたかを考えると、宗教的ストーリーを描いた絵画や彫刻が文化的に長く継承されてきているかの理由に迫っていける。

ブッダの生涯を描いた絵や彫刻がある。１９９１年に世界遺産に登録されたジャワ島の「ボロブドゥール寺院遺跡群」にブッダの生涯を描いたレリーフがある。伝説化されたブッダの生涯をもとに彫られたわけである。中国、台湾、日本などには、各地に五百羅漢像を置いたところがある。羅漢（阿羅漢ともいう）は仏教では仏陀の直弟子を指す言葉である。ブッダの教えを固く守ろうと決めた弟子が16人いたということから「十六羅漢」、またブッダの没後その教えを確定するために集まっていわゆる仏典の結集《けつじゅう》を行なった弟子が五百人いたとされることから五百羅漢といった言葉が生まれた。

ブッダの生涯にしても弟子たちとの関係にしても、伝説化された部分が大きいわけだが、それが絵画や彫刻として可視化されると、非常に具体的なイメージとして人々の脳裏に焼き付く。こうしたものは少なくとも二つの意味を持っている。一つはブッダに関わる話のうち、何が人々の記憶に残ったのかということを示しているのであり、もう一つは、そうしてストーリー化されたものが後世に伝えられていき、いわば文化的に構築された記憶を形作っているということである。絵画や彫刻のもつこうした複合的な力に気付くことは、宗教文化が広く継承されていくプロセスを考える上できわめて重要である。

絵画の場合、情景を細かく描写することが可能である。それゆえ描写された内容がある宗教にとっての強い価値観をあらわしている場合は、その宗教の持つ視点に気付く必要が出てくる。典型的な例を一つあげよう。西欧の絵画には十字軍を描いたものが数多くある。その中の一つがヴェルサイユ宮殿所蔵のエミール・シニョル作『エルサレムを陥落させた十字軍』である。この絵では中央に勝ち誇った十字軍の騎士が白馬に乗り両手を挙げている。その前には殺されたであろう人たちが何人も転がっている。

西欧キリスト教にとって十字軍は聖なる戦いに臨んだ人たちということになるが、イスラム教側からすれば残虐な殺戮を行なった人々でしかない。イスラム教徒にとって現在でも十字軍は悪魔の代名詞である。そのような違いに思いが至らなかったのであろうか、2001年の同時多発テロのあと、当時のジョージ・W・ブッシュ大統領は、テロに対する戦いを「この十字軍」と表現してイスラム圏の国々から強い反発を受けた。[9] ホワイトハウスはその後釈明に追われることになった。

落語と仏教

落語の始まりには僧侶が関わっているというのが通説である。戦国大名にお伽衆として仕え、話の相手などをした中に安楽庵策伝という浄土宗の僧侶がいた。策伝はよく落語の祖と称されるが、豊臣秀吉の前で滑稽なオチがつく噺を披露して喜ばれたという。また『醒睡笑』という笑い話を集めた8巻本を江戸時代の初め1620年代に作った。[10] 京都所司代の板倉重宗の依頼であった。一つ一つは短い話であり、説法めいたものだけが集められているわけではない。

こうした淵源があるので、落語と仏教は深いつながりがある。仏教的な教えを面白おかしく説くというものもないではないが、仏教の話を組み込むにしても、少しひねった話にするところが落語らしいと言える。野ざらしになっていた骨を供養したことで、妙齢の女性の姿で幽霊があらわれる「野ざらし」も、供養の大切さを混ぜてはいるが、欲望丸出しの男たちが出てきて、その失敗を描くのがオチである。

9 ブッシュの発言は次の通り。"This crusade, this war on terrorism, is going to take a while."
10 安楽庵策伝と醒睡笑については関山和夫「『醒睡笑』の唱導性」(『佛教大学佛教文化研究所年報』4、1986年、所収)という論文が参考になる。

独特の表情が人気のあった落語家の2代目桂枝雀には『茶漬えんま』という大変面白い新作落語がある。閻魔大王と知り合いになった大工の留さんが特別に極楽に行かしてもらったという設定である。最後は釈迦とともにイエス・キリストも血の池地獄に落ちる羽目になるという荒唐無稽とさえ言えるような筋書きだが、仏教の教えやキリスト教の教えの基本を知らないと、その面白さは半減するかもしれない。

極楽浄土の素晴らしさを逆に皮肉ったような箇所もある。留さんは静かな極楽に行って早々、悟った人らしい人物の足を踏んでしまう。平謝りするが、「極楽にはもう私もあなたもない」と、変な諭され方をされる。「私は私、あなたも私、あなたもあなた、あなたは私」といった説明が繰り返される。「どういうことですか、それは?」と聞き返していると、とうとうその人物から金属バットで殴られそうになったりするのである。

禅問答をこれまた皮肉ったような目で描いているのは『蒟蒻《こんにゃく》問答』である。これは古典落語で、かなり有名である。越前の永平寺から来たという旅の僧が問答をしかけたのに対し、急遽和尚に仕立てられたこんにゃく屋が、嘘がばれないように、無言の行にみせかけて一切答えないことにしたという状況設定である。そうして問答の達人の僧と仏教など何もしらないこんにゃく屋が、身振りだけでやりとりした結果、僧が退散したという話である。ハイライトシーンはおおよそこうである。

修行僧はまず「東海に魚あり、尾もなく、頭もなく、中の支骨を断つ。法華経五字の説法は八遍にとじ、松風の二道は、松に声ありや松また風をうむや。有無の二道は禅家悟道の悟りにして、いずれが理なるや、いずれが非なるや。これ如何!」などと問う。こんにゃく屋は黙ったままで、いっこうに答えがない。これを見て修行僧は相手が無言の行と思い込んでしまう。そして「はっ」とばかりに両手で小さな丸を作り前に突き出す。これに対しこんにゃく屋は両手で大きな丸を描く。

それを見た修行僧は平伏したが、次に「はっ」と両手を開き前に突き出すのである。こんにゃく屋は右手を開き僧の前に突き出す。修行僧はまた平伏し、それから今度は右手の3本の指を立て突き出す。こんにゃく屋はこれを見て右の指で「あかんべ」をする。これでとうとう修行僧は恐れ入って逃げ出してしまう。

どうしてこのような展開になったのか、修行僧と蒟蒻屋のそれぞれの解釈が示される。僧はこう解釈したのであった。両手で小さな丸を示したのは、「天地の間は」と問うたのであった。これに対するこんにゃく屋の両手の丸を「大海のごとし」と解釈した。そこで両手を出して「十方世界は」と問うと、右手で「五戒で保つ」という答え。最後に3本の指を出して「三尊の弥陀は」と問うと、「目の前を見よ」という答えで、到底かなわないと退散したというわけである。

一方、こんにゃく屋は何と思って対応していたか。小さな円で「てめんとこの蒟蒻はこればかりだろ」とケチを付けられたと思って、両手を広げて「こんなに大きいや」と応じた。両手で「十枚でいくらだ」と聞いたから、右手を出して「五百だ」と答えた。ところが指3本で「三百にまけろ」と言ったので、「あかんべえ」をしたというわけである。

この面白さの根底には、禅問答がしばしば通常の会話とは次元の異なるやりとりになることがある。禅宗には仏教の伝来や継承に独自の説がある。ブッダの言うことを本当に理解したのはマハーカッサパ（摩訶迦葉、大迦葉）だとするが、そのことを示す言葉が拈華微笑《ねんげみしょう》である。かいつまんでいうとこうなる。

ブッダがある日弟子たちを前にして教えを説いたが、話を終えてのちそこにあった花をとってくるっと回すと、マハーカッサパのみがにっこり笑った。これを見て、ブッダがこう言った。「われに正法眼蔵、涅槃妙心、実相無相微妙の法門あり。不立文字、教外別伝なり。いま摩訶迦葉に付嘱しおわんぬ。」ブッダが花を拈《ひね》ったらマハーカッサパが微笑んだということで、拈華微笑という表現にこの話が集約された。言葉での説明の後にある行為をなしたのを見て何を伝えたいかが分かったというのである。これが以心伝心である。不立文字、教外別伝も趣旨は同じである。

禅宗はインドで師資相承、つまり師から弟子へと伝えられ、第28祖が達磨大師（ダルマ）である。達磨は6世紀に中国に来て禅を伝えたとされる。嵩山少林寺には達磨が9年間坐禅をした（面壁九年）という伝えがある。中国では第1祖となるので、達磨は「西天第二八祖、東天第一祖」とされる。この達磨から中国の弟子に伝えられるときも、言葉ではないものが重視されたという話が伝わる。いろいろ悟りの境地を述べた弟子より、うやうやしく礼をしただけの慧可が第2祖になるのである。

禅の問答を集めたものを公案という。『碧巌録《へきがん》』は12世紀に中国の臨済禅で編纂された問答集である。日本の僧侶もこれを学んだ。禅問答が通常の会話とは異なるのを示すのが、『碧巌録』の中にあり、麻三斤《まさんぎん》として知られる次のような問答である。

ある修行僧が洞山和尚に尋ねた。「仏とは何ですか」

洞山は答えた。「三斤の麻だ」

この答えの解釈も難しいが「麻の目方が三斤」ということのようである。斤は昔の重さの単位で1

斤は600グラムほどなので、3斤なら、1・8キログラムである。通常は意味の通らないやりとりが、禅問答では高く評価される。

以心伝心とは言っても、それは深く学んだ上でのことである。そのことは中国の禅宗に伝わる「筏のたとえ」でよく分かる。これはブッダが説いたとされる話である。川を渡るには筏が必要である。しかし渡り切ってしまったら、筏はかえって邪魔になる。それを棄てなければ目的地には辿りつけない。つまり筏を使って川を渡るのが大前提になっている。いきなり筏は要らない、つまり言葉は要らないという意味ではない。もっとも道元はこれはブッダ自身の実践だが、自分の伝える禅ではないとしている。禅の奥深さはともかく、難しい話までも笑いの種にしているのが落語の真骨頂である。

生活の中の宗教文化の再発見

生活の中に溶け込んでいる宗教文化は、他にも多数ある。音楽においても宗教的要素を見出せるものがある。武術・武道の中に宗教文化の要素を見出すこともできる。茶道や華道にも見出せる。あるいは遊びなどとして、生活の中にとけ込み過ぎて、宗教的要素がほとんど読み取れなくなったもののもある。多くの人が日常的には意識していない宗教文化に目をやることの意味はなんであろうか。

たとえば落語の『蒟蒻問答』だと、禅問答が高度に洗練されて一般の人には理解できなくなったことを題材にしているのではあるが、そこから生まれるおかしさを入り口に、禅の世界への窓は開く効果もありうる。つまり、多くの人にとっては深くは分からないけれども奥が深そうに感じられる仏教文化が、落語という大衆文化の中に溶け込むことで、その仏教文化の手がかりになりうるということである。

もともと深く宗教に関わりをもって生まれた文化であっても、それが多くの人に伝わり、姿を変えるうちに、宗教的な意味合いが薄れたり、意味が分からなくなったりすることがでてくる。この章の冒頭にあげた仏教用語の例を考えるだけでこの点は了解できよう。そのようにしていわば日常生活の中に拡散した宗教的要素のうち、時代や地域の環境が変わっても、継承されていくものがある。それが何であるかを考えることが、たとえば日本文化や日本の宗教の特徴を考えることにもつながる。

「日本文化の本質はこうである」といった、最初から答えを定めているようなアプローチでは、現代のようなグローバル化が進行する時代の出来事を対象にしながらそれぞれの国の宗教文化の特徴をとらえることは難しくなる。生活文化の中に拡散しつつも、いろいろなところに顔を出している宗教の姿から、日本人が親しんでいる宗教文化の特徴を探り当てようとする方法が、時間はかかるであろうが、生きた宗教文化を考える上ではより適切である。

第3章　映像に投射された宗教文化

1　宗教文化教育にとっての映画・DVD

制作側の視点

かつて映画は映画館での上映を見逃したら、観る機会を見つけるのがなかなか難しかった。しかし1990年代にDVDビデオの技術が向上し、21世紀には映画も続々DVD化されるようになった。観たい映画をDVDで購入あるいはレンタルすることが容易になった。ネットフリックス（Netflix）、フールー（Hulu）といった動画配信サイトもでき、オンデマンドで映画を観られるようになっている。一部の映画はユーチューブでも閲覧できる。

この技術革新によって、宗教的なテーマを含む映画を、宗教文化教育の教材としやすくなったとは言えるが、実際に用いる上ではいくつか難しい問題が潜んでいる。ドキュメンタリー映画は別として、そもそも映画は事実を正確に伝えることを目指して制作されているわけではない。宗教的な題材を扱っていても、その宗教の実態に迫るといった意図を持つものや、信仰者の心を描き出そうと努めるものはごく少数である。反宗教的な立場のものや、荒唐無稽なものも少なくない。

仮に宗教が関わりをもった出来事について、史実に沿った描き方を心がけたとしても、その出来事を解釈するフレームが、どの視点によるかで作品の内容は大きく変わる。これは文学でも絵画でも、作品と呼ばれるものすべてにあてはまるが、映画の場合はそれが含んでいる情報量の多さ、感情に訴える力の大きさといった面で、他をしのぐ。活字や絵画に比べ、映画は音声と映像で提供されるので、五感にきわめて具体的なイメージを与える。文学作品を読みながら、どのような情景を描くかは読み手に委ねられるが、映像は制作者側が示すリアルなイメージに大きく左右される。さらに音声や音楽も加わり、感情への作用は強まる。見せられたことが真実であると受け止めやすくなる。

宗教的な要素が歴史的な出来事の判断に大きく影響するという分かりやすい例としては、前章で述べた絵画にも描かれてきた十字軍があげられる。ただ、最近の映画での十字軍の描写は、西欧で作られたものであっても、十字軍の残虐さを踏まえている。2005年に米国で制作された『キングダム・オブ・ヘブン』もそうである。2001年のジョージ・ブッシュ大統領の発言に見られる単純な二分法とは大きく異なる。

歴史上の出来事だけでなく、現実に展開している問題であると、視点の違いが映像に鮮明に出てくるので、その扱いもまたいっそう難しくなる。2007年に中国人の李纓《リイン》監督が制作した『靖国YASUKUNI』は、強い反対運動が起こり映画の上映自体が一時自粛された。靖国問題はおそらく論理では決着しない。A級戦犯合祀問題、首相の参拝問題、遺族による合祀とりさげの問題、細かくみていけば、その一つ一つが持つ対立の構図は、それぞれが複雑な根を持つ。だが、大きく言えば根底に靖国神社に対する二つの相反する見方、すなわちこの神社を日本人の精神的支柱の一つとみなす立場と、過去の侵略戦争のシンボルとみなす立場が横たわっていて、これが情念のようなものと密接に関わっている。それゆえ、双方の論理をいくら突き合わせても歩み寄りが見られない。

映画の前半では、どちらかといえば靖国に戦時中の感覚を維持しようとする人々が多く登場している。日章旗を掲げ、軍服姿で参拝する一団や、声なき声の英霊になりかわりと、「天皇陛下万歳」を叫ぶ人々。南京大虐殺を否定する署名運動する婦人。後半になると合祀取り下げを求める台湾原住民や浄土真宗の僧侶、「靖国神社20万参拝運動」の最中に侵略戦争反対と唱えながら乱入して、つまみ出される若者などが登場する。「中国へ帰れ、この野郎」と若者に向かって何度も何度も怒鳴り続ける男性がいるが、実際のところその若者は日本人であった。ドキュメンタリーの手法をとりながら、平常の靖国神社の光景ではなく、問題が先鋭化した場面を切り取っている。上映反対の運動が起こったのは、そのこと自体に不快を覚えた人がいることを示している。

テロが頻発し国家間の戦争につながる恐れさえあるパレスチナ問題を扱った映画となると、対立の構図はさらに複雑なものとなってくる。1948年に建国されたイスラエルがその後領土を拡大していく過程で起こったパレスチナ問題は、イスラエルの視点に立つか、パレスチナ住民の視点に立つかで大きく分かれる上に、その周囲の国家、さらにこの地をかつて植民地支配していた国々からの視点なども介在してくる。

フランス・ドイツ・オランダ・パレスチナの合作『パラダイス・ナウ』(2005年)は、ヨルダン川西岸地区に住む2人の若者が主人公である。ここは1967年の第三次中東戦争以来、イスラエルによって占拠されている。2人はイスラエルへの自爆攻撃の実行者に選ばれるが、それからの2日間が描かれている。監督のハニ・アブ・アサドはイスラエルのナザレで生まれたが、19歳のときにオランダに移住したという経歴をもつ。中東の視点もヨーロッパの視点も取り入れて、単純にどちらかを悪とは決められない複雑な現状を描いたのは、その経歴が関係していると考えられる。

フランス・スイス・イスラエル・イタリア・インドの共同制作である『ミラル』(2010年)になると、事態をめぐるいわば負のスパイラルから抜け出そうとする姿勢がうかがえる。パレスチナで親と家を失った多くの子どもたち、とくにミラルという女性の生き方が中心に描かれる。ミラルの母は苛酷な出来事もあって精神のバランスを失って自殺する。ミラルはイスラエルの孤児院で育つが、恋人の影響で一時インティファーダというイスラエルへの抵抗運動に身を置きかける。警察に連行され自白を強要され拷問を受ける体験もする。しかし、過激な行動が未来への道を開かないと信じる女性に支えられ、新しい道を選ぶ。ヨーロッパ、中東、そしてアジアの国の共同制作であることが、このような複眼的な視点を生み出したとも言える。

多くの民族が多様な宗教に関わり、それが家族の問題、地域の問題、国家間の問題とあらゆる次元に複雑に関わっている中東を舞台にして、同時代的に展開している問題を扱った映画は、宗教文化教育の教材という観点からは、おそらくもっとも扱うのが困難なものの一つである。かなりしっかりと基礎知識を踏まえた上で鑑賞しないと、明らかな誤解をも生じる可能性がある。

映画を宗教教育の教材にする難しさと意義

制作者がもつ意識的あるいは無意識的な認知フレームの存在への留意は、靖国問題やパレスチナ問題のようなきわめて複雑な状況をテーマとする映画に限らない。宗教的な目的が濃いものであろうと、宗教を批判的に扱ったものであろうと、映画を教材にする場合には、少なくとも、どのような立場の人が制作したものかについて確認しておくことが必要になる。

こうした難しい課題を抱えるにもかかわらず、映画は宗教文化教育の教材としてはいろいろな可能性を含んでいる。それは今述べたことの裏返しになるが、作品自体に固有のフレームと多様な視点があり、観る側の解釈にもいろいろな立場や視点が成り立つという、まさにそのことを確認するのに適している。歴史的な出来事や同時代的に展開している問題が取り扱われていれば、宗教文化の議論が抽象的にならないような効果をもたらす。どのような視点からの映画制作かに関しては、ここでは宗教的な題材を中心的に扱うことが意図されている映画と、宗教が広く社会や文化に関わっている側面を描いている映画とに大きく二分する。これに加え、現代は宗教が関わりをもつ非常に多くの紛争、事件、社会問題があるので、それらを描く映画についても扱う。

宗教的な題材が中心のものに絞っても、細分していくと、そこにはさまざまなテーマが関わっているのが見えてくる。特徴的なものを挙げるなら、神や神話に関するもの、キリスト教、仏教、イスラム教といった各宗教の起源や創始者などに焦点を据えたもの、宗教家の苦悩を描いたものなどがある。広く宗教に関わるテーマは無数にあるといっていい。宗教文化とくに宗教が伝えてきた世界観、人生観といったものは、特定の信仰を持たない人にも影響を与えている。グローバル化が進行する中に、異なった文化的背景をもった人同士が共に生活することが増えると、新たな問題が生じる。そこに宗教問題が関わってくることがある。さらに地域の紛争や民族問題が宗教と深くかかわってくることがある。過激な原理主義的傾向をもつ宗教運動やカルト問題も世界各地で起こっている。こうしたものを扱う映画は非常に多い。鋭い問題提起になっているものも少なくない。

ここでは映画のジャンルを整理することを目指してはいない。宗教や宗教文化がどのような形で生活の中に関わってくるか、社会的な出来事の中にどのような影響を与えているのか、逆に社会的出来事から宗教がどのような影響を受けるのか、を考えていく上での仮の整理である。

宗教を題材にした映画でも、どの国で制作されたものであるかによって、宗教に関する偏りは大きくなる。欧米なら圧倒的にキリスト教が多く取り上げられるが、日本で上映される映画は、欧米のものが多いので、結果的にキリスト教関連の作品が多く取り上げられる。

アジアでは韓国などはキリスト教関係の映画もけっこうあるが、一般的には仏教に関係するものが多い。東アジアの国々で制作された映画が描くのは大乗仏教の歴史が多く、東南アジアの国々では上座仏教の姿が描かれる。ただし最大の映画制作数を誇るインドは、現在は人口の約8割はヒンドゥー教で、仏教徒は数百万人で1%にも満たない。仏教についての映画は少ない。インド映画はハリウッドにちなんでボリウッドと呼ばれたりする。インドのムンバイはかつてボンベイと呼ばれ、ボンベイは映画産業の中心地であった。そこからボリウッドの言葉が生まれた。映画の制作本数ではボリウッドは世界一であるとされる。日本にはそのごく一部しか紹介されていないが、その中で宗教が大きく関わった映画としては、ヒンドゥー教に関係したもの、またヒンドゥー教とイスラム教の関わりを描いたものがある。イスラム教徒はインド人口の13％強を占め、一億数千万に達するから、これは当然であろう。

まず宗教を中心的題材にした映画について、宗教文化教育の教材としてどう扱えるのかを念頭に置きながら、以下では次の三つに整理して述べていく[1]。

①宗教の始まりを描く映画

ここには神や神話、宗教の創始者を題材とする映画を含めておく。神や神話をテーマとしたものでは、神道に関わるものでは、古事記や日本書紀の神代巻、一般に日本神話と呼ばれるような部分が描かれる。ユダヤ教、キリスト教であれば、「創世記」にある話を題材にしたものが多い。仏教、キリスト教、イスラム教といった創唱宗教であれば、その創始者の一生や、その周りの信奉者たちの言動などを描くことが宗教の始まりを描くことになる。ブッダの生涯、イエス・キリストの生涯、ムハンマドの生涯などについての映画がある。イエスに関わる映画は数多いが、ムハンマドの一生を描いたものはきわめて少ない。これはイスラム教の偶像崇拝の禁止の教えとかかわりがあると考えられる。

また日本映画には、仏教各宗派の開祖や新宗教の教祖を描いたものがある。

②宗教家（聖職者、修道女、牧師、僧侶など）の苦悩などを描く映画

ここで宗教家と総称しているのは、カトリックであればローマ教皇から、枢機卿、司教、司祭、修

1　これらの映画を含めて、82作の映画の紹介とその他百余作の作品について短く紹介した井上順孝編『映画で学ぶ現代宗教』（弘文堂、2009年）を参照。

道女などである。プロテスタントであれば牧師、仏教やヒンドゥー教であれば僧侶などである。こうした宗教家が組織や信者、あるいは社会との関わりでさまざまな問題と向かいあったり、悩んだり、苦しんだりするテーマの映画は多いが、そうした場面の一つ一つが、生きた宗教文化を考えるときには、身近な問題として受け止めやすくなる。

③人生観や自然観の中の宗教性を扱った映画

宗教が中心的テーマである映画の場合は、制作する側は対象になにがしかの共鳴、共感、同調といった肯定的な評価を与えている場合が多いようだが、中には批判的な視点のものもある。問題を投げかける形のものもある。観る側も関係する宗教の信者もいれば、その宗教に対する批判的な見方の人もいる。宗教全体に対しても肯定的、否定的、あるいはあまり関心がないなどさまざまである。宗教文化教育の素材とすることは、こうしたいわば価値観が錯綜する中での議論に足を踏み入れることになる。

2 宗教映画が描く宗教の始まり

神や神話を題材としたもの

日本神話は神道にとって重要な意味を持つことは言うまでもないが、映画化されたものは少ない。『日本誕生』という1959年の作品がある。イザナギ・イザナミによる国生みから描かれる。天御《あめのみ》中主《なかぬし》神から始まっているので、古事記に書かれた内容に基づいていると考えられる。日本書紀なら最初の神は国常立尊《くにとこたち》だからである。話は熊襲《くまそ》征伐をしたのち東国を征伐に向かったヤマトタケルの生涯が中心である。三船敏郎がヤマトタケル役で、父から疎まれ苦しむヤマトタケルの姿が繰り返し描かれる。スサノオの役も三船敏郎である。荒々しい神々の振る舞いの場面が描かれる。日本神話のストーリーのうち、近代以降はどの部分が関心を持たれてきたかの参考にはできる。

ヤマトタケルは『ヤマトタケル』という1994年の映画でも扱われている。『日本誕生』のリニューアル的な映画ということもあるが、ヤマトタケルが主人公になっている。しかし表現は相当に異なる。『日本誕生』が神話に描かれた神々の行為を人間の行為に移し替えて描写しているのに対し、『ヤマトタケル』では特撮を大幅に取り入れ、SF的な装いになっている。

日本神話に限らず、世界のどの神話も、実際の人類の歴史とはかけ離れたストーリーに満ち溢れている。豊かな想像力で宇宙の成り立ち、人類の誕生、クニや民族の誕生が語られる。神、天使、悪魔、神人、聖霊、精霊、半人半獣、キメラ動物など、古代の人間の作り上げた数々の表象が、文字資料となって今日に伝えられてきている。それらを現代の感覚で表象し直すわけであるから、唯一の正しい描写などというものはそもそも想定できない。

そうした大前提があるなら、神話の映画化は、対象の再構築と現代の神話解釈の再構築のいわば二重の段階を経ていることになる。古事記や日本書紀に即して言えば、なぜ古代日本においてそのように神々の心と行為が描かれたかの考察が、なぜ現代の日本人はそのような解釈をするのかという考察と、相互に絡み合うということである。これは広く言えば人間や人間社会に対する想像力を養うこと

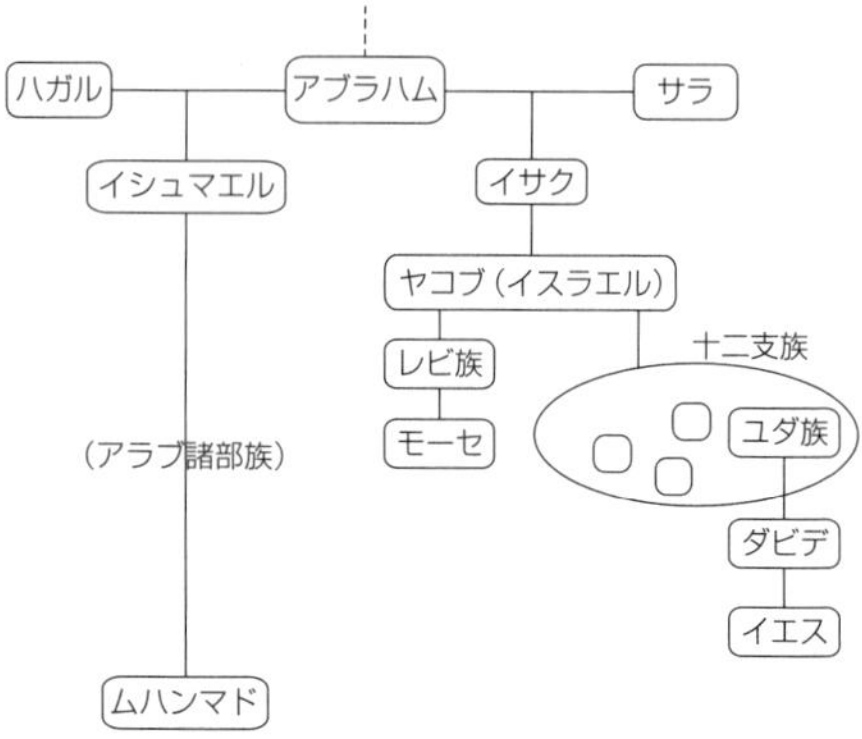

図 3-1　アブラハムの宗教

につながると考えられる。愛国心の涵養とか、日本文化の美化というような特定の目的をもつ人は、神話もそれに適した部分とそれに合うような解釈のみが採用される。それは神話に対する想像力を養う上では、すこぶる貧弱な試みである。

ユダヤ教、キリスト教、イスラム教は「アブラハムの宗教」と呼ばれることがある。伝承に基づくところが大きいものではあるが、図3-1に示したように、モーセ、イエス、ムハンマドの祖先をさかのぼると、旧約聖書に出てくるアブラハムにつながるとされるからである。

旧約聖書に出てくる天地創造の話は、ユダヤ教とキリスト教では共有されており、またイスラム教にも類似のものがある。コーラン7章54節には「本当にあなたがたの主はアッラーであられる。かれは6日で天と地を創り、それから玉座に座しておられる」とある。

キリスト教の立場からなされた天地創造の話の映画化が、ジョン・ヒューストン監督の『天地創造』（1966年）で、米国とイタリアの合作で175分の長編である。題名のとおり『旧約聖書』の「創世記」第1章の天地創造の場面から始まる。アダムとイブ、ノアの箱舟、バベルの塔、ソドムとゴモラといった有名な話が描かれる。最後は第22章のイサクが生け贄にされそうになる話である。

欧米の映画に描かれた神は、時代とともに神への観念の変化を反映している。興味深いのは、神が平凡な人間の姿をとって現れる映画が、1970年代以降米国映画にいくつかに見られるようになった点である。『オー！　ゴッド』では神は眼鏡をかけ野球帽をかぶった老人の姿で登場する。神はみずからが神であることの証明として「GOD」と書かれた名刺を差し出したりする。なぜそんな格好になったかの説明も一応ある。本来は神に姿などないのだが、それだとわかりにくいだろうと主人公が受け入れることの出来る平凡な格好にしたというわけである。この映画はシリーズ化され、1980年に続編の『オー！ゴッド2／子供はこわい』、また84年に『オー！ゴッド3／悪魔はこわい』が制作された。

少しスマートな姿の神が21世紀の映画に登場する。『ブルース・オールマイティ』である。2003年に制作されたこの映画では、主人公のブルースが「神よ、あんたは仕事をしていない」と悪態をついてしまったことが神の登場を招く。モーガン・フリーマン扮する神が「お前さんそう言うけれどこれでなかなか大変なんだぞ。なんならちょっと神様をやってみろや」とブルースに神の役を任せることとなる。続編が2007年の『エバン・オールマイティ』である。神の役は同じくモーガン・フリーマンである。下院議員に当選したエバンが、新しい家を購入し、「神様、世界を変えるため、力を貸して下さい」と祈ったことが、神が登場する発端になっている。

この映画では毎朝セットした時間とは異なる6時14分に目覚ましが鳴るといった具合に、「614」という数字が謎めいた数字として用いられる。やがてこれは旧約聖書の「創世記」6章14節を意味することが分かる。この節はノアの箱船の話の一部をなす。このシリーズでは、神が白いスーツを着こなした黒人の姿をとってあらわれる。そして神はふいに現れ、ふいに消えていく。

神が人格化されて描かれるのは、旧約聖書の「創世記」1章26節の内容が関係していよう。そこでは神が「われわれのかたちに、われわれの姿に人を造ろう」と言ったとある。これに従えば、神がこの世界に人間の姿であらわれるのは、根拠のない考えではないことになる。

ユダヤ教では神を人の姿に描くどころか、何かの像として刻むことも禁じられる。「創世記」に続く「出エジプト記」の20章には、モーセに対して神が「あなたはいかなる像も造ってはならない。上は天にあり、下は地にあり、また地の下の水の中にある、いかなるものの形も造ってはならない」と命じたことが記されている。「モーセの十戒」の中に出てくる文言で、偶像崇拝の禁止である。

イスラム教も偶像崇拝を禁止していて、それに関わる箇所がコーランに何度も出てくる。5章90節には「あなたがた信仰する者よ、誠に酒と賭矢、偶像と占い矢は、忌み嫌われる悪魔の業である。これを避けなさい。恐らくあなたがたは成功するであろう」とある。9章105節には「それであなたの顔を、純正な教えに向けなさい。偶像信者の仲間であってはならない」とある。また22章30節には「それで偶像の汚れから離れ、虚偽の言葉を避けなさい」とある。

このようにコーランの中で繰り返し偶像崇拝を禁じられているので、神を像に刻むということはありえないし、神を人間として描く映画も考えられない。

イエス映画の変遷

旧約聖書は最近ではヘブライ語聖書と呼ばれることが多くなった。もともとヘブライ語で書かれていたというだけでなく、旧約聖書という言い方が、キリスト教徒の立場からのものということも考慮されるようになってきたからである。キリスト教徒にとっては旧約聖書も新約聖書もともに聖書であるが、ユダヤ教徒にとっては、聖書は旧約聖書に相当する部分だけであり、新約聖書は聖書ではない。イエス・キリストを預言者として認めているわけではないから、イエスやその弟子たちの語ったことを神の言葉などとは受け止めない。イエス・キリストを偽預言者の一人と解釈するユダヤ教徒もいる。

イエス・キリストや十二弟子はユダヤ人であったが、中世ヨーロッパではユダヤ人迫害が西欧を中心にして起こった。他方イスラム教徒とユダヤ教徒はずっと良好な関係にあった。今日の中東問題に関係しているユダヤ教、キリスト教、イスラム教の構図とは異なった構図が中世にはあった。なお米国におけるユダヤ人の影響が強まるのは20世紀からである。19世紀末以降ポグロムと呼ばれる東欧を中心として起こった迫害から逃れたユダヤ人たちが米国に数多く移住し、その中に米国の政治や経済などに大きな役割を果たす人たちが数多く出現したからである。

旧約聖書の創世記を扱った映画を観るときにも、中世から現代にいたるそうした歴史的展開への知識がある程度あると、少し違った目で見えてくる。キリスト教の前史として創世記を描く映画は、基本的にキリスト教徒からする視点である。この点はとりわけイエスの生涯を扱った映画を観るときには、是非ともおさえておきたい。

イエス・キリストを扱った映画は数多い。戦前にも『キリストの一生』(1923年)、『キング・オブ・キングス』(1931年)があるが、1964年に制作された『奇跡の丘』は「マタイによる福音書」の内容に忠実にしたがった描き方をしている。イエスが病人を治すシーンでは皮膚病の人が一瞬にして癒されている。『偉大な生涯の物語』(1965年)はこの時期のイエス映画の代表作で、キリスト教系の学校の教材に用いられたりした。1970年代以降は、「神の子」としてのイエスというよりも「人間イエス」という視点からの映画が出てくる。『ジーザス・クライスト・スーパースター』（1973年）もその部類である。

21世紀になってからのものでは、熱心なカトリック教徒のメル・ギブソン監督の『パッション』（2004年）がある。暴力的シーンが多いことで一部に批判を呼んだ。キリスト教ではイエスが十字架上で処刑されるまでの最後の一日をパッションすなわち受難と呼ぶ。それをとって題名としたものである。そこで起こったことはカトリックでは「十字架の道行《みちゆき》」として教えられる。この道行は14ないし15留《りゅう》と呼ばれる場面に分けられている。

欧米の映画における神の描き方の変化とともに、イエス・キリストの描き方も変化してきた。大きく言えば「神の子イエス」から「人間イエス」へ、それも悩みを抱えた人間としての描き方が20世紀後半には顕著になったことが分かる。『キリスト最後の誘惑』（1988年）では、いわばエロスに満ちたイエス像が前面に出てきた。『ダ・ヴィンチ・コード』（2006年）は、さらにイエスとマリアとの間に子どもがいたという前提のもとにストーリーを展開させている。イエス映画ではないのだが、イエスの描き方の多様性を反映している。これに加えてイエスの表象についての変化に注目する研究もある。マック・ウィリアムズは、2012年に國學院大學で開催された国際研究フォーラム「宗教文化教育の射程―文学と美術をめぐって」においてこの点に触れ、多くの画像を示しながら白人イメージであったイエスが多様化してきているとした。[2]

イエス映画の多さに比べると、イスラム教の創始者ムハンマドを扱った映画はきわめて少ないが、

『ザ・メッセージ』（1976年）はムハンマドの生涯を扱っていて、その意味で貴重である。ムハンマドの説いた教えが、多神教の町メッカでどう広がっていったか、どのような波紋を周囲にもたらしたかなどを交えつつ、ムハンマドに従った人々の信念の深さを描こうとしている。商人たちでにぎわうメッカは物質主義であり、物質的豊かさを願うために多くの神々が崇拝されていた。そこに突如あらわれたムハンマドの教えは、多くの人々に衝撃的であったが、若者を中心に帰依者が現れる。やがて、敵対者との間に激しい争いが起こる。繰り返される戦闘のシーンも描かれる。

だが、観ているとやがて気づくが、映画の中ではムハンマドの姿も声さえも出てこない。彼と接した人々の表情を描き、彼の発した言葉をなぞる人々を通して、彼が何を行ない、何を語ったかを間接的に示すという手法をとっている。これもまた偶像崇拝禁止の教えが影響していると考えられる。

日本人が描くブッダ

日本で観られる仏教の創始者ブッダを扱った映画は、イエスを扱った映画に比べると少ない。ボリウッドにはブッダ映画は非常に少ない。インドでは仏教徒の割合が人口の1％にも満たないということも関係しているかもしれない。あるいはボリウッドのスタイルにあまり合わない点があることも指摘されている。[3]

2　MacWilliams 氏（米国、セントローレンス大学）の発題「イエスの再生―映画、マンガ、アニメにおける救世主のポップカルチャー的変容」。

3　映画監督のドナルド・リチーはボリウッドがブッダ映画を作らない一つの理由は、ブッダの生涯がドラマチックでないからブッダの生涯を扱った日本映画として『釈迦』（1961年）がある。俳優は日本人で、仏教史の研究でほぼ通説となっているようなことと大きく異なる描き方も少なからずある。たとえばブッダの母マーヤはブッダを生んですぐ死去したとされるが存命したように描かれている。ブッダの修行や説法の場面も出てくるが、ブッダに激しい対抗心を燃やすデーヴァダッタ（提婆達多）がブッダに仕掛ける数々の悪だくみがかなりの部分を占める。アジャータシャトル（阿闍世）がデーヴァダッタにそそのかされて父を殺そうとする話など有名な話が挿入されている。

この映画からほぼ半世紀のちに制作されたブッダ映画が、手塚治虫のマンガをアニメ化した『手塚治虫のブッダ　赤い砂漠よ！美しく』（2011年）と『Buddha2―終わりなき旅』（2014年）である。従来のブッダの伝記に語られているような内容も含まれるが、創作の部分もある。『Buddha2』はブッダが苦行の旅に出てから独自の悟りを開くまでの時期が描かれる。しかしながら、ブッダの修行よりも、周辺の人間模様の描写にかなりの時間が割かれている。仏教では苦からどうしたら逃れることができるかを説くのだが、さまざまな形の苦を描くことで、誰もが苦を逃れられないということ、すなわち「一切皆苦」を表現しようとしている。

仏典が文字化されたのはブッダの死後数百年たってからである。それまでは口伝である。したがって多様な伝承が生じた。そのような口承のデータがサンスクリット語で文字化され、それが漢訳され、さらに日本語に訳された。その過程でさまざまな解釈が生じることになったが、大乗経典も二重の翻訳を経ているのは同じである。各宗派の経典はそのような経緯を経ながら継承されている。他方で近代以降は、サンスクリット語、パーリー語のテキストを日本語に訳す研究も進んだ。ブッダ像はすでにさまざまに神話化されていたが、歴史的なブッダ像を求める研究は近代における仏教学でしだいに大きな比重を占めるようになった。

神話を扱う映画の場合と似た構造であるが、ブッダに関する映画の場合にも、文字化される際に生じたさまざまな表象を、現代人がまた新しく表象し直すという作業が加わっている。何が真実の姿というよりは、そうしたさまざまな表象から、仏教文化が構築したさまざまな資産を再発掘し、再構築していると捉えるべきである。日本の仏教はつまり少なくとも二度大きな文化の壁を越えて形成されたものである。直接的に原典に当たる研究が進んでも、すでに千数百年になる日本仏教の歴史の中で構築されてきたブッダの表象は、仮にフィクションであることが明らかになった部分についても、それを修正するのは容易ではない。

ヨーロッパ人がブッダの生涯のどこに関心があるかは、英国とフランスの共同制作『リトル・ブッダ』（1993年）が参考になる。米国・シアトルに住む9歳の少年が突然訪れた3人のラマ僧に彼はブッダの生まれ変わりの活仏だと言われるところから話が始まる。この現代のニューエイジ的な話の間に、ブッダの生涯が飛び飛びにではあるが挿入されている。キアヌ・リーブスがブッダ役で、ほぼ神話化されたブッダ伝に従っている。ブッダは生まれてすぐ歩き、歩いたあとから花が咲く。黄金の肌をしていた。出家の理由は四門出遊の話に準じている。四門出遊とは、ある日ブッダが東の門を出ると病人を見る。またある日南の門を出ると老人を見る。また西の門を出たときには死人を見る。人

と述べている。https://kyotojournal.org/online-special/buddhism-and-the-film/。『The Legend of Buddha』（2004年）と言った英語のアニメ映画などもあるが、日本では公開されていない。

間の苦を突き付けられたブッダが北の門を出ると、出家した沙弥に出会った。その姿に感じて自分も出家を志したという話である。

苦行の様子や奇跡譚も挿入される。老楽士が弟子に「弦は強く張りすぎれば切れる。緩めすぎても弾けなくなる」と語るのを耳にして、中道の正しさを悟る。魔王との闘いも描写され、自我の克服というもっとも重要なプロセスがくる。こうした場面だけを拾っていくと、いわば神話化されたブッダの悟りへの道のハイライトシーンになる。

開祖や教祖を描く映画

日本仏教は、歴史的に朝鮮半島や中国大陸の仏教を受容して独自の宗派を形成した。それぞれの宗派の創始者は開祖、開山、宗祖などと呼ばれる。こうした人物の生涯を映画化したものがいくつかある。日蓮宗の開祖日蓮についての映画は比較的早くに制作されている。『日蓮と蒙古襲来』（1958年）、『日蓮』（1979年）で、日蓮の激しい生涯が描かれている。

遣唐使とともに中国に渡り、密教を日本にもたらした真言宗の開祖空海については『空海』（1984年）、『曼荼羅　若き日の弘法大師・空海』（1991年）がある。前者は空海の「御入定1150年遠忌」すなわち没後1150年を記念して制作されたものである。中国に渡った空海は密教の頂点に立つ恵果阿闍梨《あじゃり》の最後の弟子となり、密教の潅頂《かんじょう》を授けられる。帰国後の空海は、疫病に苦しむ人々を救ったり、水害で悩む故郷の満濃池の築堤事業に力を貸したりする。後者は1972年9月の日中国交正常化20周年を記念して制作されたもので、日本と中国の合作である。

浄土真宗の宗祖親鸞を描いたのが『親鸞　白い道』（1987年）である。監督の三國連太郎の同名の小説を映画化したもので、念仏が迫害されていた時期に人々の救いを目指した姿が描かれる。

宋に渡り中国の禅を日本に伝えた曹洞宗の開祖道元を描いたのが『禅ZEN』（2009年）である。道元が宋で天童山の僧である如浄のもとで修行し、「心身脱落」という悟りの境地を体験したことが描かれる。また新しい教えを広めようとしたときの、旧勢力からの攻撃も描かれている。越前に大仏寺（のちの永平寺）を建立して、そこで修行をすることになる経緯が示される。

禅と日常生活の結びつきの深さに関して、「春は花 夏ほととぎす 秋は月 冬雪さえて すずしかりけり」という道元の詠んだ代表的な和歌の一つが再三登場する。ありのままを受け入れる心を、自然の移り変わりに託して詠んでいるが、道元の禅は日常生活と乖離していないというメッセージと読める。

近代の新宗教の教祖を扱った教団制作の映画は、基本的には教祖の宗教体験を真実のものとして描写している。教祖となった以降の活動は、人々を救うためのものであったという姿勢に貫かれる。しかし同時になるべく史実を踏まえようとする姿勢をうかがわせる作品もある。

天理教の教祖中山みきの生涯を描いたのが『扉はひらかれた』（1975年）である。天理教の教えでは、みきは1838年にいわゆる神がかり状態となり、それ以後「神のやしろ」になったとされる。教団内ではみきは「おやさま」と呼ばれる。少女時代の描き方と異なり、「神のやしろ」となって以後のみきは後ろ姿で映され、顔は見せない描写となっている。みきを補佐することになる飯降《いぶり》伊蔵との出会い、末娘こかんが当時の大坂で拍子木を叩きながら布教する様子なども描かれている。

金光教の教祖金光大神《こんこうだいじん》の生涯を描いたのが『おかげは和賀こころにあり』（1983年）である。金光大神は宗教家となる前は赤沢文治という名の農民であったが、しだいに神のおしらせを受けるようになり、やがて取次と呼ばれる神と人とを取り持つ仕事に専念するようになる。農業を妻や子どもに任せるという、当時にあっては責任放棄のような事態に、家族が猛反対するさまも描かれる。また初期の弟子たちの中には出社《でやしろ》と呼ばれる布教者が出るが、そうした人たちとの出会いも細かく描かれる。金光教の教学研究の成果を踏まえて制作されている。

21世紀には宗教映画にもアニメが増えるが、金光教でも『金光さま―とりつぎ物語』（2009年）、『続・金光さま―とりつぎ物語』（2011年）のDVDが作られた。これらは教祖による信者たちへの取次の様子を分かりやすく描いている。

創価学会の初代会長は牧口常三郎であるが、二代会長戸田城聖を中心に描いたのが『人間革命』（1973年）であり、三代会長池田大作も描いたのが『続人間革命』（1976年）である。創価学会の信者数がもっとも多かった時期の作品である。創価学会は1930年に創価教育学会として活動を始めたが、戦時中に弾圧され組織は壊滅状態となる。戦後創価学会と改称してからの活動が中心的に描かれるが、小説をもとにしているので、脚色はある。前者では北海道から上京した戸田城聖が、当時小学校校長であった牧口常三郎とともに歩んだ道を描く。二人は新しい教育法を目指すが批判され、日蓮正宗に入信し創価教育学会を設立する。しかし、弾圧を受け逮捕される。牧口は獄中で死去するが、戸田は1945年7月、敗戦直前に出獄し新しく創価学会を設立する。後者では、戦後教団名を創価学会と改称した後の戸田の活動と、戸田が自分の目指した活動を山本伸一に託していく様が描かれる。山本伸一は池田大作のペンネームであり、つまりは池田への継承を描いている。

3　宗教家の苦悩を描いた映画

悩めるローマ教皇

2019年11月にローマ教皇フランシスコが、ローマ教皇としてはヨハネパウロ2世以来38年ぶりに日本を訪問した。これ契機に、外務省の方針転換があって、日本のメディアは従来の「法王」という表記から「教皇」という表記に変えた。日本のカトリック教会や宗教研究者の間では、教皇の表記が一般的であったが、それまでメディアは慣習的に法王を使っていた。

ローマ教皇はローマカトリック教会の頂点に立つ。『ローマ法王の休日』（2011年）は、コンクラーベでようやく選ばれた新しいローマ教皇が、それを嫌がって逃げ回るという、ありえない想定の話である。コンクラーベは教皇選挙を意味するが、「鍵とともに」という意味のラテン語から来ている。13世紀後半に、教皇クレメンス4世死去後の教皇選挙が紛糾し、3年近く空位が続いた。これに不満を抱いた信者たちが、会場から出られないように鍵をかけて枢機卿たちを閉じ込めたのが起源とされる。コンクラーベの最中は、選ぶ役の枢機卿たちは隔離される。新教皇が決まると白い煙が出て、決まらなかった場合は黒い煙が出るというシステムである。

この映画ではなかなか新しい教皇が決まらない。その最中の枢機卿たちの描き方は、若干意地悪く、かつユーモラスである。選挙がなかなか決まらないので、暇をもてあまして、カードゲームをやったり、やたら酒を飲んだり、自転車をこいで体力をやしなったり、あるいはジグソーパズルに熱中する姿をみせたりする。果てはバレーボール大会が開かれたりするのである。黒い煙が続けて出たのち、ようやく上った白い煙に人々は歓喜する。しかし、新教皇に選ばれたメルヴィルは、こともあろうに、新教皇としてバルコニーから人々に姿を見せるその直前に、大声をあげてその場から逃げ去るのである。自分は教皇の任にはとうてい堪えないと悩み、ローマの町を逃げまわるのである。

映画の冒頭で死去した教皇の頭をハンマーで叩くシーンがある。これも実は一つの儀式なのである。20世紀になってからは行なわれていないそうだが、かつてはこうして儀礼的に死去を確認した。この役は、教皇が生前選んでいたカメルレンゴと呼ばれる枢機卿が行なう。カメルレンゴは教皇の額を銀のハンマーで軽く叩いたのち、洗礼名で教皇を何度か呼ぶのがならわしであった。こうした細部の描写を含めて、どこまで実際に行なわれていることを踏まえているのか分からないが、教皇や枢機卿たちも人間であるということを描きたかったのかもしれない。

『法王さまご用心』（1992年）はこれまたありえない話である。ローマ教皇が突然死去し、次の教皇を選ぶこととなった。マフィアとつながっていた枢機卿のロッコが、アルビーニ枢機卿を推薦する。ところが耳の遠い書記官が名前をアルビーニツィと聞き違える。こうして枢機卿でもなく片田舎の修道会の司祭であったアルビーニツィが突然教皇に選ばれる。教皇ヨハネ・パウロ3世となったアルビーニツィは、就任の記者会見の場で、避妊はどう思うかという質問には「いいことですね」と答える。女性司祭はどうかという質問には「大歓迎です」と答える。どちらも実際の教皇ヨハネ・パウロ2世が「ノー」であったことを踏まえている。バチカン銀行の腐敗についての質問が出るに至って、周囲は会見を止める。後半はアルビーニッィと腐った枢機卿及びマフィア一味との闘いというストーリーだが、現実離れしたコメディの中に、けっこう鋭い批判が盛り込まれている。

こうした映画はある程度ローマ教皇の役割やコンクラーベの仕組みを知らないと、何が実際で何がフィクションかがきわめて分かりづらい。事前の説明が必要であろう。と同時に、カトリックの頂点にある人物をこのようにいわば茶化して描けるという現代のヨーロッパ社会のありようにも留意すべきである。宗教家を描くときの自由度は国や宗教文化圏によって大きく異なることが如実に分かる。

修道女の苦悩

カトリックが世界に広まる上で修道会や修道院が果たした役割は非常に大きい。またヨーロッパで教育制度が整う上でも大きな役割を果たした。高度な教育を行なうには、校舎に代表される施設類、教える人材、使う教材というものが最低限必要になる。修道会には修道院という建物があり、修道士は聖書を学んでいる。これらが高等教育にとってのインフラになったのである。

ヨーロッパ最古の大学は、イタリアのボローニャ大学というのが通説である。12世紀半ばに大学として公認された。一応世俗の教育機関であったが、ドミニコ会の修道士たちが多く教師を務めた。ドミニコ会とは、スペイン生まれのドミニコによって13世紀にフランスで設立された修道会で、「説教兄弟会」という名もあることからわかるように、説教を重視する組織であった。人を説得する術にはたけていたと考えられる。

1210年に創設されたフランスのパリ大学は、当初は専用の建物がなかったので、ノートルダム大聖堂の修道院の施設の一部を借りて教室とした。英国のオックスフォード大学、ケンブリッジ大学も、その創設には修道会が大きく関わっている。オックスフォード大学は12世紀に創設されたが、当初から修道士の養成の役割を有していた。ドミニコ会、フランシスコ会、カルメル会といった修道会の修道士たちが到来して教育に関わった。13世紀初めに設立されたケンブリッジ大学も、ベネディクト会などの修道会が関わっている。ヨーロッパでは1500年までに約80の大学が設立されたとされるが、そのほとんどにキリスト教が有形無形の関わりをもっている。

あるいはまたワインの生産にとっても修道院の役割は大きかった。とくにフランスのブルゴーニュのブドウ畑は多くの修道士によって受け継がれ、ブルゴーニュワインという銘柄となった。

日本にも多くの修道会があり、修道院を持つものもある。しかし、閉ざされた組織となることも多く、その内実は一般にはほとんど知られていない。ことに日本社会におけるカトリックの規模からすると、ヨーロッパの修道院が歴史的に果たした役割や現代世界で持つ意味の大きさについては、なかなか実感しづらい。カトリックの尼僧あるいは修道女は、一般にシスターと呼ばれることが多い。独身の女性であるが、志をもって修道女となっても、現実は理想とはかけ離れていたりする。そうした苦悩を描きながら、修道院の生活をリアルに描いている映画がいくつかある。

『尼僧物語』（1959年）は、オードリ・ヘップバーンが、カトリックの修道女ルーク役を演じて話題となった。話は1930年代、ベルギーに住む女性ガブリエルは、医者の父をもち、看護婦として働いていた。しかしコンゴの病院で働くことを夢見て修道院に入ることを決意する。修道院でもらった名前が、シスター・ルークである。カトリックの修道会は数多くあるが、共通する戒律は清貧、貞潔、服従である。物質的欲望を絶つ清貧と貞潔を守ることには揺らぎのなかったルークだが、服従という戒律が繰り返し彼女の試練となる。胸に秘めた個人的決意というものがあったからである。ラストシーンで、ルークが修道院を出るときの様子が静かに描かれる。誰もいない部屋で修道院に入るときに着てきた服を身につける。終わるとベルを押す。扉が空き、ルークは誰にも見送られることなく静かに遠ざかっていく。修道院のウチとソトを厳しく分ける仕組みがよく分かる場面である。

「ドミニク、ニク、ニク」の歌詞で知られる歌は1960年代にレコードが発売され、世界で300万枚以上売れたという。その裏に何があったか、実話に基づき主人公の激しい人生が描かれているのが、『シスタースマイル　ドミニクの歌』（2009年）である。束縛の強い母と主体性のない父親という家で育ち、嫌気がさして、ある日突然ドミニコ会に属する修道院での生活を選んだ女性を待ち受ける運命を描いている。

修道女になってからも、彼女は規則への強い反発を示すが、修道院長が彼女がギターを弾くことを許したことで、それに熱中する。たまたま修道院を見学に来た一般の人を前にギターを披露したのがテレビで紹介され、それをきっかけにやがて彼女が創った歌のレコード化の話が進む。それが「ドミニク」である。これが思わぬ大ヒットとなるが、それが彼女の運命を狂わしていく。レコードがいくら売れても、それは修道会の収入になる契約となっていたのである。より自由な生き方を求めて、修道会を出てからは、苦難の道が彼女を待ち受ける。規律を守ることに基本がある修道院生活と本来自由に生き方かった女性とのぶつかりが、いろいろな解釈を許すように描かれている。

宗教家の心の問題

聖職者への「疑い」をテーマにしたのが『ダウト―あるカトリック学校で』（2008年）である。疑われたのは神父、疑ったのはカトリック教会が経営する小学校の校長である修道女。ここには二つのテーマが重ねられている。一つは1960年代にカトリックが向かい合ったリベラルな方針への転換。もう一つは、独身を守らなければならない神父という職につきまとう性的な誘惑。しかも神父への疑惑は、黒人の男子児童との関係についてであるから、さらに複雑な様相を呈する。1964年のニューヨークという、時代と場所が設定されているが、この年は公民権運動の中心的人物であったキング牧師がノーベル平和賞を受賞した年である。そしてカトリック界にとっての大きな転換点であるヴァチカン第二公会議（1962〜65年）が開かれている最中である。

プロテスタントの牧師の描き方から、現代のキリスト教が抱える問題が見えてくるのが、『ヤコブへの手紙』（2009年）である。登場人物も少なく、静かな老齢の牧師の生き様が描かれる。宗教家はなんのためにいるのか？人と人とのメッセージの交換の中で、救われているのは誰か？そうした問いかけが底にある。殺人罪で終身刑となっていたレイラが恩赦で出獄する。引き受け人となったのが、年老いた牧師のヤコブ。暗い過去のレイラは、盲目のヤコブ宛の信者たちからの手紙を読むことを依頼される。この設定が実はとても重要な意味を持っていることがやがて分かってくる。ヤコブはレイラに常にいたわりの言葉をかける。だが心温かいヤコブによってレイラの心がしだいにほぐれるといったようなありきたりのストーリーではない。牧師として、神と人とをつないできたと思ってきたヤコブ自身の深い悩みが描かれていく。それとともに、重い凍ったような心の扉をもつ人が、どのようなときに、それをかすかに開いていくのか。そのありようが丹念に描かれている。

戦前の、しかもモノクロの無声映画だが、『偽牧師』（1923年）はチャップリンが主演である。宗教の核心に関わるような問題を笑いとともに包みもつストーリーから、当時の米国のプロテスタントの教会の雰囲気が想像される。チャップリン演じる男は脱獄囚である。たまたま盗んだ牧師の服を着て、列車に乗って逃げられる場所を求める。ところが隣に座っていた男が、自分の指名手配の記事が載った新聞を読んでいるのに気付いて、慌てて列車を降りる。

その駅には、その町に新しく赴任することになっていた牧師の到着を待つ多くの人がいた。彼はその新任の牧師と間違えられてしまった。面白いのは「偽牧師」が教会で説教をする破目になったときの描写である。破天荒な説法とパントマイム風の聖書の説明に子どもは大喜びであるが、生真面目な大人たちは不審そうな様子を見せる。煙草を吸いかけた牧師にたちまち鋭い視線が集まり、それを察して煙草をしまうシーンなども絶妙である。当時のプロテスタント教会の雰囲気を、いくぶんからかい気味に描写している。

韓国映画における宗教者の描かれ方

『私たちの幸せな時間』（2006年）は殺人を犯して死刑囚となったチョン・ユンスと、自殺未遂を繰り返した元歌手のユジョンが中心的人物として登場する。カトリックの修道女であるユジョンの伯母が、ユンスの心の立ち直りを願いユンスの苦しみに向かいあう。ユジョンとユンスが刑務所の面会室で向かいあうシーンが幾度かある。その部屋には小さな十字架とキリスト像がある。また刑務所の中で、神父がユンスの足を洗い、語りかけるシーンも韓国におけるカトリックの社会的機能を伝えているようである。ユンスに娘を殺された母親が、シスターやユジョンとともにユンスに面会にきた場面がある。この母親はカトリックの信者として描かれている。シスターに頼み、ユンスを赦すつもりでやってきた母親であるが、ユンスの姿をみると、激しい罵りの言葉を浴びせてしまうのである。うずくまり謝るユンスに、気を取り直した母親は赦しきれないが赦そうとしたい自分の気持ちをユンスに伝える。これがユンスを改心へと導く。

殺人犯ユンスの辛い生い立ちをユジョンは知る。一方ユンスは裕福な家庭に育ち大学で講師をしているユジョンが、自殺未遂を繰り返すようになった理由を知る。互いの心の傷を知ったことで、二人の心は大きく変わる。韓国文化を研究している人は、映画を貫くモチーフとして「ハンプリ」（恨を解く）を見出すかもしれない。宗教的な解釈に引き付けたければ「赦し」という言葉が最適であろう。[4]

『訪問者』（２００６年）には、主人公として対照的な二人が登場する。ある日浴室のノブが壊れ、中に閉じ込められてしまったホジュンは、長時間裸のまま出ることができず、気を失いかける。そのとき、何日か前にホジュンの家に宗教の勧誘に来たイ・ケサンがやってくる。ケサンはかすかな「助けて」という声に気付いて部屋にはいり、ノブを壊してホジュンを救い出す。これをきっかけに二人は少しずつ親しくなる。最初ホジュンはケサンが宗教へ誘うのが目的だろうと警戒していたが、しだいに打ち解ける。

韓国では徴兵制度がある。ケサンは信仰に基づき兵役を拒否する。判決の前に自分の信仰に基づく信条を毅然と述べる。ケサンは懲役1年6ヶ月の刑を言いわたされる。ホジュンは傍聴席でケサンの信仰の吐露と判決とをじっと聴いている。ホジュンの生活が変わるのは、この出来事のあとである。ケサンの属する教団のモデルは、おそらくエホバの証人（ものみの塔）である。

日本の僧侶の惑い

日本の宗教家の悩みを描いた映画もあるが、僧侶のものが多い。周防正行監督の『ファンシーダンス』（1989年）は、寺院の後継者として本山で修行することになった若者の姿を描いている。僧侶というより、僧侶見習いの姿である。宗派名は明示されていないが、曹洞宗がモデルになっている。修行する僧侶たちの様子や、トイレを東司《とうす》と呼ぶなどの独特の仏教用語が出てくるので、それも参考になる。

日本の出家は東南アジア、南アジアの上座仏教における出家とは大きく異なる。上座仏教での出家者は家族と離れ、僧院で生活をする。結婚や飲酒などは基本的な戒律に反する。しかし、現代日本の場合は僧侶も大半は結婚しているし、飲酒も普通である。親が僧侶であるので、子どもがそのあとを継ぐという例も多い。上座仏教のあり方と対比させながらこの映画を観るならば、当たり前と思いがちの日本の仏教の現在の姿を相対化して見る視点を養える。

4　この映画の原作となった小説（孔枝泳著）を日本語に翻訳したのは、蓮池薫氏ということを知るなら、さらに複雑な感情も生起させる。同氏は北朝鮮に拉致され1978年から2002年まで北朝鮮で生活した経験を持つ。個人と個人の間でのハンブリあるいは赦しとは異なった力学が働く国家間、民族間の同様の課題の困難さが連想される。

『アブラクサスの祭り』（２０１０年）は、薬をのみながらうつ病と闘っている僧侶が主人公で、臨済宗の僧侶で作家の玄侑宗久原作の小説を映画化したものである。僧侶の浄念は若い頃ロック・ミュージシャンであったが、結婚して福島の小さな町で暮らしていた。息子も一人いる。住職のもとで法事などを手伝っているが、周りの人たちにいろいろと心配をかける。登場人物はほとんどいい人である。妻は思いやりがあり、住職は暖かい。住職の妻はなおさらやさしい。そうした中に浄念だけが強い葛藤をもち、周囲はふり回される。うつ病の薬を飲むような心の状態であるから、それは仕方がない面もあるが、どうも音楽への思いが断ち切れないのが大きいようだ。町でロック音楽のライブをやることを決意し、急に生き生きとしてくる。本来は人の悩みを聞き、心を和らげていくのが役割のはずの僧侶であるが、現代社会においては、その僧侶もまた心の問題に悩むという形で、現代社会と宗教の問題について描いている。現代は教員や宗教家や医者などに、心の病をもつ人が増えていると言われている。ストレス社会は、冷静に対処すべきと期待されている職種の人をも襲う。

『ぼくはお坊さん』（２０１５年）は住職の実体験をもとにした連載エッセイを映画化したもの。書店員として働いていた主人公が祖父の死によって20代で四国にある真言宗の寺院の住職になる。その寺院は四国巡礼の札所の一つである。四国巡礼者は「同行二人」と書かれた傘をかぶって歩く。弘法大師空海がともに歩いてくれるという信仰による。

実体験をもとにしているので、どんでん返しのような筋書はなく、僧侶も普通の人と同じように悩み惑うのだということが分かる。また寺院の活動に檀家総代という存在は非常に大きい。この映画では若き住職に先代と親しかった古株の檀家がいろいろと精神的に支えになる場面も描いている。

4　人生観や自然観の中の宗教性を扱った映画

クリスマス映画

習俗化した宗教文化として代表的なものの一つはクリスマスである。この行事が現在でも宗教文化と深く絡み合う局面を描いた映画は、欧米、ことに米国で制作されたものに多く見出される。教会でのミサに加え、クリスマスが今日のような家族の団欒の大切さを感じる行事になる上で、チャールズ・ディケンズの小説『クリスマス・キャロル』が与えた影響は大きいとされる。19世紀半ばのこの英国の小説は、いくどか映画化された。育った境遇もあって、まるで守銭奴のように生きているスクルージが、クリスマスイブに過去、現在、未来の３人の精霊にいざなわれて自分の姿を見せられ改心していくというストーリーである。

『クリスマス・キャロル』（１９７０年）はロンドンの下町を舞台として、スクルージの改心を分かりやすく描く。21世紀には同様のストーリーが異なった雰囲気で描かれる。『A CHRISTMAS CAROL』（２００４年）はミュージカル映画である。ここでは３人の精霊のうちの２人が女性であるのが注目される。『クリスマス・キャロル』（２００９年）はディズニーのアニメ映画である。

同じ小説が下地であるので、筋書は大きくは変わらないが、キリスト教で好ましいとされている価値観の一部、すなわち家族を大切にすること、貧しい人に施しをすることなどの大切さが説かれる。世俗的財への飽くなき欲望と、愛や慈しみに満ちた心とが、あまりにも単純に対比されていると思えなくもないが、映画が発するメッセージという観点からは、分かりやすい構図である。きわめて世俗的なイベントと化した日本のクリスマスとは少し異なる意義を伝えている。

現代のクリスマスにはサンタクロースが欠かせない。信仰心をともなった社会背景がよく感じられるのは『三十四丁目の奇跡』という、第二次大戦直後の１９４７年に制作された映画である。ニューヨークのマンハッタン34丁目が舞台で、少なくとも当時の米国の子どもたちにとってはサンタ信仰を一定程度あったことが伝わる描き方である。

サンタクロース伝説は現代ではさまざまに変容して、北欧が主舞台になったりもしている。フィンランドにはサンタクロース村があり、サンタ宛ての手紙を受け取ってくれる。サンタクロース村はラップランドのフィンランド部分にある。北緯66・3度の北極線上あたりにあり、冬は極寒の地となる。このあたりを舞台にした映画が『サンタクロースになった少年』（２００７年）である。サンタクロースの話は、4世紀頃、小アジア（現在のトルコ）の司教であった聖ニコラスの伝説がもとであるというのが定説になっているが、この映画はいわば「フィンランド版サンタクロース」が誕生する話である。サンタクロースの少年時代を描くという設定だからである。

冬の夜、幼いニコラスの両親と妹が、湖に落ちて命を失い、一人残されたニコラスは、村人たちによって一年交代で育ててもらう。どの家族も貧しかったので、村人たちがとった苦肉の策であった。養ってもらう家を変えるのが、クリスマスの日であった。ニコラスは器用さを活かして、家を去るにあたり世話になった家の子どもたちに、木で作ったおもちゃをそっと置いていくようになる。しかし村が極度の不漁で厳しい状況に陥り、ニコラスはイサッキという物売りに引き取られる。偏屈なイサッキであったが、やがて村の子どもたちへのクリスマスのプレゼントを作り続けるニコラスに心を開いていく。聖ニコラスについての従来の伝承を知らないと、サンタクロース村の歴史的由来を語っているのかと勘違いする人もいそうな内容である。

このように娯楽映画であってもに見えるものであっても、クリスマス、サンタクロースが、欧米においてはどのような宗教的観念に結び付けられやすいかを考える参考になる。クリスマスが商業化しているのは、どの国でも同じであるが、信仰に通じる回路がストーリーから読み取れるものもある。

葬儀の変容

日本の年中行事、人生儀礼の中では、葬儀がもっとも深く宗教性を帯びている。伊丹十三監督の初作品『お葬式』（1984年）は、葬式という誰もがいくどとなく経験するような出来事を、制作当時としては非常に斬新な視点から描いている。冠婚葬祭という、それまでの日本社会では世代から世代へ決まり事のように伝えられてきた儀礼の場が、1980年代になると急速に継承がおぼつかなくなってきた光景を、ユーモアを交えて描いている。

俳優の井上侘助は妻で女優でもある雨宮千鶴子に頼まれて、急死した千鶴子の父の葬儀を仕切ることになる。葬儀のやり方に疎い侘助は、マネージャーである里見の助けを借りて乗り切ろうとする。通夜から葬儀までの儀礼を葬儀屋のアドバイスを受けながら決めていく。故人の兄が、故郷での昔ながらのやり方についていろいろ口出しするが採用されない。侘助夫妻は、葬儀の直前に葬儀のやり方を解説したビデオで作法を学ぼうとする。葬儀のマニュアル化が進行している状況を描いている。

真言宗の檀家であったのに、近くに真言宗の寺がないということで、里見は浄土真宗の僧侶を頼むが、これは葬儀の際に呼ぶ僧侶については、宗派にこだわらなくなっていた状況を踏まえている。大変な「善知識」であるというふれこみの僧侶は、高級車のロールスロイスに乗ってやってくるが、ここにいわゆる「葬式仏教」への批判的まなざしがある。

日本では大半が葬儀は仏式で行なわれる。したがって葬儀は読経を始め僧侶が主導するイメージがある。『お葬式』ではそれが葬儀屋に主導権が移っていることを暗示していたが、さらに葬儀の準備をする納棺師に焦点を当てたのが、『おくりびと』（2008年）である。納棺師が主人公であるから、当然死体に向かいあう場面が何度も出てくる。自殺者、孤独死した老人、子ども、交通事故した若い女性等々。この映画が話題になったのは、死体と正面から向かいあう納棺師の姿にあったと考えられる。遺体への死に化粧、最後の心をこめた扱いはかつては親族が行なったことである。しかし、現代はそうしたことさえ、葬儀産業にゆだねざるを得ない。であればこそ、その罪悪感をいくばくか軽してくれるのが、映画に登場したような納棺師の心のこもった振る舞いと考えられる。

人生儀礼の一つとみなすにはあまりに過酷な現実もある。2011年3月11日の東日本大震災では1万5千人を超える死者が出た。ほどなく深刻な問題が起こる。被災地の各地で突然の多数の遺体をどうしたらいいかである。この事態を、岩手県釜石市の遺体安置所での実際の取材をもとに映画化したのが『遺体―明日への十日間』（2013年）である。最初から最後まで辛い場面が続く映画である。

並べられた泥まみれの遺体。遺体の確認のために一人ひとりの口をこじあけ、歯を調べていく歯科医と助手の若い女性。連日遺体と向かいあい、心のバランスを崩す市の職員。読経に来たものの、読経の声を詰まらせる僧侶。

次々に運ばれてくる遺体の一つ一つに丁寧に対応するのは、かつて葬儀関係の仕事をしていた経験があり、ボランティアを申し出た民生委員の相葉である。「死体ではない、遺体だ」と相葉は職員らに注意の言葉をかける。遺族にとっては遺体というより、「死んだとは思えない人」が目の前にいる。通常の葬儀ならなされるはずのきれいな死に化粧と枕元への花の飾りがないことに、悔しさや申し訳なさがこみあげるのは自然の理である。そうした悲痛な思いをさまざまに描いていく。宗教家の役割の変化を考えさせてもいる。

『おみおくりの作法』（2013年）は英国とイタリアの合作であるが、葬儀の変容が世界的に起こっていることを伝えている。冒頭の葬儀のシーンは、この映画を包む静かなもの哀しさを伝える。音楽を背景に弔辞を読む司祭。葬儀を見守る人は一人だけ。ロンドンのケニントン地区の民生係を務めるジョン・メイである。また別の教会における葬儀の場面でも、宗教のスタイルこそ異なっても、出席者は宗教家以外はジョンだけ。そしてまさに散骨まで彼が担当する。ジョンが向かい合うのは、家族からも知り合いからも愛想をつかされ、一人で生活していて孤独死したような人たちである。彼は残された遺品を手がかりに身内の人や友人を探そうとする。たいていそれはむなしく終わる。残された写真、手紙などからその人がどんな人間であったかを想像し、弔辞の文章を考える。そして流す曲も選ぶ。このように一人ひとりにあまりに丁寧に向かい合うので、葬儀になるまで時間がかかり費用もかかる。そこまで丁寧に対処する彼に対し、上司はやがて人員整理を理由に解雇を告げる。

ジョンは44歳の独身男性である。一人暮らしでこれといった人付き合いもない。そんなジョンが最後に手がけることになったのが、ビリー・ストークの葬儀で、彼はジョンの住むアパートの向かい側に住んでいたことが分かる。それもジョンの部屋の窓からちょうど正面に見える部屋である。ジョンは今まで以上に熱心に遺族探しを始める。ビリーの生前の姿が少しずつ彼にも描けるようになる。最初はかたくなに葬儀の出席を断っていたが、ジョンのひたすら死者に向かい合おうとするその態度に、しだいに考えを変える人が出てくる。

結末は少し予想外ではあるが、どんでん返しの奇をてらったものではなく、人の死について静かに考えさせる。孤独死は日本でも大きな問題になっている。『おくりびと』でも、死者をめぐるテーマにもかかわらず、宗教家の役割は非常に薄かった。この映画でも、司祭はまさに葬儀執行の役割分担者のように映じる。それに対しジョンは、宗教的理由からではなく、おそらく一つの生涯を生きた人間に対する思いから、故人のゆかりの人々を探しまわる。ことさら涙を流させようとしたような場面はなく、淡々とした描き方である。それがかえって葬儀の意味を考えさせることになっている。

アニミズムと妖怪の世界

日本の宗教とりわけ神道の特徴として挙げられるのが、アニミズムそして自然信仰である。自然の中に不思議な力を感じたり、そこに畏敬や恐怖を感じたりする態度は、世界の多くの民俗信仰、民族宗教と呼ばれるものの中に見出される。江戸時代の国学者本居宣長は『古事記伝』のなかで、神について「其余何にまれ、尋常《つね》ならず、すぐれたる徳のありて、可畏き物を迦微《かみ》とは云なり。」と述べている。普通と異なってすぐれた徳があり、かしこきものを神というとするという考え方だが、このような考えを現代風に表現したかのような映画がいくつかある。

高畑勲監督による『平成狸合戦ぽんぽこ』（1994年）は、ユーモラスな話の中に、動物や自然との共生を忘れた現代社会への批判が貫かれている。舞台は東京都の多摩丘陵で、ニュータウンが次々と造られたことで生活圏が縮小した狸たちが主人公である。「化け学」を使っての狸の戦術もなかなかうまくいかないのであるが、狸の視点に立って描くということ自体が、他者理解に通じる視点を提供している。どちらかと言えば子ども向けの娯楽映画に近いが、他者の立場から物事を眺めるというのは、実はきわめて困難な作業なのである。

自然の中にカミの働きをみるという考えがよく表現されているのは、宮崎駿監督のアニメ映画である。とりわけ『風の谷のナウシカ』（1984年）、『もののけ姫』（1997年）、『千と千尋の神隠し』（2001年）といった映画では、アニミズム的要素が各所に見出せる。自然の持つ力への信仰や畏れが具体的に描かれているからである。すぐれた力を発揮する自然や動物が登場する。これらにはまた、自然との共生を忘れた現代社会への批判も込められている。

アニミズムは19世紀に英国の人類学者のE・タイラーが用いた用語だが、その後宗教学者の間でも広く用いられるようになった。自然の背後に霊魂の存在を認めるような考え方で、宗教の原初的形態とも理解された。日本においては、神道の特徴の一つを示すものとして用いられるようになってきている。しかし、現代日本で用いられるアニミズムの意味合いは、タイラーが抱いていた視点とは少し異なってきている。進化の過程の最初期にあらわれた原初的な宗教観念というのではなく、むしろ宗教の生き生きした姿を示すものという意味合いが、1970年代以降の日本の宗教研究では目立っている。

妖怪を扱った映画は、基本的にはむろん面白おかしくというストーリーになるが、そこに民俗信仰を考える上の素材も潜んでいる。娯楽映画だが、『ゲゲゲの鬼太郎』（2007年）は水木しげるの有名な漫画をもとにしたものである。妖怪ネズミ男がたまたま手に入れた妖怪界の至宝である「妖怪石」を質入れする。この石には平将門、織田信長、天草四郎といった歴史上の人物の怨念が封じ込められているので、心の弱い人間が手にすれば、邪悪な心に取り付かれてしまう。この石を質屋で盗んだのが、小学生の健太の父である。健太の父はその取り調べの最中に死亡してしまう。

この映画にはいくつかの民俗信仰が見出せる。妖怪と人間との関係もその一つである。互いに異界の存在でありながら、妖怪と人間とが会話し、妖怪の世界もまた人間の世界と変わることはない。妖怪への関心を抱いていた江戸時代の国学者平田篤胤は「稲生物怪録」とか「仙人異聞」といった書を残している。これは愛する妻の死以来、現実の顕露界に対する幽冥界に深い関心を抱くようになった彼の真面目な探求の書である。妖怪は実在すると考えたいという人たちが日本には一定数いる。

今日でも篤胤と似たような関心を持つ人が多いことは、オンラインでアクセスできる国際日本文化研究センターの「怪異・妖怪データベース」へのアクセスの多さが物語っている。また2013年に発売開始された妖怪ウォッチというゲームはたちまちのうちに子どもの間で大人気となった。日本の民俗信仰において、異界に存在するものは、祟ることもあれば、ときに人間を助けることもある。これは神道においては神であっても禍津日神《まがつひのかみ》という禍を起こす神がいるという観念と通じていると考えられる。善と悪を相互依存的に捉えてる見方が潜んでいることに気付くと、民俗信仰の世界が神社信仰、さらに仏教信仰の世界にもつながっていることが見えてくる。

5 移民の増加と宗教問題を扱った映画

ヨーロッパのアジア移民たちの姿

ヨーロッパの多くの国では、イスラム教徒の人口に占める割合が、日本の10倍から100倍に当たり、桁が違う。また東方はイスラム圏と地続きであり、南方は地中海をはさんで向かいあっている。地中海は比較的波が穏やかで航行には適している。古代の航海技術でもヨーロッパと北アフリカは往来が可能であった。小さな船舶でも密かに渡れるということである。それゆえ正規のルートの移民だけではなく、経済格差、政情不安といった要因を背景に、地中海を渡ってイタリア、スペイン、ギリシアなどに密入国しようとする難民や労働目的の人たちもあとを絶たない。日本などとは大きく異なるこうした地理的条件があるゆえに、ヨーロッパにおける移民と宗教をめぐる問題を扱った映画の中には複雑な人間関係、深刻な問題をあぶり出すものが少なくない。

『僕の国、パパの国』（1999年）は、英国で生活しているパキスタン系一家がテーマである。パキスタンからの移民である夫と英国人の妻、その間に生まれた六男一女がさまざまな問題を起こす。ファストフード店を営むイスラム教徒の父親は、子どもたちもイスラム教徒としてふさわしい人間に育てたいと考えている。ところが父が勝手に決めたパキスタン系の移民の娘との結婚に反旗を翻す息子や、こともあろうに同性愛者であることが明らかになった息子も出てくる。末息子の割礼問題では大もめとなる。子どもたちとの文化差は開く一方となり、子どもの幸せを第一に考えようとする妻との関係もぎくしゃくしていく。

英国にはアジア系の移民が多い。ヒンドゥー教徒やイスラム教徒も多く、彼らがもつ独自の宗教文化とどう向かい合うかは、英国の宗教教育においては大問題である。キリスト教以外にもユダヤ教、イスラム教、仏教などを学ばせる多文化教育を積極的に推し進めている。だがこの映画のように、家庭内に複数の文化が混在するときは、異なる文化との共存、共生というような理念をもってしても、なかなか処理できないような入り組んだ感情的問題が生じる。イスラム教では同性愛は非常なタブーであるし、食品はハラールであるかどうかが問題である。しかし移民二世、とくに母親が生まれながらのイスラム教徒でないとすれば、移民してきた世代にとっては当然の感覚も、よほど失われてしまう。宗教文化のズレが世代間で発生するという問題は、どこでも生じうるゆえ、特殊な事例を通して一般的な問題を考えていくというのに適した場面が数多くある。

『おじいちゃんの里帰り』（２０１１年）は、戦後のドイツにおけるトルコ移民の話である。監督のサムデレリはトルコ系ドイツ人二世の女性である。妹とともに実体験をもとに制作したというだけあって、リアルな描写がちりばめてある。ごく普通のイスラム教徒が持っているキリスト教へのイメージが、随所に示されている。今はもう老人となったトルコ人移民一世のフセインがドイツに来ることになった経緯と、故郷への里帰りの旅のいきさつ、つまり過去と現在とが交互に描かれる。

多くのトルコ系移民がドイツに押し寄せた1960年代、労働者として入国したフセインは、ドイツでの生活を選び、妻と子ども3人をドイツに呼び寄せる。ドイツに出発するときに、近所の人がかけた言葉を通して、当時のトルコ人が描いたドイツへのイメージが描かれる。ドイツにはジャガイモしかないというのは愛嬌としても、豚だけでなく人も食うのだと、警戒の言葉を投げる。豚のタブー侵犯とイエス・キリストの磔のイメージ、ぶどう酒のミサなどが、彼らにとってキリスト教の警戒すべき面を代表する表象であったらしい。明治初期の日本人の中にも、赤いぶどう酒を血と勘違いした人もいるというから、生まれやすい誤解に違いない。また十字架上の傷ついたイエス像は、イスラム教徒の子どもたちにとっては、恐怖の対象でしかない。孫娘の恋人が英国人であることをめぐって、せめてドイツ人なら、という家族たちの反応がある。トルコにとって英国のイメージはドイツより悪いようだが、これはオスマントルコ時代の歴史が関係している。

最後に墓の話が出てくる。旅の途中でフセインに突然に死が訪れる。ドイツ国籍をとったがために、トルコでは外国人墓地に埋葬しなければならないという現実。それでも家族はフセインの思いを汲んだ選択をする。移民と宗教をめぐる問題が日常的にどのような出来事として展開するかが、きわめて具体的に描写されている。

多民族国家米国の宗教問題の複雑さ

米国は移民によってできた国であるから、移民と宗教をめぐる問題は大変複雑である。またそれを扱った映画は事欠かない。WASP（ホワイト・アングロ・サクソン・プロテスタント）は、米国の中核を占めてきた人たちを指す言葉である。これを端的に示すのは、歴代大統領はほとんどWASPという点である。初めての例外はアイルランド移民の家に生まれカトリック教徒であったジョン・F・ケネディ第35代大統領である。彼は任期中に暗殺された。次はバラク・オバマ第44代大統領である。彼は初の黒人大統領であった。

ところが興味深いことに、2013年の大統領選挙では民主党と共和党の大統領候補及び副大統領候補4人の誰もWASPではなかった。民主党の大統領候補オバマは黒人で、副大統領候ジョセフ・バイデンはカトリック教徒であった。共和党の大統領候補ミット・ロムニーは末日聖徒イエス・キリスト教会の信者であり、副大統領候補のポール・ライアンはカトリック教徒であった。

ヨーロッパ各地からの移民、アジアからの移民、中南米からの移民など多様な移民とその末裔によって形成された米国において宗教の果たしている役割は非常に大きい。また米国における宗教所属は、たんに個人的な信仰によるというだけでなく、民族や社会階層とも複雑な関わりを持つ。経済的に豊かになったので、所属するキリスト教の教派を変えるといったことも起こる。

多くの米国の映画は移民と宗教に関わりを持つ場面があり、またその背景が分からないと、個々の場面の意味がよく分からないこともあったりする。『マイ・ビッグ・ファット・ウェディング』（20

02年）は、シカゴに住むギリシャ系米国人女性トゥーラの結婚にまつわる話が中心である。ギリシャ系住民の米国におけるマイノリティ感が分かってくる。強調されているのは、ギリシャ系の人たちのギリシャの文化や宗教への愛着である。冒頭部分で、ギリシャ娘の三つの義務についてのナレーションがある。それは、「ギリシャ男と結婚すること」、「子どもを産むこと」、「死ぬまで家族の面倒をみる」である。トゥーラの幼少期の回顧で、父が娘とその友だちを車で学校に送りながら、ギリシャ文化を誇らしげに語るシーンがある。天文学、哲学、民主主義はギリシャに始まったと言い、すべての語源がギリシャ語であると主張する。「アラクノフォービア」を例に、アラクノはギリシア語でクモでフォービアは恐れ。だからクモ恐怖症となると説明する。娘の友だちがからかい気味に「キモノ」の語源はと聞くと、「ヒモナ」（＝冬）であり、寒いとき着物を着るからとこじつけを答える。

こうした家庭に育ったトゥーラだが、知的で好奇心が強く、父親のような考え方に違和感をもっている。トゥーラはある日、働いていたレストランで、友人と語らっていたイアンを一目見て心奪われる。やがてイアンも彼女が気に入り結婚を申し込む。しかし、ふたりの文化的、宗教的障壁が立ちふさがる。少なくともギリシャ正教の信者でなければ結婚を許さないというトゥーラの父に、イアンは信者となることを受け入れる。浸礼と呼ばれる全身洗礼の場面が出てくる。イアンの両親がリベラルであったからハッピーエンドになったわけで、リベラルな生き方の存在意義が隠し味になっている。

『ゴッド・イン・ニューヨーク』（2003年）は、ニューヨークの留置場に微罪で送られた男たちによる会話部分がほとんどの場面を占める。ニューヨークはかつてはニューアムステルダムと呼ばれた。オランダからの移民が多かったからである。現在は人口の約1割がユダヤ人であり、米国の中で特色ある人口構成の町である。

それぞれの事情で留置場にぶち込まれた男たちの後半の宗教や民族問題をテーマにしたやりとりは、どぎついほどである。自称ミュージシャンの黒人、プエルトリコ系の彼の友人、この二人に対し乗車拒否したアラブ系タクシー運転手、音楽関係の制作会社で働くアジア系ビジネスマン、その同僚の英国人、さらにユダヤ系、イタリア系、刺青師のアイルランド系の人物という構成で、英国人を除き皆米国人。この顔ぶれから当然予想される対立があり、また実際そのようにストーリーが進む。

「アラーを信じろ。神は慈悲深い」というアラブ系に、ユダヤ系が「なぜ俺と争う」と反論。「お前の先人は片手に和解の印を持ちながら、もう片手には剣を持っていた。野蛮な民族だ」とののしる。「カトリック教会はよそに口出ししない」というカトリック教徒に、英国人が「祖父がIRAのメンバーに殺された。カトリック教会が無実だなんていうなよ」と反論する。「白人は黒人の国に押し入ってきて、キリスト教を強要したと認めるべきだ。俺らの国に聖書を持ち込んだ。聖書を押し付け国を乗っ取った」と黒人が主張する。

果てしない応酬が続き、偏見に満ちたやりとりへとエスカレートする。神の嘆きはこうだ。「愛し合う能力を与えたのに、いがみあっている。」原題はGod Has a Rap Sheet、「神は前科がある」というなかなか刺激的なものである。米国の宗教事情の複雑さを強調した映画である。

北米には特徴的な教派の信者もいる。17世紀末から18世紀にかけてヨーロッパで迫害をうけたアナバプテスト（再洗礼派）と呼ばれる人たちである。再洗礼派は本人の意志に基づかない幼児洗礼を拒否する。特徴的な教えや信仰実践をすることで知られている。アーミシュやメノナイトは再洗礼派に含まれる。米国の北東部にあるペンシルバニア州は、アーミッシュの中でも伝統的な生活様式を守ろうとするグループ（古い共同体）が今でも多く住むことで知られている。近代文明の利器を退け、移動には馬車を使い、家では電気を使わないなどの独特の生活を送る。

このアーミシュの生活場面が出てくるのが『刑事ジョン・ブック　目撃者』（1985年）である。ハリソン・フォードが刑事ジョン・ブック役を演じているが、彼が担当した殺人事件にアーミッシュの母子が絡む。彼らの宗教信条を示す場面が何度か出てくる。アーミッシュはドイツ語圏から来た人が多く、映画でもドイツ語での説教や会話の場面がときおり出てくる。また非暴力主義も広く知られ、アーミッシュの村に隠れ住むことになった刑事のブックも拳銃を手放す。そうした彼らの生き様がラストシーンに取りいれられている。

『大富豪、大貧民』（1997年）は、アーミシュの村に紛れ込んだ俗っぽい社長夫妻のドタバタぶりを描いた喜劇である。大会社社長のセクストンは、金儲けに夢中で宗教など馬鹿にしているが、お抱えの会計士が金を使い込み、脱税を疑われ国税局の追及を受ける羽目になる。妻との逃亡の旅をして、ペンシルベニア州にあるアーミシュの村にたどり着く。二人は信者になりすまし、そこでの生活を始めるが、近代生活を拒否して農作業にいそしむ彼らの生活についてゆくのに苦労する。アーミシュではないことがばれそうになるのを、なんとかつじつま合わせする場面が愉快だが、しかしアーミシュたちは、実はとうに見抜いていた。映画の原題は「For Richer or Poorer」である。これは、キリスト教式の結婚式のときによく使われる「富めるときも貧しきときも」という文句である。それが邦題に活かされていれば、この映画に込められた笑いの中の教訓が、読み取りやすくなったはずである。「大富豪、大貧民」では、本来この映画に込められていた趣旨が分からなくなってしまう。

6　宗教対立と宗教紛争を描いた映画

中東の複雑さ

中東とくにアラビア半島は歴史的にも多くの民族や宗教が行き交った地域である。ユダヤ教、キリスト教、イスラム教はこの地で生まれた。エルサレムはこの三つの宗教の聖地でもある。約6～7万年前、現生人類がアフリカを出て、さらにユーラシア大陸、オーストラリア、南北アメリカへと広がるときの拠点もアラビア半島である。

『シリアの花嫁』（2004年）はゴラン高原に住む一人の女性の結婚をめぐる政治、民族、宗教などの要素が渾然一体となった複雑な問題を描く。ゴラン高原はイスラエル、レバノン、ヨルダンそれにシリアの国境が接する。それだけで十分複雑な場所である。この映画ではドルーズ派という日本人にはあまりなじみのない宗教名が登場する。ドルーズ派はドルーズ教と呼ばれることもあるが、イスラム教の一派で今から千年ほど前に形成され、シリア、レバノン、イスラエルに散在する小さな教派である。この教派に属する一家の娘が結婚することになる。

モナはゴラン高原の村に住む娘である。ゴラン高原はもともとシリア領であったが、1967年、第三次中東戦争の際、イスラエルが占拠した。以後国際的に認められていないが、イスラエルによる占領状態が続いている。花婿となるタレルは境界線（軍事境界線）の向こうのシリア側に住んでいる。それは通常の国境ではない。いったん、その境界線を越えたなら、家族の住む側、つまりイスラエルが占領する地域には帰ってこられない。国家、民族、宗教。本来人々を結びつけるはずであったものが、それを少しはみ出しただけの人間に対しては、執拗とも言えるチェックの機能を帯びてしまう。そのやりきれなさと、しかし、それに立ち向かうとくに女性の強い心が描かれている。

図 3-2　ゴラン高原

『約束の旅路』（2005年）は、エチオピアに住んでいたファラシャと呼ばれる黒人のユダヤ人たちの過酷な運命を扱っている。実際に起こった出来事を踏まえており、中東の政治と宗教の複雑さを思い知らされる。ファラシャをイスラエルに移住させる「モーセ作戦」が1984年11月に始まった。しかし当時エチオピアは移民を禁止していたので、3ヶ月間続いたこの作戦は大きな困難に直面した。そこでとられた方法は、彼らをエチオピアの北西に隣りあうスーダンの難民キャンプに連れてゆき、そこから空路でイスラエルに連れて行くというものである。

主人公のシュロモは、実はユダヤ人ではなかった。母が息子だけでも救おうと、子どもを亡くしたばかりの別の母親に託してイスラエルへ送ってもらった。託された女性も病死したので、シュロモはフランス系ユダヤ人の里子として育てられることになる。割礼の場面があるが、シュロモは当然ながら割礼を受けていなかった。実はユダヤ人でもイスラム教徒でもなかったからである。割礼は一般に幼少期に行なわれ、ユダヤ人やイスラム教徒にとっては、重要な儀礼である。その根拠は旧約聖書（ヘブライ語聖書）にある。創世記17章12節には、「あなたたちの男子はすべて、割礼を受けなさい。生まれてから八日目に割礼を受けなければならない」という記述がある。神からこのように命じられたアブラハムは息子のイサクに割礼を施す。コーランには割礼の記述はないが、「アブラハムの宗教」の一つとされるイスラム教では男性は少年時代に割礼する。

黒い肌のシュロモはイスラエルでいろいろな差別を受ける。その中で重要な場面は、若者たちによる討論会でのやりとりである。討論会の課題は「アダムの肌の色は何色だったか？」というものであった。シュロモの討論の相手となった若者は、神は白人を創ったと主張する。自分の番になったシュロモは「初めに言葉があった」と切り出す。そして「神は一人ひとりの人間を信じ、人間に言葉を託した」と。神はアダムを粘土と水から造り、言葉のように命を吹き込んだから、アダムの肌は粘土の色の「赤」だと述べる。終わると場内からは拍手が沸き起こる。

創世記には、「神はこのように、人をご自身のかたちに創造された」とあるが、ではどこまで細部に神は人のかたちを決めたのであろうか。そうした問いが生まれる。この箇所はそれに関連する場面である。映画が神学的問題にも踏み込んできている。

北アフリカにあるアルジェリアはイスラム圏の国だが、１８３０年から１９６２年までフランスの植民地であった。『神々と男たち』（２０１０年）は、１９９６年3月にアルジェリア南部の町チビリヌで実際に起こったトラピスト会修道士殺害事件を題材にとっている。イスラム過激派が近辺でテロを拡大させていく中での、修道士たちの心の揺れ動きを描く。彼らは宗教の違いにこだわることなく、病人に薬を施し、生活を支える活動を続けていて、地元の人たちからの信頼を勝ち得ていた。

あるときイスラム武装グループが負傷した仲間を治療しろと修道院に押し入る。そのリーダーと修道院のリーダー的存在の人物とのやりとりは、「啓典の民」同士が争っているという現実を描き出す。修道士はコーランの一節を引いて毅然と武装グループのリーダーに対峙し、こう述べる。「『信仰者』に一番親愛の情を抱くのはキリスト教徒たちである。それは彼らの間に司祭と・・」。すると、過激派のリーダーがその言葉を引き継ぎ、「司祭と修道士がいて彼らが高慢でないためである」と返す。この文章はコーランの5章82節に出てくるものである。

修道士は「だから私たちは隣人だ」と述べる。それを聞いて危害を加えることなく去ろうとするリーダーに対し、修道士はその日が特別な日、つまり「平和の王子、イーサー」の誕生日であると告げる。これに対し、リーダーは「イエスか」と言葉を返し、そのような日に乱暴にふるまったことをわびる。コーランの中ではイエスも預言者の一人として扱われている。イエスはマスィーフ・イーサー（救世主イエス）と表現されている。神の啓示を人々に示した存在として認められている。

北アイルランド紛争

北アイルランド紛争はカトリックとプロテスタント（英国国教会）が絡む紛争である。北アイルラ

図 3-3　北アイルランド紛争関連地図

ンド紛争をテーマにした映画は、当然ながら重苦しいものになる。北アイルランド紛争は多くの犠牲者が出たし、カトリックと英国国教会の対立が絡むということので、深く問題の根を掘り下げようとする映画がいくつかある。

アイルランドには紀元前からケルト人が移り住んでいたが、聖パトリックと呼ばれる人物により、5世紀にこの地のカトリック化が推進された。聖パトリックは現在、アイルランドの守護聖人である。英国がアイルランドへ政治介入を始めるのは12世紀である。16世紀、宗教改革を行なった国王ヘンリー8世は、英国国教会をアイルランドにも強要した。アイルランド人の多くがこれに抵抗したが、エリザベス1世を継いだジェームズ1世はアイルランド全土を統治し、国教会に属する教会を多く建てた。これが現在の北アイルランド紛争の淵源と言える。

『麦の穂をゆらす風』（２００６年）は19世紀から20世紀に起こった北アイルランド紛争の渦中で起こった出来事を、若者たちの行動に焦点をあてて描く。当時アイルランドでは、独自の言葉であるゲール語を話すことを禁じられていた。アイルランドと英国の激しい戦いの後、英国が停戦を申し入れたので、１９２１年2月に和平条約が締結された。アイルランドは自由を手に入れたかに見えたが、中途半端なその講和条約が、今度はアイルランドの内部での対立を招くこととなった。条約を支持する者と不満を抱く者との間で内戦状態になる。若者がかつての仲間から殺されるという事態になっていく。

この映画では、カトリックを信じるアイルランド系の住民と英国国教会を信じる英国軍という図式はあまり強調されていない。主義主張のゆえ、かつての同志をさえ殺していくシーンがストーリーの中心をなしている。戦争を美化することに努める人たちへの、ケン・ローチ監督の静かな怒りのメッセージが伝わる。紛争に直面したときのカトリックの神父の描き方も注目される。神父が登場する場面は2回ある。英国を攻撃する前に神父が祈るシーンと、英国との間に条約ができたあと、神父がこれに従うように説教するシーンである。前者では神父は神が自分たちを加護するように祈る。イエスの受難を引き合いに出して攻撃に精神的支えを与える。そして後者では、神父が英国との条約に従うように諭し、過激派は破門であると宣言する。

『ブラディ・サンデー』（2002年）は1972年1月30日の日曜日、北アイルランドのデリー（ロンドンデリー）市でデモをしていた一般市民13名が、英国軍の発砲で死亡した事件を扱う。現場に居合わせた人物の原作を基にしている。1922年のアイルランド独立以後も、アイルランドの北部6州は英国の統治下にとどまった。ユニオニストは英国との結びつきを重視し、ナショナリストはアイルランドへの統合を求めたので、両者の激しい対立が生じた。ユニオニストはプロテスタント勢力で、ナショナリストはカトリック勢力であるので、必然的に宗教紛争の性格が強くなった。

1972年はカトリック系住民の公民権運動が高まっていた時期である。地元出身のアイバン・クーパー下院議員は運動を推し進めるため、平和なデモを企画していたが、暴徒に手を焼く経験をしていた英国の軍隊はパラ部隊を投入し、フーリガンを逮捕する機会をうかがった。壁の上に狙撃兵を並べ、デモ隊を刺激したので、若者たちがそれに過敏に反応する。そしてコースを外れた一群に対し、狙撃兵が発砲する。丸腰の市民が次々と倒れる。英国軍が英国民を殺害するという忌まわしい事件が勃発したのである。

イラン・イスラム革命と「9・11」

アヤトッラー・ホメイニに主導された1979年2月のイラン・イスラム革命は、西洋世界にも大きな衝撃をもたらした。それまではイスラム諸国はやがて近代化し西欧諸国のように民主化していくだろうという予測が欧米にはあったのだが、それがはっきりと覆されたからである。また日本ではこの出来事を機にシーア派という存在が広く知られることとなった。

『アルゴ』（2012年）はイラン・イスラム革命の年の11月に起こったイランの米国大使館占拠事件に基づいた映画だが、だいぶ脚色されている。冒頭で大使館占拠に至る経緯が短く説明される。西欧化を進めつつ、自らは贅沢な生活をしていたパーレビ国王がイラン国民の怒りを買ったこと。ホメイニに率いられた革命の前に、パーレビ国王がエジプトに亡命し、最終的に米国に移住したこと。そして国王の引き渡しに米国が応じず、これにイラン国民が怒ったことである。

映画は怒れる民衆が米国大使館に押し寄せる場面から始まる。大使館の敷地は治外法権であるという国際常識をまったく無視して、多くの人が大使館内になだれ込み、そこにいた人々を人質にとる。

そのとき間一髪でカナダ大使館に逃げ込んだ6人の米国大使館員の救出劇が中心的ストーリーである。CIAで人質救出が専門のメンデスが単独イランに乗り込み、奇抜なアイデアで6人の救出にあたる。「アルゴ」というSF映画を撮影するために、カナダからの撮影隊がイランにやってきたと欺いて救出しようとする。この映画におけるイランの描き方は当然イランには強い反感をもたらした。

『ペルセポリス』(2007年)は、この革命前に生まれ、革命後に成長期を迎えたイラン女性の目から描かれたアニメ映画である。主人公のマルジは、活発でブルース・リーの映画が大好きな少女。しかしホメイニに率いられた革命で、自由が急速に失われていくのを実感する。女性の立場からイラン・イスラム革命後のイラン社会を描いているが、全体としては宗教的な締め付けが厳しくなったことへのあきらめが強く漂う。

ニューヨークのツインタワーを攻撃目標の一つとした2001年9月11日の「9・11」同時多発テロが、米国に与えた衝撃はきわめて大きい。米国は「テロとのグローバル戦争」という標語を掲げるようになった。なお、2014年には「国立9・11記念博物館」が建てられたが、そこには犠牲となった人の名前が刻まれており、事件の様子を伝える曲がった鉄骨などが飾られている。

『11'9"01/セプテンバー11』(2002年)は、「9・11」をテーマに制作された。世界的に著名な11人の映画監督によるオムニバス形式の映画で、「11分9秒」と一カットの短編が11作品含まれている。それぞれ異なる宗教文化が支配的な国の監督が独自の視点から作品を作っている。その一つ、インドのミラ・ナイール監督が描いたのは、実際に事件で息子をなくしたパキスタン系のイスラム教徒一家の悲劇である。一家の自慢の息子は実は飛行機が突っ込んだ世界貿易センターで救助活動中に死

写真 3-1　9. 11 跡の記念公園

亡したのである。だが、イスラム教徒であったがゆえに、当初数週間にわたってテロリストという疑惑を受けた。近所の人々が彼の両親を見る目も冷たくなる。事実が判明すると、彼は英雄の扱いを受けるが、母親の嘆きが癒されるはずはない。「人情味のある息子を育てた代価がこれ？」というつぶやきは、やり場のない悲しみと怒りの表現である。米国においてイスラム教徒として生活するときの壁。けっして「人種の坩堝《るつぼ》」ではなく、「サラダボール」であると指摘される米国の厳しい現実への告発と読み取れる。

アモス・ギタイ監督は、テルアビブでの爆弾テロが「9・11」のテロによって、たちまち背後に押しやられる光景を皮肉に描く。パレスチナ問題を抱えたイスラエルでは、テロ事件は絶えず起こる。現場で声高に叫ぶリポーターだが、テレビ・クルーはニューヨークでの事件にさっと切り替えさせられる。ニュース報道では、どちらが衝撃的かで放映が選択される。他に競合するテロがなければ放映されたであろうテルアビブの事件が、ニューヨークで起こった事件で一挙に背後に追いやられた。

イスラム教が関連するテロが起こると、必ずと言っていいほど、聖戦（ジハード）というが概念が取り上げられる。イスラム教に理解を示す人は、ジハードは本来的には精神的なものが中心であったとする。すなわち心を治める大ジハードこそ肝要で、戦闘は小ジハードであるとする。だが実際にはもっぱら戦いに際してジハードという言葉が用いられる。戦いを鼓舞するために宗教的理念を用いることには、ここに作品を寄せた監督たちはおそらく否定的な思いを抱いているであろう。とりわけ今村昌平監督制作のものは、聖戦というスローガンへの強い嫌悪感に貫かれている。

南アジアの宗教的対立

16世紀前半から19世紀半ばまでインド亜大陸にはイスラム系の王朝であるムガール帝国があった。その後英国領となったが、第二次世界大戦後、インドは英国から独立した。このとき、宗教分布が配慮されてヒンドゥー教徒が多いインドとイスラム教徒が多い東パキスタン（現在のバングラデシュ）及び西パキスタン（現在のパキスタン）という具合に別々の国となった。このような歴史が、現在でもインドにおける宗教紛争に影を落としている。

『ボンベイ』（１９９５年）は、ジャーナリスト志望の青年セーカルとイスラム教徒の女性シャイラー・バーヌとの恋愛を中心に、ヒンドゥー教徒とイスラム教徒の間の摩擦を扱う。家族の反対を押し切りふたりは結婚する。双子の男の子が生まれ、幸せな生活を送っていたが、１９９２年の「アヨーディヤー事件」をきっかけに、ボンベイでも激しい宗教暴動が起きる。ふたりとその息子たちも暴動に巻き込まれていく。インドのアヨーディヤーには、１９９２年までモスクがあった。ところが、ヒンドゥー教徒には、ここはヒンドゥー教の聖地であるという主張があった。『ラーマーヤナ』の主人公であるラーマが生まれた場所として、それを祝う寺院が建てられていたのに、16世紀前半にイスラ

図 3-4　カシミール紛争とアヨーディヤ紛争関連地図

ム教徒が侵入してきて、寺院を破壊してモスクを建てたというのである。こうしたことを根拠に、1992年12月にヒンドゥー教徒たちによってアヨーディヤーのモスクが破壊されるという事件が起こったのである。

19世紀半ばにこの地方を併合した英国人は宗教的な対立を恐れて、ヒンドゥー教徒が崇拝できるような基壇をモスクのすぐ近くに作った。しかし、ヒンドゥー教とイスラム教徒の根深い対立は、そんなことで収まるようなものではなかった。第二次大戦後にインドとパキスタンが別々の国になると、カシミール問題と絡んで両者の対立は激化していった。両国の国境地域であるカシミール地方は、イスラム教徒の人口の方が多かったが、藩王がヒンドゥー教徒であったため、インドに組み入れられた。それがその後の度重なるカシミール紛争の原因となる。

イラン・イスラム革命の起こった1979年は、旧ソ連がアフガニスタンに侵攻した年でもある。『君のためなら千回でも』（2007年）では、ソ連侵攻以後大きく変わったアフガニスタンでの民族対立とそこに絡む宗教問題が描かれる。ソ連侵攻以前の比較的人々が自由であった時代の凧揚げのシーンが前半の光景を彩る。原題の The Kite Runner は、この凧揚げの情景から取っている。

少年アミールは反共産主義者の父をもち、裕福な家庭に育つ。アミールの父の召使の子どもが一つ年下の少年ハッサンである。ふたりは仲良しで、凧揚げ大会にコンビを組み優勝する。だがハッサンが年上の子に性的暴行を受ける場面を見ながら、アミールは知らぬ振りをしたことで、アミールはしだいにハッサンを避けるようになる。前半ではハッサンがいじらしいほどアミールに尽くす姿が描かれるが、そこにはアフガニスタンにおけるパシュトーン人とハザラ人の関係が示されている。同じイスラム教徒でもパシュトーン人はスンニ派で、ハザラ人はシーア派が多い。モンゴル系の風貌のハザラ人をパシュトーン人はしばしば蔑視する。イスラム教徒は皆平等というのが理念だが、実際は民族によってしばしば階層的に分断され、対立も起こる。これもその一つの例である。ハッサンはハザラ人であり、アミールや暴行した少年たちはパシュトーン人であった。

ハッサンと彼の父がアミールの嘘がもとで家を出たあと、ソ連侵攻が起こる。アミールの一家は米国へと逃げる。大学を卒業し作家となったアミールが、カブールに向かってハッサンの息子を探すのが後半のトピックだが、ここではタリバーンが占領した地域での息苦しい生活が描かれる。姦通した女性をサッカー場で公開処刑する一方、孤児院の子どもを男女問わずさらっては性的虐待をしている兵士たち。タリバーンを強く批判する描き方である。

7　原理主義とカルト問題を扱った映画

キリスト教原理主義

原理主義（ファンダメンタリズム）というと、20世紀後半からはどちらかというとイスラム原理主義の方が注目されるようになったが、原理主義はもともとキリスト教の一部の動きに対して用いられた用語である。「宗教と社会」学会は１９９３年に設立された比較的新しい学会であるが、設立記念に開催されたシンポジウムのテーマが「ファンダメンタリズムとは何か」であった。１９７０年代から世界各地で政治色の強い原理主義的思想や運動が広がっていることを踏まえてのものであった[5]。

20世紀前半の米国における原理主義はそれほど政治色は強くなかったとされる。これについては、『風の行方』（１９９９年）が何が問題になったかをよく描き出している。これはスタンリー・クレイマー監督の『風の遺産（聖書への反逆）』（１９６０年）をリメイクしたものである。１９２５年に米国・テネシー州の町デイトンで実際に起こった事件を題材にとっている。問題となった裁判は俗に「スコープス・モンキー裁判」と呼ばれているが、生物教師と聖書に記されたキリスト教の教えを文字通り信じようとする人たちとの進化論をめぐる対立がテーマである。

教師のケイツが学校で進化論を教えたため、逮捕され裁判にかけられる。聖書の教えに反する理論を教えてはならないという州の法律に違反したという理由である。裁判ではケイツの弁護人ドラモンドとブレイディとのやりとりが中心となるが、ドラモンドは聖書に関する質問を、次々とブレイディに投げかける。

「ヨナがくじらに呑み込まれたという話を信じるのか？」、「ヨシュアが太陽を止めたという話を信じるのか？」、「創造のときはいつか？」、「一日目はどれくらいの長さであったか？」、「太陽もできていなかったのに、一日の長さが分かったのか？」

聖書に書かれていることが実際に起こったというなら、当然起こるであろうと思われる疑問を次々とぶつけていく。ブレイディは答えながらしだいに興奮していく。創造のときは紀元前４００４年10月23日である、と断言する。裁判自体はケイツの有罪で終わるが、罰金わずか１００ドルであった。

この映画のもとになったデイトンでの裁判では、科学と宗教の立場の違いが、創世記をめぐって際立った。実際の裁判も映画と同じく原理主義者たちが勝訴しているものの、キリスト教原理主義者と言われる人たちの認識が浮き彫りにされた。スコープスは実際に被告となった高校の生物教師の名前で、モンキー裁判と呼ばれるようになったのは、人類の先祖が猿であるかどうかという形で話題になったからである。

米国で20世紀後半にプロテスタントのリベラル派の信者が減少気味になったのに対し、福音派と呼ばれるようなグループは増加傾向にあるとされる。その福音派には原理主義的傾向が強いものが含ま

5　このシンポジウムでの議論をまとめたものが、井上順孝・大塚和夫編『ファンダメンタリズムとは何か―世俗主義への挑戦』（新曜社、１９９４年）として刊行された。

れる。そうした一つの教会に焦点を当てた非常に興味深いドキュメンタリー映画が、『ジーザス・キャンプ―アメリカを動かすキリスト教原理主義』（2006年）である。ブッシュ政権の時代に制作された。保守派のサミュエル・アリートが合衆国連邦最高裁判事に任命されて、リベラル派が危機感を感じた頃である。ミズーリー州の一人の女性牧師が主催する子どもを対象とするサマーキャンプの場面では、彼女は進化論を否定し、堕胎に反対する。「米国をキリストの手に取り戻そう」というスローガンを繰り返す。

キャンプを主催する人たちは、子どもたちへの教育が宗教界の将来の動向に非常に重要な意味をもつことをはっきり自覚している。さまざまな道具を使って、自分たちの信念を子どもたちに伝える工夫をする。敵か味方かと、常に明確な二分法を突き付ける。一部の子どもたちは思惑通りその枠で考えるようになる。用いる小道具は人間の認知をうまく利用したものである。敵への攻撃を形としてあらわすために、子どもたちに金槌を渡しコップを割らせる。攻撃心を具体的な行動によって植えつける手段である。堕胎への嫌悪感を強めるために、妊娠後の月数に対応した胎児のおもちゃを見せる。映画の制作者はキリスト教原理主義に強い危機感を抱いているのが伝わってくる。

カルト・セクト問題

比較的小規模の宗教集団が、信者を家族から引き離し、リーダー的人物に服従させ、集団自殺をしたり、社会の倫理や道徳を著しく逸脱するような行為を厭わないようにしていく現象を、マインドコントロールとか洗脳といった概念で批判的に言及する研究者も出てきた。こうした集団を日本ではカルトと呼ぶことが多いが、ヨーロッパではセクトと呼ぶことが多い。

『ザ・マスター』（２０１２年）はそうした集団で起こった出来事を描いている。第二次大戦が終わり、米国の兵士たちは戦場から解放されたが、多くの兵士は新しい職場を求めなければならなかった。フレディ・クエルもその一人だが、彼は精神的な問題も抱えていて、行く先々の職場で問題を起こした。そうしたフレディが出会うのが、小さな宗教集団のリーダーであるランカスター・トッドで、トッドは信奉者たちからは「マスター」と呼ばれていた。心の病を抱えるフレディとマスターは相互依存関係に近い。マスターもある意味、心の問題を抱えているからである。マスターの息子はそのいかがわしさを見抜いているようである。フレディはマスターのやり方に反発を覚えたりしながらも、統御できない心の問題にずっと向かい合う。

その前年に公開された『マーサ、あるいはマーシー・メイ』（２０１１年）も、やはりカルト・セクト問題に直結するストーリーである。カルト的集団生活から逃げ出した一人の若い女性の心理と行動を描いているが、現実と過去の記憶とを交互に描写していくやり方が、サスペンス的な雰囲気を生み出している。パトリックをリーダーとする集団で暮らしていたマーサは、そこではマーシー・メイという名前をもらっていた。その集団は表面上は農場を営むようにみせかけているが、実は盗みもするし、みつかれば殺人さえいとわない。「浄めの儀式」の名のもとに、リーダーは女性たちと性的に交わる。2年の間そこで生活した後、マーサは脱走を試みる。唯一の身寄りである姉のルーシーに連絡し、姉夫婦のもとに身を寄せる。ルーシーは深くは事情を聞かず、妹の支えとなろうとする。しかし姉夫婦と同居を始めたマーサは、周囲を戸惑わせる奇妙な行動を繰り返す。裸で湖で泳いだり、突然どなったり、性行為中の姉夫婦の寝室に突然はいってきたりする。すべて集団で生活していたときの習性であり、またトラウマである。

心理的な面からカルト・セクト問題を扱った映画は、非常にシリアスな描き方になる。一定期間特異な集団生活を送った人間には、その集団特有の身体的記憶が刻まれる。理性で判断しての是非とは別に、体と心が自然に反応してしまうようになった人間の描写を扱うとなると、宗教文化の理解という範囲を超えるような局面が出てくる。それゆえこうした類の映画を宗教文化教育の教材に用いる場合には、カルト・セクト問題の対象とされるような教団なり運動についての研究を、ある程度踏まえる必要がある。

第4章 宗教教育から宗教文化教育へ

1 宗教文化教育の発想はいかに生まれたか

宗教教育プロジェクトの発足

國學院大學日本文化研究所で宗教教育プロジェクトが始まったのは1990年度である。このプロジェクトを提唱した一つのきっかけがある。1980年代後半に新宗教に関する大がかりな共同研究・調査を行ない、その結果が1990年に『新宗教事典』[1]として刊行された。調査の過程でさまざまな宗教観を抱く人々に出会った。なぜこのような信念を抱くようになったか、疑問を感じる場合もあった。信者への数多くの面談調査から、信者たちが固く信じる教えや実践法の多くは、特別な宗教体験によって抱かれるようになったものではなく、多くは親の教育の影響やある人物からの強い影響

1 井上順孝・孝本貢・対馬路人・中牧弘允・西山茂共編、弘文堂。

を受けてその教団に入った結果であることが実感された。新宗教の指導者や信者と数多く接するうちに得られたこうした経験が、宗教教育への関心を芽生えさせた。

現在の日本では、宗教について学校でどのようなことが教えられているのか、学校での教育はどの程度の影響力を持つものか、調べてみる必要を感じた。そこで関心を抱く研究者に声をかけて、数人からなる宗教教育プロジェクトを発足させた。日本文化研究所のプロジェクトは、通常1期3年だが、2期6年調査研究を続けた。さらに国際比較の必要性を感じ、宗教教育の国際比較のプロジェクトへと展開させやはり2期6年、調査研究を行なった。メンバーも少しずつ増えた。

まず基礎的な作業を同時並行で行なった。宗教系の学校では、宗教に関連するどのような授業が行なわれているか。どんな教材が使われているか。どんな宗教的行事が組み入れられているか。こうした宗教教育の現状を知るための基礎となる各種の資料・データを収集した。小学校から大学まで全国にある900余の宗教系の学校に依頼状を送り、資料を提供してもらった。幸いなことに多くの学校から協力が得られた。校史などの資料も多数寄贈してもらった。学生を対象とした全国的な規模の質問紙調査を行なった。北海道から沖縄まで50近い宗教系の学校を訪問して面談調査を行なった。

第1期の国内での調査を踏まえて、第2期の国際比較の段階に入った。比較の対象はいくつかの国を候補として検討し、プレ調査などをした結果、まずは一つの国を詳しく調べるという方法が適切であるという結論に達し、韓国を調査対象とした。韓国の数人の研究者の協力を得て、実態調査や質問紙調査、そして共同の研究会などを行なった。こうして12年にわたってプロジェクトを遂行していく過程で、近代日本の宗教教育の変遷、戦後における大きな問題点が新たな視点からとらえられるようになった。

近代日本の宗教教育については多くの議論があるが、20世紀末に至るまでの変遷は次の4期に分けることができる。[2]

第1期（明治維新～1890年頃）　宗教的教化と学校教育とが一部交錯していた明治初期の状態から、学校教育制度が整備されていく時期である。

第2期（1890年頃～1930年頃）　国家意識の強まりや天皇制の確立に伴って、一方で宗教教育に制限が加えられ、他方で、国民道徳についての教育が、学校教育の義務となっていく時期である。これに関しては教育勅語の制定が非常に大きな影響力をもつことになる。

第3期（昭和前期）　戦時体制という特別な事態のもとで、国家目的に教育理念が完全に従属させられていく時期である。戦前の修身や道徳に戻るような教育をしてはならないといった主張がなされるときは、主にこの時期の状況が想定されている。

第4期（戦後期）　公教育における狭義の宗教教育が排除される一方で、私立学校では宗派教育が容認された。その状態において道徳教育もしくは宗教情操教育の必要性が議論されるような現在に至る流れが形成された時期である。

こうした展開で生じたもろもろの問題は、時代ごとの特徴を反映しているというだけでなく、今日の宗教教育をめぐる問題にも大きく関わってきている。いまだに一部に教育勅語の見直しのような議

2　細かくは國學院大學日本文化研究所編『宗教と教育』（弘文堂、1997年）を参照。この書には、明治以降1990年代に至るまでの宗教教育に関する参考文献が列挙されている。

論が起こることが、それをよく示している。近代以降の宗教教育をめぐる問題がこのような展開を経たことが、現代の宗教教育についての議論にどのように影を落としているかは非常に重要である。この点は第6章で詳しく述べる。

第4期における議論では、宗教教育に三つのサブカテゴリーが設けられるようになった。すなわち宗教知識教育、宗教情操教育、宗派教育である。宗教知識教育は宗教についての知識、教養を教えるものである。宗教情操教育は、宗教の情操的側面について教えることである。宗派教育はそれぞれの宗教の理念や実践法を教えるものだが、その宗教へと導くことも目標としている。狭い意味で宗教教育という場合にはこの宗派教育を指すことが多い。ところがこの区分法に依拠した戦後の宗教教育をめぐる議論は、非常に入り組みほとんど解決の見通しが得られなくなった。公立学校における宗教情操教育をめぐる議論が錯綜したからである。このことが宗教文化教育提唱の一因でもある。

宗教教育への法的制約

学校で教えられることのうち、何が宗教教育に当たるかは意外に難しい問題である。その難しさの理由については、順次述べていくが、その議論に入る前に、法的な規定をおさえておきたい。日本の宗教教育で何ができるか、何ができないのかについて、言葉の上であっても、その外枠を決め、かつ大きなしばりとなるのは法的な規定である。具体的には憲法と教育基本法にどう定められているかである。まず憲法20条には次のようにある。

第20条　信教の自由は、何人に対してもこれを保障する。いかなる宗教団体も、国から特権を受け、又は政治上の権力を行使してはならない。何人も、宗教上の行為、祝典、儀式又は行事に参加することを強制されない。国及びその機関は、宗教教育その他いかなる宗教的活動もしてはならない。

ここに「国及びその機関は、宗教教育その他いかなる宗教的活動もしてはならない」とあるので、国立の学校では宗教教育ができないことになる。だが、ここで言う宗教教育は、宗教的活動とみなされる宗教教育というふうに解釈される。宗派教育と言われているような教育が禁じられているのは明らかだが、宗教知識教育は問題にはならない。

憲法20条と深く関連しているのが、教育基本法の「宗教教育」の条項である。この条項は2006年の改正によって第15条に移動したが、それ以前は第9条であり、次のような内容であった。

第9条　宗教に関する寛容の態度及び宗教の社会生活における地位は、教育上尊重されなければならない。

2　国及び地方公共団体が設置する学校は、特定の宗教のための宗教教育その他宗教的活動をしてはならない。

この短い条項、とくに第2項が戦後の宗教教育のあり方をめぐる議論に、常に覆いかぶさってきた。

国公立の学校（以下、公立学校）で宗教についてどこまで教えていいか、ということになるからである。特定の宗教のための宗教教育というのは、宗派教育となるので禁じられている。しかし宗教情操教育と呼ばれるタイプの教育については、是非についての立場がはっきり二つに分かれた。

改正に際して多くの人が関心を抱いたのは、この第2項が変わるのか、変わるとするとどう変わるのかであった。ところが2006年の改正案では第2項はそのままとなり、第1項が「宗教に関する寛容の態度、宗教に関する一般的な教養及び宗教の社会生活における地位は、教育上尊重されなければならない」と若干変えられた。「宗教に関する一般的な教養」の部分が加えられたのである。

第2項が変わらなかったということは、公立学校における宗教色の濃い教育への歯止めは、そのままの文言で継続することになったということであり、宗教情操教育に関する議論の進展には影響を及ぼさなかったことになる。

宗教教育に関する議論は、宗教情操教育に関する対立意見を含め戦後長く続いたのだが、20世紀の末になってそれまでとは少し異なった角度から広い関心を呼ぶようになった。その引金となったのは、明らかに1995年のオウム真理教による地下鉄サリン事件である。最終解脱者を標榜し、空中浮揚の能力を雑誌等で誇示してみせた麻原彰晃（本名松本智津夫）に、理工系の大学院を卒業した学生まで魅されたことに大きな衝撃を受けた人々がいた。「宗教について基礎的な知識がないから、その教えが正しいか間違っているかの判断ができなかったのではないか」といった考え方を示す人もあらわれた。「尊師に全面的に帰依」するという、宗教的にはむしろ推奨されるであろう境地が、殺人への心的歯止めを失わせたということに衝撃を受ける人もあった。さらに若い世代の倫理観の喪失を持ち出し、宗教情操教育を行なうことで、そうした傾向への歯止めになるという主張をする人もあらわれるに至った。

こうした主張のなかには、現実に教室で起こっていることや、教育を包む現代社会の情報環境といったことをあまり踏まえていないものがあった。さらに宗教教育を包む法的な前提さえも十分考慮していないものもあった。ここに示した憲法における政教分離の原則と教育基本法の規定からして、公立の学校における宗教教育と私立の宗教系の学校における宗教教育のあり方は、大きく異なる。ところがこの区別をしないままに宗教教育を論じたり、あるいは一応は区別してもときおり混同して論じるものが少なくなかった。これによって議論はいっそう錯綜したのである。

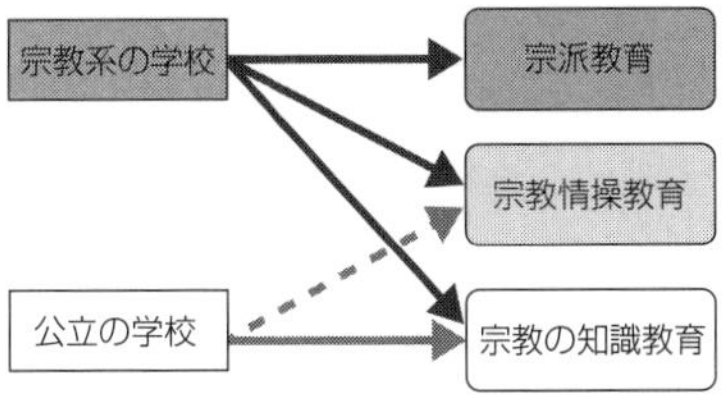

図 4-1　宗教教育に関する従来の一般的議論

宗教情操教育をめぐる対立

公立学校で宗教の知識教育ができるということと、宗教立の学校では三つともできるということには議論がない。そこでもっぱら議論が戦わされることになったのが、宗教情操教育である。公立学校でも可能とする立場と、許されないとする立場とが長い間対立していたが（図4-1参照）、この議論においては、特定の宗教によらない「一般的宗教情操」というものが想定できるかどうかが、一つのポイントとなった。公立学校で宗教情操教育を行なえるという立場をとるとすれば、それは特定の宗派とは関わりのない宗教情操でなければならない。そこで「人間の尊厳と愛」とか「自然への畏怖の念」

といった事柄が、一般的な宗教情操を養うときのテーマの代表的なものとされた。1966年に発表された中央教育審議会の「期待される人間像」の中では、「生命の根源すなわち聖なるものに対する畏敬の念が真の宗教的情操であり、人間の尊厳と愛もそれに基づき、深い感謝の念もそこからわき、真の幸福もそれに基づく」とされた。

そうした主張の一方で、公立の学校における宗教情操教育導入の主張に対し、それは戦前の修身的な教育になることを危惧するという意見も強かった[3]。滅私奉公的な考えが導入されるのではないかという意見も出た。教育方針に関して愛国心の涵養を求める意見も多くあったから、こうした危惧は杞憂の類などとは言えなかった。

公立学校における宗教情操教育の実施については、これとは異なった角度からの反対論が出された。それは主として宗教史や実際の宗教のありようを重視する立場からのもので、「一般的宗教情操」についての教育というのは想定しがたいというものである。生命観や自然観は宗教ごとに大きく異なるので、そうした差異を無視しているという意見が出された。

ジャイナ教のように虫を殺すことをも含む一切の殺生を禁じるといった教えもある。輪廻についての信仰をもち、殺生を避けてベジタリアンとなるヒンドゥー教徒もいる。人間以外の「命の尊厳」についての宗教的教えの多様性は、とくにアジアに広がった宗教に見出すことができる。人間の命の尊厳に関しても、自殺を認める宗教もあれば認めない宗教もある。他者の殺害を絶対的に拒否し、アーミシュのように「殺されても殺さない」という立場の宗教もある。イスラム教のジハードの考えでは、聖戦であるなら敵を殺す場合もありうることになる。

そうした違いはあるかもしれないが、一般的には人を殺すことはいけないと教えるのが現代の日本社会ではないかというなら、それはその通りである。しかしそうなると、これは一般的宗教情操という必要もなく、道徳や倫理の問題として教えればいいことである。

このように少なくとも二方向からの「一般的宗教情操」に対する批判があり、公立学校での宗教情操教育は根本的なところで大きな困難を抱えた。また仮に宗教情操教育を公立学校で行なうとしても、現在の教育環境からはほとんど乗り越えられないような困難がある。それは教える教師の不足あるいは不在である。これは日本文化研究所の宗教教育プロジェクトによって行なわれた実態調査でも明らかになった。これまで公立の小学校、中学校、高等学校では、宗教の問題を正面切って扱うことは避けられてきた。それにはいろいろな理由があるが、宗教的情操を教えるとなると、宗教についてのある程度の知識が必要になるということはいうまでもないので、まずその点からしてけっこうハードルは高い。事実上、公立学校では戦後は宗教の情操教育は長く避けられてきたので、結果的にこれに関する人的インフラがきわめて乏しくなった。また宗教系の学校においても、宗教を担当する教員が自校に関係する宗教については一定の知識があっても、それ以外の宗教については、あまり知識がないという例が珍しくないことも分かった。このような現状を無視して、いくら理論的に可能であるといっても、実現のすべはほとんどないに等しい。

他方で、宗教一般に対する社会の厳しい目も考慮しないわけにはいかない。現代日本では世論調査

3　その代表的なものとして山口和孝「教育基本法九条と宗教教育導入の問題―福井・志比北小学校の禅に基づく道徳教育への批判」(『教育』30―11、1980年)がある。

で「宗教を信じている」と答える人は2～3割程度という状況が続いている。信仰を持つと回答する人の割合が低いだけでなく、宗教に対する社会的評価あるいは信用という点でも国際的には高い方ではない。子どもをミッション系の学校に入れる親でさえ、その大半は宗教的理由によるのではない。進学率とか躾に対する信頼度といった別の要因によって選ぶのが実情である。まして公立学校となれば、道徳や倫理ではなく宗教情操について教育するのだということになると、強い警戒心を呼ぶことが考えられる。

宗教文化教育という発想

そうした現状のもとでは、どうすれば公立の学校でも宗教情操教育が可能であるかを議論するよりも、新しい視点から教育における宗教の扱い方について考えていくことの方が現実的である。そして私が2000年代に入ってすぐの時期に着想したのが「宗教文化教育」というものであった。これは日本文化研究所の12年にわたる宗教教育プロジェクトによる調査・研究に基づき導き出されたので、プロジェクトの成果として提唱することとなった。宗教文化教育であれば、公立学校においても行なうことが可能であるし、さらにはグローバル化が進む社会には、むしろ不可欠なものであるということで意見がまとまった。

ごく簡単に言うなら、宗教文化教育は、まず宗教の知識教育を母体にしている。宗教史や現代宗教についての基本的な知識を養う。しかし机上の知識に終わらないものでもある。教材を通しての学習だけでなく、日本や世界のさまざまな宗教文化に実際に接する機会を多く持つことで、それらに対する理解を深め、いわば「宗教の生きた姿」への学びを深めることを目指している。また従来の宗教教育が正しい人間、良き人間、を目指すことが教育の大きな軸となっていたのに対し、学びを通して相手を理解し、自身についての認識も深めることを目指すものである。共通の善を目指すというよりは、悪しき事態、好ましくない事態を避けることに主眼がある。

第1章で日本のグローバル化状況の概要を示したが、小学校・中学校で級友の中に外国人がいる割合、あるいは外国で生活した日本人が帰国して授業を受けるといった割合は、増える一方である。そこでは宗教の違いによる考えや習慣の違いが露わになることがある。それが柔軟に受け入れられる場合もあるが、食や服装でそれぞれの宗教に基づく戒律を守っていることに対し、からかいや嘲りの対象となる場合もある。そうしたからかい等の実例は、2010年代後半に提出された大学生のレポートなどにときどき見られる。彼らは2010年代に小学時代や中学時代を体験しているから、遠い過去の話ではない。

そうであるとすると、国や民族ごとの価値観の違いに対する心構えのようなものを、比較的若い頃から身につける必要が増してくる。また国外に住むことになったような場合だと、国によっては宗教の常識をふまえておかないと、日常生活でも不要な混乱や誤解を招くことがある。グローバル化の進行自体は後戻りしないものであり、異文化教育の一環としても宗教文化教育は重要である。宗教文化についての学びは、必ずしも独立した科目とする必要はなく、国語、世界史、日本史、地理、倫理といった関連科目の中で実施することも可能である。最近は初等教育、中等教育における宗教文化教育の教材は、少しずつ充実している。教科書がなくても、副教材が豊富にあれば、それで具体的な事例について学ぶ機会を得られる。

公立の学校の宗教文化教育の試みは、むろん一般の私立学校と共有できる。さらに宗教立の学校でも採り入れられる。宗教立の学校で、宗教文化教育の類に対し警戒を示す場合があるが、この傾向は韓国やフィリピンでは日本よりも強いことが、宗教教育プロジェクトによる国際比較研究で分かった。それは宗教文化教育が宗派教育と相いれないと考える宗教関係者がいるからである。だが宗教立の学校は宗教教育の自由の幅が大きい。宗教情操教育も自由にできるから、宗派教育に近いものになっても差し支えない。とすると、宗教系の学校は、現在論じられている宗教文化教育に関して固有の課題をもっていることになる。それは思い切った宗教情操教育によって、それが人格陶冶にどのような影響をもたらせるかについていろいろな試みをできるということである。もし、好ましい結果が得られたなら、それを公立の学校における宗教文化教育の議論に組み入れることができるはずである。

宗教文化教育の提唱は、現代社会の情報環境を踏まえてもいる。今日、宗教に関する情報はネット上にあふれており、テレビを中心とするマスメディアにも各種の宗教についての情報が大量に存在する。マスメディアやインターネット上の宗教に関する情報へのアクセスという面では、教師よりも生徒たちの方が、量的に圧倒していることが多い。テレビは多くの宗教関連の番組を放映しているし、インターネット上では関心をもちさえすれば、さまざまな宗教的な祭り、儀礼、慣習そして教えについての情報にアクセスできる。しかし、その量の膨大さは若い世代には両刃の剣となって迫ってくる。教師を凌ぐ知識を得られるかもしれないが、とんでもない情報をインプットされるかもしれない。

そこで情報時代の課題は、あふれる情報から見分ける能力をどう養うかということになる。情報リテラシーという視点を十分意識した上での宗教文化教育でなければ、影響力は弱まる。具体的な教材の提供の他、それを使いこなすための工夫、メディアやネットにあふれている宗教情報に接する心構え、すなわち基本的な情報リテラシーを高めることが必要になる。

2 宗教情報リテラシーが求められる時代

葬儀不要論とパワースポットブームの背景

2010年には、葬式は不要であるというような主張が大きく話題になった。家族葬、散骨・自然葬、さらには直葬といったものが増えて、葬式の意味があらためて問われるようになった。この葬儀不要論は、2000年代になってにわかに起こったわけではない。少し長いスパンで見てみると、近代化の過程で檀家制度が人々の意識や行動に与える影響力は弱まってきた。檀家制度（寺請制度）は徳川幕府のキリシタン禁教策の一環として始まり、江戸時代は、99%以上の人がどこかの寺の檀家であった。宗旨を変えることもできなかった。ところが明治政府は、檀家制度をなくしたので、檀家を続けるのが嫌なら止めることも可能になった。そうはいっても、それまで長く続き、社会的に定着していた制度が、政府の政策で一気に変わるものでもない。事実上、明治以降もまた戦後になってからも、檀家制度はやや弱まりつつも全体として続いてきたと言える。

その檀家制度が、高度成長期以後の社会変化によって、急速に影響力を弱めてきた。江戸時代の檀家制度を支えていた地域社会と仏教寺院との深い結びつきが失われる一方になった。都市化、核家族化は、檀家制度が存在した時期の社会条件が大きく変わったことを意味する。江戸時代は大半の人が生まれた村で育ちそしてそこで死んでいった。だからこそ遠方の寺社への参詣などが非日常的な楽しみのときであったわけである。しかし、現代はある村で生まれ、ずっとその村でのみ育ち働き、そしてその村で死んでいくなどという人は、まずいない。複雑な人間関係を形成し、多様なネットワークの中で生きている。こうした根底的な変化の中で、葬儀や先祖供養に対する考え方も変わってくる。その意味で近代化がつくりあげた社会構造が、近世以来の葬儀形態への再考を促したと言える。この流れでみるなら、葬儀不要論もその延長線上で必然的に生ずる主張の一つということになる。

これとともに、最近の情報時代もまた葬儀不要論には追い風として作用している。宗派ごとの伝統的な儀礼として踏襲されてきたこと、あるいはローカルな習俗として持続してきた葬儀のあり様が、インターネットの普及により、急激に相対化されるようになった。つまりさまざまな葬儀形態がありうること、それまで大事に踏襲されてきたような作法が、数多くの作法の中の「一つの作法」に過ぎないことが実感されるようになった。葬儀形態を変えることの意識の面での抵抗が薄れてきている。情報時代は、以前からの社会的慣習や宗教的儀礼を相対化する。葬儀のようにもっとも重要な儀礼もそのことから免れない。若い世代はそうした大きな変化の中に育ってきている。

その一方で、新たな宗教関連のブームが起こったり、従来とは異なった宗教的行動が生み出されてきている。2000年代になって、にわかに注目されたのはパワースポットやエア参拝である。パワースポットブームは、2010年前後に一つのピークを迎えた。多くの雑誌で特集が組まれ、書店にはパワースポット特集の本が次々と並ぶ光景が見られた。ウェブ上でも、「パワースポットを旅しよう!」などとトップページで呼びかけるホームページが出現した。パワースポットの対象となった宗教施設は、神社関係がもっとも多いが、お寺に関連したものもある。宗教施設とはとくにかかわりのない自然の場所が、パワースポットになっている例もある。

とくに女性がパワースポットに関心が深いとされているので、実際のところ関心の度合いはどの程度であるかを知る手がかりを求め、2010年6月に「イーウーマン」というサイトで調べたことがある。[4] これはネット上で議長役の人がある問いかけをし、会員はそれに対してYESかNOで回答した上で、意見を述べることもできるという円卓会議システムである。このとき私は議長役となり、「あなたはパワースポットを信じますか」と単刀直入に質問した。すると投票した393名のうち、72%の人が「YES」と回答した。信じる理由としては、「よい気の流れる場所であると思う」、「心が透き通る感覚が得られる」、「落ち着く場所である」など、感覚的に安らぐ場所であるとするものが多かった。

4　この円卓会議の結果は次のURLのサイトにある。http://www.ewoman.co.jp/report_db/id/3014/dow/1/

ネット情報への依存

エア参拝はインターネット上でのお寺や神社など宗教施設への参拝であり、スマートフォンのアプリになったものもある。ネット上に「博麗神社のエア参拝」というものがあり、2004年から博麗神社例大祭なるものが行なわれた。エア参拝では、若い女性のキャラクターが登場して、参拝の仕方をやってみせる。賽銭も実際に金銭を支払うわけではなく、バーチャルになっている。これだと全くのバーチャル参拝ということになる。むろん、こうしたサイトにアクセスする人はごく一部で、基本的には遊び感覚と言っていいだろう。ただ、この種のものを身近に見ながら育つ人は、だんだん増えていくと予測される。遊びだと思っていたことが、いつの間にかそちらのほうにリアリティーを感じてしまうというような現象も起こりうる。

アニメのキャラクターや、そこで用いられている概念などが、若い世代には、ときに現実の世界よりもインパクトをもって受け止められる例もある。アニメの「らき☆すた」をきっかけに埼玉県久喜市の鷲宮神社に訪れる人が増えたのも、その一例である。鷲宮神社への初詣客がそれまで10万人に達していなかったのが、アニメ放映後、2008年の初詣客は一挙に30万人に達した。翌年から毎年40万人台にのぼっている。

高度成長期以前であれば、一人の人間が成長の過程で宗教について学んだり、宗教的習俗を行なうようになる上で、もっとも影響力があったのはおそらく家族であった。両親あるいは祖父母がどんな宗教へのかかわりをしているかで、子どもたちはいつの間にか宗教への対応の仕方を身につける。むろんこれは日本だけの話ではなく、世界どこでも同じである。神についてどんな話を聞かされるか。どんな宗教的な教えを聞かされるか。どんな儀礼を身につけさせられるか。あるいは、全く非宗教的な考えを身につけるのか。こうしたことは親がどんな人間であるかによって、その人の宗教観が大きく左右される。親はまた地域社会の一員として、そこでの習俗を伝える役割をも担ってきた。そうすると、家族が神あるいは仏を信じていて、周りの人もそうであれば、そこの中で育つ子どもは、当然、神あるいは仏を信じるようになる確率が高いことになる。

ところが、現代社会はそういう構造ではなくなってきている。地域社会との関わりが薄れ、親の影響力というのも非常に弱くなっている。親が子どもに、直接、指示したり、教え込んだりする前に、子どもは携帯電話、インターネットなどで、親以上の情報を集めている。また子どもが、他者とどんな情報を交換しているかも分からなくなってきている。

情報環境が変化すれば、宗教的な事柄について考えるルートも変わってくる。情報のルートが変われば、宗教の世代間の継承に関しても変化がもたらされる。宗教に関わる情報は、お寺、神社、あるいは教会、新宗教の支部に行けば、自分自身で直接見たり聞いたりできる。あるいは、それぞれの宗教が刊行する機関誌でも、それなりにリアルな情報に接することができる。ところが、現在、大半の日本人はそうしたものに接する機会が少なくなった。お寺や神社に参拝することは参拝するが、そこで、どんな意味をもつ場所で、何が大切なことか、そこではどんな宗教的な実践が行なわれているのかなどを、僧侶や神職に聞けるような機会は滅多にない。それゆえ、神主さんとお坊さんの区別がつかない学生が増えている。寺院を管轄するのは住職、神社を管轄するのは宮司ということもあまり知らない。またカトリックとプロテスタントが違うということも分からず、神父と牧師を混同する。

情報時代に若い世代が宗教についての情報を得る主な媒体が、テレビやスマートフォンの類になっている。テレビでいろいろな宗教番組をやるが、霊能者と言われる人などもよく出演する。そうした人たちの言うことを、結構インパクトを持って受け止める人がいる。インターネットにはユーチューバーがいる。彼らの発信する宗教情報で宗教についての関心を持つという人も出てきている。

漫画やアニメの中の宗教情報

若い世代は本や新聞を読まなくなったと言われるが、漫画やアニメには、より親しみを抱いている。お坊さんや神主といった宗教家を扱った漫画が、2010年前後から増え、若い世代の間でそれなりに人気になっている。たとえば2009年発刊の杜康潤『坊主DAYS』という漫画がある。この漫画は僧侶をすばらしいものとして描くとか、あるいは貶めるとかというのではなく、まさに等身大に描こうとしている。臨済宗の僧侶の家に育った作者が坊さんの日常生活をリアルに描いている。

翌2010年には絹田村子『読経しちゃうぞ』という漫画が発刊になった。絹田は次いで『さんすくみ』を発刊した。これは牧師になる人、お坊さんになる人、神主になる人という3人が友達で、お互いに悩みを相談したりするという、なかなか面白い設定になっている。瀬上あきら『神主さんの日常』は2013年発刊で、作者と秩父三峯神社の神主との対談形式である。若い世代はこうしたところで情報を得て、現代日本の宗教のイメージを描いたりしているわけである。

宗教家の日常を描く漫画が関心を抱かれた一つの理由は、知りたいと思う情報がそこにあるからであろう。現実の神社や寺院で生の体験をする機会や、宗教家から直接情報を得る機会は乏しいが、これらの漫画は実際の姿を垣間見せてくれそうである。このことは、若い世代が宗教家のどんな面を知りたいと思っているかを探る手がかりにもなる。建前の教えを説く姿や、儀礼の際に見聞きする宗教家の姿だけでなく、日常の姿への関心が強いということである。坊さんが悩んだり苦しんだりしても、それは当たり前だろうと受け止める。情報時代といっても、ある意味でごく自然な関心が生じていると考えられる。

インターネットが一般化し、ホームページをつくる人や、ブログやツイッターで発信する人が増えてきた。この変化のプロセスで、どんどんモバイル性が高まってきた。どこでも情報が得られ、移動しながらでもツイートできる。こうした変化の影響はさまざまに及ぶが、日常的な話題が不特定多数と気軽に交換できるようになってきていることは、宗教情報リテラシーを考える上で、非常に大きな問題を孕んでいる。

現在多くの大学教員が嘆くのは、学生が本を読まない、新聞を読まないということである。1年に新書1冊読ませるのに一苦労というのは珍しい話ではない。課題図書を与え感想を書かせても、要領のいい学生は、どこかでその本を書評したサイトを見つけ、その本の書評のサイトをコピペして、あたかも自分の意見のように書いたりしかねないのである。じっくりと1冊の本に取り組んで、それによって自分の思考を鍛えようというような学生が激減しているのは確かである。他方では、スマートフォンを通していろいろな情報を収集し、さまざまな出来事に関心を示す学生もいる。良くも悪くも、情報テクノロジーが知的な関心を満たす方法を変えてしまったのである。

２００６年から漫画雑誌に連載が始まった中村光『聖☆おにいさん』という、宗教家を題材にした人気の漫画がある。２０１９年にはＮＨＫテレビで実写版が放送されたが、ストーリーはなかなか奇抜である。イエス・キリストとブッダが、現代社会に生きていて、東京の立川で共同生活をしているという設定になっている。毎回ギャグが連発されている。しかし、そのギャグはある程度聖書や仏典の内容がわかっていないと、本当の面白さが分かりにくい。たとえば、イエスが銭湯でやくざに絡まれかけるという場面がある。イエスが、「三日で復活した」と言うと、やくざは「三日でムショを出てきたんだ」と間違って解釈して尊敬するといった場面がある。イエスの復活に関する話を知らないと、この場面の面白さがよく伝わらない。

こうした漫画が人気になったのは、どうしてであろうか。宗教の現場で語られる話の中には、例えば復活したとか、死者がよみがえったとか、そんな話も含まれている。それはその信仰になじんでいない人からすると常識的な世界観からはかけ離れたものになりがちである。ところが、それが自分も会話の中にも入り込めそうな話題として漫画が再構成してある。漫画やアニメは宗教家を身近な存在にする効果をもつ。

信頼できる宗教情報の構築と発信――ＲＩＲＣの設立

宗教についてあまり知識がない人ほど、宗教が絡んだ事件が起こると、それで宗教一般を危ないと思う傾向がある。一つの事柄で全体を判断しようとするということである。イスラム過激派によるテロ報道など目にすれば、どうしてもイスラム教は危ないと思ってしまう人が出てくる。

現在はあふれるほどの情報があり、一つの情報が瞬時に世界をかけめぐる。気軽にだれもが発信できるようなツイッターの情報量などは、天文学的な数になっている。電車の中は言うまでもなく、会議中でも、授業中でも、ところかまわずツイッターで発信する人がいる。インスタグラムを通して発信された画像を次々と検索して楽しむこともできる。現実に自分が身を置いている空間にいる人たちについての情報にはあまり関心を示さず、不特定多数に自分の意見を発信することに熱意を注いだりする。スマートフォンの画面を通して得られる情報によって、自分の環境をバーチャルに認知していることになる。

このように膨大な量の情報が、誰のチェックも受けず、また誰が受信するのかもあまり考慮せず発信されている時代になった。こうしたシステムが、人間関係やさらに宗教活動にはたしてどんな影響をもたらすのか。情報発信が個人単位できわめて簡便に発信されるので、その情報の信頼度は相対的に低くなる。そうした事態が深まれば深まるほど、今度は逆に、信頼できる情報とは何か、信頼できるような情報を発信するにはどうしたらいいか、こういうことが大きな課題になってくる。これは情報リテラシーと深く関係することである。情報リテラシーは、宗教研究者や学生にとっても、今後ますます重い課題となって迫ってくる。

マスメディア、とくにテレビの番組制作者は、宗教についての基礎知識がほとんど、あるいはまったく欠けたまま、宗教や宗教文化が関係した番組を手がけることが少なくない。それゆえ、発信される情報の質は千差万別ということになる。非常に信頼できるよく準備されたものから、面白半分のもの、あるいは意図的に間違った情報を交えたとさえ思えるようなものまで、さまざまである。インターネット上の宗教情報となると、これに何倍もいや何百倍何千倍も輪をかけたような多様性である。宗教について発信される情報内容は、宗教に知識をもった人にはカオス状態に見えてくる。

１９９５年のオウム真理教による地下鉄サリン事件を契機に設立されたのが、宗教情報リサーチセンター（ＲＩＲＣ）である。公益財団法人国際宗教研究所の業務の一環として活動している。サリン事件が起こった後、より信頼のおける宗教情報の収集と発信の場をつくるべきではないか、という要望が宗教界などから強くなり、ＲＩＲＣはそれに応える形で１９９８年に発足した。マスメディアの発信する宗教情報があまりに玉石混淆であり、一般の人はどれが信頼のおける情報で、どれが不確かなものか判断は難しい。宗教研究者が宗教情報の整理に参与することが求められたのである。

ＲＩＲＣでは『ラーク便り―日本と世界の宗教ニュースを読み解く』という機関誌を季刊で発行し、会員に配布している。『ラーク便り』の記事には、新聞・雑誌等でどのような類の宗教報道がなされているかが、３ケ月ごとにまとめられている。国内外の多様な宗教関連のニュースが報じられている。それは実際に日々多様な宗教関連の出来事が起こっているということの反映である。しかし、おそらくその出来事の大半は、新聞等の活字媒体を読まなくなった人たちには知られていない。どれが重要なニュースであるかの判断も難しい。そうした判断はやはり一定程度の宗教についての知識が必要になる。『ラーク便り』の記事を執筆しているのは、大学で宗教関連の講義を担当している研究者や宗教研究関連の大学院で学んだ経験をもち、少なくとも修士号は取得した人たちが中心である。一定の専門的知識がある人たちでも個人での判断には限界があるから、情報の選択とその解説に際しては、チームを組んで作業を行なっている。

ウェブ上にある宗教に関わるさまざまな動画や画像は全体としては無秩序であるので、検索によって人気のあるサイトが得られても、どれが適切な説明であるかを初心者が理解するのは、往々にして困難である。それゆえ宗教を歴史的展開に沿う形で、ある程度体系的に概説した上で、それぞれの儀礼とか教えを動画とか画像で紹介すれば、より分かりやすくなると考えられる。学生たちが現代の宗教状況を把握する上で、大きな助けになるはずである。RIRCや後述する宗教文化教育推進センターは、そうした役割を一部になっているが、この類の機関が日本ではきわめて少ないのが現状である。

3　国際的視点からの比較研究

教育学の研究者との連携

宗教文化教育は日本以外の国にも適用できる可能性をもつ。宗教文化教育という発想自体が、日本の宗教教育についての調査研究の結果からだけで得られたものではなく、国際比較という視点からの調査研究を経た上でのものであった。

国際比較への視野を広げるために、教育学の分野で宗教教育に関心を示している研究者との研究交流が1990年代後半から始められた。それは「公教育の宗教的寛容性および共通シラバスに関する国際比較研究」というテーマで研究を進めていた江原武一を中心とする研究メンバーと、國學院大學日本文化研究所の宗教教育プロジェクトメンバーとの交流という形で進められた。江原武一編『世界の公教育と宗教』[5]では、世界各国の宗教教育についての比較研究がなされている。同書では、米国、英国、フランス、オランダ、中国、フィリピン、レバノン、タイ、トルコ、インドネシア、マレーシアという11ケ国の事例を収めている。

　これらの国々における宗教教育を比較して、教育の拡大によって、近代化にとって望ましい普遍的価値と、国内に共存する複数の文化的伝統が尊重する固有の価値との間に大きなズレが生じ、深刻な対立や葛藤を生むことになったとしている。現代の公教育は、その主要な役割である基礎的な教科を中心とした認知的教育の充実と並んで、多文化社会にふさわしい道徳的、市民的、精神的価値を育成するために複数の価値の共存を前提にした価値教育をどのように若い世代に提供すればいいのかを、中核的な問題意識として掲げている。

　公教育における価値教育について、各国の宗教教育に焦点を絞って国際比較を行ない、これにより日本の公教育の改革にとって有益な知見を得ることをめざしている。ここで価値教育と言っているのは、行動の一般的な指針として、または意思決定をしたり信念や行為を評価する際の判断基準として作用する原則や基本的確信、理想、基準、生き方（ライフスタンス）を教授したり学習することを意味するとされる。

　この中で、宗派教育、宗教的情操教育、宗教知識教育という区分を踏まえた上で、「宗教学習（study of religion）」という概念が提起されている。これは開放的でいろいろな解釈や理解が可能な世界観や人生哲学の探求を含んだ教育的な宗教教育を意味する語であり、主に米国における教育のあり方から提起された。宗教学の研究成果を宗教教育で活用しようという試みであり、宗派教育と宗教知識教育の中間であるので、宗教文化教育の概念と大きく重なっている。

江原は宗教学習について、開放的な宗教教育を行なうには、三つ以上の宗教を学ぶのが効果的であるという主張や、全国共通のものとすることも大事だが、それよりも学校や地域社会といった生徒の身近な共同体の要請や関心に応じたものをより重視すべきという主張を評価している。机上の学習では十分ではないという立場で、この点も宗教文化教育と軌を一にする。江原グループとの共同研究によって、宗教教育の問題を国際的視点から展開していく上での非常に有益な視点を得られた。

宗教教育の位置づけが大きく異なるイスラム圏

国際的な視点から日本の宗教についての教育を見ていくとき、それぞれの国の政治と宗教の関わりは非常な違いがあるので、あまりに異なった状況との比較は、宗教文化教育という視点からの比較になかなか至りにくい。その最たるものの一つがイスラム圏における宗教教育である。イスラム圏のたいていの国では、公教育においてイスラム教の教えや礼拝の仕方を教えるのは問題がないどころか義務となっている所もある。それでも、教育において宗教をどう扱うかはかなり違いがあるし、同じ国でも体制が変わると変化が起こることもある。

『世界の公教育と宗教』においては、イスラム教徒が人口の過半数を占める三つの国に関する事例

5 東信堂、2003年。

についての論述がある。宮崎元裕「トルコにおける世俗主義と宗教教育」では、人口の約99％がイスラム教徒とされるトルコの事例が述べられている。トルコ建国の父と称されるケマル・アタテュルクの改革以来、政教分離を原則とし、教育においても世俗主義が貫かれていたが、1945年の複数政党制導入後、しだいに宗教教育が再開された。宗教指導者の養成を目的としたイマーム・ハティップ養成学校が1951年に再開された。これは7年制の公立中等教育機関（中学、高校）である。生徒数は次第に増え、1970年代からは特に顕著である。1994年には47万人に達した。だが1997年に軍部により中学校が廃止された。世俗主義勢力からは警戒されていたからという。

西野節男「インドネシアの公教育と宗教」では、インドネシアの宗教教育への長年の研究に基づいて、二元的学校制度のなかでの宗教教育について述べられている[6]。インドネシアは世界最大のムスリム人口を抱え、憲法前文のパンチャシラ（国家五原則）の第一は「唯一なる神への信仰」であるが、その唯一なる神はアッラーに限られていない。イスラム教の他、プロテスタント、カトリック、ヒンドゥー教、仏教の五つが公認されている。スコラと呼ばれる学校での一般教育は国民教育省が管轄し、マドラサとよばれる学校での宗教教育は宗教省が管轄する。しかしスコラにも宗教教育がある。マドラサはイスラム系学校であるのでイスラム教について教えるが、スコラでは生徒それぞれの信仰に従った宗教教育が行われる。

両者は対抗関係にあったが、1950年の学校教育基本法によって、宗教教育の義務的性格が形骸化した。しかし、1950年代末からのスカルノ大統領時代、共産主義への対抗上、宗教教育が重視された。1960年代後半からはスコラとマドラサの一元化が図られるようになった。1994年のカリキュラムでは、マドラサはイスラム学校ではなく、「イスラム的な性格をもつ一般学校」と規定されたとされる。1999年にワヒドが大統領になって以後も、宗教教育を重視する方針は変わらないが、イスラム教以外の宗教に対する尊重も考慮されている。さらに教育の地方分権化も同時期に進行し、たとえばラマダーン月の休日を決められた休日以外に学校の裁量で決めることができるようになったという。

杉本均「マレーシアにおける宗教教育とナショナリズム」はマレーシアの事例をあつかっている。宗教教育はイスラム教のみで、イスラム教徒の児童生徒には必修である。他は別室で道徳の授業を受ける。杉本はマレーシアの宗教と教育は二重の意味で宿命的ディレンマを抱えていると結論づける。第一に、イスラム教のみを国教としたため、公教育における宗教教育とはイスラム教育のこととなり、価値教育において民族的マイノリティの不満を高め、国家統合や国民意識の形成に十分な機能を果たす事が難しくなったこと。第二に、マレーシア内で影響力を高めているイスラム思潮は汎イスラム主義・復古主義的色彩が強く、ナショナリズムの促進に寄与する可能性が低く、他の科目との整合性にも問題が出ていること。人口の約6割がイスラム教徒というマレーシアの状況下では、政府によるイスラムの強調は逆にナショナリズムの衰退もしくは阻害という皮肉な結果を生んでいるとする。

6 西野節男には『インドネシアのイスラム教育』（勁草書房、1990年）という、インドネシアの伝統的宗教教育について扱った著書もある。

社会主義圏での宗教教育――中国の事例

中国のような国では宗教についての知識教育は行なわれていても、それ以上のことはできない。仏教、カトリック、プロテスタント、イスラム教、道教が公認された五つの宗教であり、これらについての基礎的知識は学校で教えられる。

南部広孝「中国の教育における宗教」では、中国の教科書で宗教がどう扱われているかが紹介されている。学校教育の一部として宗教教育や布教宣伝の活動を行なうことは禁じられ、少数民族を対象とする教育においてもこの方針が明記されている。宗教学校の運営も禁止されるが、香港とマカオでは、それぞれの特別行政区基本法で、宗教組織によって運営される学校で宗教に関する課程を含む宗教教育を引き続き行なってよいことになっている。

初級中学の世界地理では、世界三大宗教の分布と国内に宗教をもつ民族がいることを知識として教える。高等教育では、北京大学など四つの大学に宗教学専攻が設置されている。つまり知識教育という面での宗教教育はかなり配慮されていることが分かる。なお、学校教育体系の外に、宗教団体が教師を養成するために設立した宗教大学が当時全国に74あったとしている。イスラム教では経学院、仏教では仏学院、キリスト教では神学院と呼ばれる。近年、高等教育機関と連携して人材養成を行なうところもある。

楠山研「中国における徳育の実践と改革」では、価値教育にあたる道徳教育と思想政治的側面を含む徳育教育に焦点があてられている。社会主義中国にもインターネットのもたらす影響、受験第一主義、拝金主義（「向銭看」）といった資本主義国と同様の社会問題が生じている。実際の教育の現場での方針に注目する。『小学徳育綱要』では、次の10点が徳育の内容としてあげられているという。①祖国を愛する教育、②中国共産党を愛する教育、③人民を愛する教育、④集団組織を愛する教育、⑤労働、困難に立ち向かうことを愛する教育、⑥学ぶ努力をし、科学を愛する教育、⑦上品で丁寧であり、紀律を守る教育、⑧民主と法制観念を啓発する教育、⑨良好な意志と品性を養う教育、⑩弁証唯物主義の観点からの啓発教育。

『中学徳育大綱』、及び高級中学における徳育も、これと基本的には同じようなことを目指している。つまり、道徳的なものと思想的、政治的なものの両方がはいっている。こうした方針で教育が実施されても、現実の社会では資本主義社会と同じような問題が起こっている。親も徳育教育に関心をもたなくなっている現実もある。

広く知られていることであるが、中国の憲法第36条の第4項では「宗教団体及び宗教事務は、外国勢力の支配を受けない。」ことを定めている。また2005年3月に発効した宗教活動に関する総合的な法令である「宗教事務条例」では、「信仰の自由」を認める一方で、宗教活動への政府・当局の関与を明文化し、また外国宗教組織の影響力を排除する「独立自主」の原則を強調するものとなっている。2018年2月には、改正宗教事務条例が施行され、宗教団体による教育への関与が厳しく制限されることになった。

江原らの研究は1990年代のものであるが、2000年代にはいると、藤原聖子を中心にして世界の宗教についての教科書を比較研究するというプロジェクトが実施され、英国、米国、フランス、ドイツ、トルコ、インド、タイ、インドネシア、フィリピン、韓国など9カ国の宗教教科書に着眼し、一部は翻訳と解説がなされている。[7]

韓国の研究者との意見交換

宗教教育についての韓国の研究者との共同研究も1990年代後半から始められた。國學院大學日本文化研究所の宗教教育プロジェクトと、韓国の研究者との共同研究である。韓国での宗教系の学校の実態調査が1990年代後半から2000年代初めまで約10回にわたって行なわれ、研究会も実施された。韓国の宗教系の学校のうち、カトリック系、プロテスタント系、仏教系、圓佛教系の学校をそれぞれ複数校見学し、教員との面談、学生との面談も行なった。韓国における数度の調査を総括すべく、2001年2月に釜山の東西大学校で国際シンポジウムが開催された。そこですでに宗教文化教育というテーマが出てきている。

この会議では、日本側から教師の側に宗教に関する基本的な知識が欠けているのが大きなネックとなるという意見が出た。韓国側からは、韓国では政府関係者と宗教学者と教団関係者の三者が三角関係のようになっていることに言及があった。大学の特性を生かすようにという方針を政府は示しており、そうすると宗派教育を自由にやる方向に行きやすく、宗教学者の描く計画には教団関係者は賛意を示さない傾向があるということが述べられた。

韓国の宗教教育は日本と似た面があるが、制度的に大きく異なる面がある。それは1970年代のいわゆる教育の平準化によって、多くの中等教育が自分の選択ではなく、抽選で決められるという点である。1969年に中学校の無試験制度が始まり、1974年には平準化の政策によって学群制が導入された。1980年には大学入試での内申成績を反映させることになった。一連の教育政策は、宗教系の学校における「宗教」科目に大きな影響を与えるようになったとされる。

無試験制度による抽籤入学制度の結果、本人の意思とは関係なく、特定の宗立学校に配定される多数の生徒が出てきた。この抽籤制度は、公立と私立の学校、そして私立のなかの宗教立の学校が混在するなかで行なわれるから、自分や家族の意志とは関わりなく宗教立の学校に行かなければならないという状況が生じる。キリスト教徒である生徒が仏教系の学校に行かされるとか、その逆のケースといったものがある。この点は日本の状況とは基本的に異なっている。

韓国では、宗教系の学校では、通常「宗教」の授業を週1回行なえるようなシステムになっている。一応選択科目としての「宗教」という授業になっているが。事実上、すべての生徒が「宗教」を選んでいる。このようなシステムであるので、宗教系の学校における宗派教育に対しても、一種のタガがはめられている。例えば他宗教・宗派についても言及するとか、現代社会における宗教の役割について触れるとか、特定の宗教を批判するような内容にはしてはいけないといった形においてである。

しかし実際はシラバスとおりにやらない例も多いようである。比較的幅広く宗教を扱った教科書を用いていても、実際の授業では、キリスト系だったらもっぱら聖書のことを話したりする。日本と比較して、こういう違いはあるが、そういう学校であっても、週1回の授業がせいぜいである。それも

7 研究成果はDVDにまとめられている（『世界の宗教教科書』大正大学出版会、2007年）。藤原聖子はこの研究に基づき『世界の教科書でよむ〈宗教〉』（筑摩書房、2011年）を刊行した。

生徒が3年生になったらやめるという所が多い。つまり、中等教育で宗教についての授業を実質的に行なうにはどうしたらいいかに関しては、実は日本と同じような問題を抱えていると分かった。

ただし韓国での宗教系の学校と日本の宗教系の学校の宗教教育を比較すると、韓国の方が一般的に日本よりも積極的ということが言える。より強く宗派教育が推し進められているということである。日本ではキリスト教系の学校に通ったことで、入信して洗礼を受けるようになる例はきわめて稀であるが、韓国では数十人の受洗者が出るという例もあった。また日本に比べて宗教に対する信頼度は、少し高いということが感じられた。そもそも親や自分が希望していなくても宗教系の学校に行くことになる例があるという制度が維持されていること自体がそれを物語っている。

韓国の研究者との共同研究の成果は、2002年6月の「宗教と社会」学会のワークショップにおいても示された。このワークショップは「公教育における宗教教育」というテーマで行なわれ、日本人研究者と韓国人研究者が見解を示したが、発表者の一人の趙誠倫は「宗教文化教育の必要性について」というテーマで発表をしている。[8]

国際的視野の広がり

韓国以外の国の研究者との意見交換をする機会も1990年代後半以降広がった。その一つが1997年9月に公益財団法人国際宗教研究所の主催で行われた国際シンポジウム「宗教教育のいま」であった。このシンポジウムでは韓国の他、英国とマレーシアの宗教教育の現状についての報告があった。[9]

英国の当時の宗教教育をめぐる問題については、宗教社会学者のジェイムズ・ベックフォードが報告している。とくにイングランドとウェールズの18世紀初頭以来の宗教状況が現在の宗教教育にどのような影響を及ぼしているかを説明したのち、１９８８年の教育改革法以降、宗教教育や集団礼拝、そして宗派学校の重要性を保持し続けることを強化する施策が出されてきたとする。そこに宗教教育がもつ政治的重要性を見ている。

また他の西欧諸国の宗教教育の現状についても短く触れている。そこには重大なパターンなどはなく、表面的な類似点よりも、むしろ各国・各地域間の差異の方がより重要であるとしている。社会的連帯や国家的アイデンティティの考えを創出ないし保護するための手段として、宗教教育を近年慎重に用いようと試みている政府は、英国だけのように思われるとも述べている。

マレーシアの事例については、タージュル・アリッフィン・ノルディンとノルアイニ・ダンによる報告があった。憲法では信仰の自由を認めているが、教育においてはイスラム教の理念が中核に据えられている。教育は中央で管理されており、教育哲学、カリキュラム、教授法、評価体系などは中央によって決定される。国家の教育哲学は宗教を基礎としていて、それは次のように表明されている。「個人の潜在能力を統合的に拡大する努力をたえず払い、創造主であられるアッラー（神）への信仰と従順によって、知・精神（spiritual）・情動・肉体におけるバランスと調和、すなわちインサーヌを生み出すように統合していく」（教育省、１９８７年）。

8　その概要は、『宗教と社会第10号別冊　2002年度ワークショップ記録』（「宗教と社会」学会、２００３年）を参照。

9　このシンポジウムの内容は国際宗教研究所編『教育の中の宗教』（新書館、１９９８年）に収録されている。

またマレーシア教育哲学は以下に挙げる諸原理に重きをおいている。

①この世に生をうける全ての個人はインサーヌであり、科学で信じられているような社会的動物ではない。

②精神的な能力は、知的・情動的・肉体的能力の軸となるものである。

③最終目標はアッラーへの信仰を実践に移していくことである。

中学校統合カリキュラムでは、中学校において実行されるべき16の徳が示されている。これは啓示された知（宗教）と獲得された知（科学）の統合という理念であり、啓示された知とはコーランとスンナ（預言者ムハンマドの言行に基づく規範）に依拠されるべきものである。16の徳を具体的に挙げると、「寛大」、「独立心」、「善なる人格」、「尊敬心」、「忠誠」、「公正」、「自由」、「勇気」、「肉体的」、「精神的清浄さ」、「正直」、「勤労」、「協同性」、「穏健」、「感謝」、「理性ある社会的義務の遂行」である。これは一般的に考えられている倫理や道徳におおよそ相当する。宗教教育と倫理・道徳教育が一連のものになっていると理解できる。「宗教教育は精神的な側面を強化するために積極的に進められねばならない」とする考えに貫かれているのである。

『現代宗教2007』[10]は宗教教育の特集で、フィリピン、タイ、韓国、英国、米国の宗教教育をめぐる論文が集められている。その中で矢野秀武「タイにおける宗教教育―宗教の公共性をめぐる多様な試み」は、タイにおける宗教教育への上座仏教の関わりについて触れている。タイは公認教制度で、仏教、イスラム教、キリスト教（カトリックとプロテスタント）、ヒンドゥー教、シーク教の特定団体のみが政府によって保護・監督される宗教団体として公認されている。近代以前のタイ社会で主要な教育機関と言えるのは寺院であったという歴史的経緯からして現在でも上座仏教が教育に大きな役割を果たしている。他方で、南部を中心に4・5％ほどのイスラム教徒もいるし、グローバル化も進行してきているので、公教育においてはさまざまな配慮がされている。日本とは事情が大きく異なるが、タイの事例を見ていくと、公教育というときの「公」をあらためて考えさせられるとする。日本では宗教は基本的に私的世界のものと考えられているが、タイでは行政とは異なる次元で宗教も公的世界に属しているとの見解が示されている。

4　宗教文化教育へ

国際的な比較研究の足場

いくつかの共同研究、国際会議が重ねられ、宗教文化教育という構想が2000年代前半に生まれ、2000年代後半になると、その構想が次第に具体的な議論へと展開した。

2007年にドイツのライプチヒ大学で開催されたSISR（国際宗教社会学会）の会議では、宗教文化教育に近い形の関心が東欧諸国にもみられることを確認できた。私は東欧諸国の研究者によっ

10　国際宗教研究所編、秋山書店、2007年。「宗教教育の地平」が特集テーマである。

て企画された宗教教育についてのセッションに参加して、発表に対するコメントをし、日本では宗教文化教育という試みがなされていることについて紹介した。東欧の宗教教育を包む環境は日本とは異なるが、社会主義的な考えが定着した国でも、宗教についてどう教えるかは、政教分離の問題と絡まる重要な関心となっていることがうかがえた[11]。

宗教文化教育を実質化するために実施した大正大学星野英紀教授を代表者とする科研「大学における宗教文化教育の実質化を図るシステム構築」による調査・研究においても、国外の状況を調べ、国外の研究者と意見交換を図るための国際シンポジウムの開催等がなされた。その一部を紹介する。

２００９年8月に、国立民族学博物館において中牧弘允が中心となって企画した国際シンポジウム「大学における宗教文化教育」(Education on Religious Cultures in University Curricula) が開催された。このシンポジウムでは、英国、ブラジル、カナダ、韓国、マレーシア、オーストラリアの6カ国の事例が報告された。宗教文化教育を意識しながら、各国の宗教教育の現状について、とりわけ大学教育に焦点を当てて議論がなされた。6カ国はいずれも多文化状況が進行している国々である。

紹介されたそれぞれの国における状況を簡単に述べる。英国では宗教が多方向的にグローバル化しており、40年前の宗教教育モデルに代わる新しいパラダイムが必要となっているとのことであった。また自己の伝統を理解するためにも他者の宗教理解は欠かせないという点がとりわけ強調されている。ブラジルでは宗教教育が国民の権利となっていて、そのための教師を公的に雇用しなければならないという制度がある。カナダのトロントの事例からは、イスラム教やイスラム教徒に対して、西洋中心の教育は大きな問題を抱えるようになっていることが具体的に指摘された。

韓国ではキリスト教人口が3割近くを占めるので、日本に比べてキリスト教信者の意向は大きな影響を持っている。またマレーシアの宗教教育においてはイスラム教育が初等・中等教育での義務となっている。ただし非イスラム教徒にたいしては「道徳教育」がなされている。オーストラリアにおける教育は「リラックスした世俗主義」と形容され、宗教についての教育もそうした雰囲気の中でなされるという。

ブラジル、マレーシアなどのように、宗教文化教育を直ちに導入するのは困難に思われる地域もあるが、英国やカナダ、あるいはオーストラリアなどは、日本の状況と根本的に違うわけではなく、宗教文化教育の議論が可能な地域と考えられ、国外の出席者からは日本の宗教文化教育には高い関心が示された。国際的な視点から実態調査と比較研究が重ねられる過程で、宗教文化教育は国際的にもある程度の汎用性をもつものであるという見通しが得られた。

宗教文化教育推進センター設立

宗教文化教育は2010年代に具体的な実施段階へと進展した。2011年1月9日に宗教文化教育推進センター（CERC）が設立された。その年の11月に主として大学生、大学院生を対象とする第1回の宗教文化士認定試験が実施された。この認定試験は宗教文化教育をまず高等教育において実

11　セッションの後、東欧からの参加者から日本の宗教文化教育には強い関心を抱かれたので、その参加者からの依頼があって、Politics and Religion という雑誌に寄稿することになった。INOUE Nobutaka, "The possibility of education about religious culture in public schools," *Politics and Religion* 2, Belgrade,2007を参照。

施するという方針に基づいて、その具体的方法について議論を重ねたのちに始まったものである。[12] CERCは日本宗教学会と「宗教と社会」学会という宗教学関連の二つの全国学会を連携機関として、数十人の宗教研究者が設立に関与した。

センターの設立に至るまでに行なわれた会議、国際シンポジウム、事前調査のうち、一部について触れておきたい。まずこれらの準備に際して日本宗教学会と「宗教と社会」学会からワーキンググループのメンバーを出し、次の七つのサブ・グループを組織した。総計約30名で3年間調査を行なった。[13]

①宗教文化教育の実質化のための総括的研究を行なうグループ
②宗教文化教育の教材についての調査・研究を推進するグループ
③宗教文化士の資格を目指すときのカリキュラムを研究するグループ
④宗教文化士に関する社会のニーズと学生側のニーズを調査するグループ
⑤日本に到来している国外の宗教の概要を調査するグループ
⑥国外の研究者との研究交流により、国際的ネットワークを形成するグループ
⑦宗教文化教育に関連する国外の状況を研究するグループ

宗教文化教育を推進していく上ですぐに必要になる教材を収集すると同時に、それをどのように活用できるかに関して議論がなされ、新たな教材の作成も行なわれた。さらに次のようなテーマで国際研究フォーラムや国際シンポジウムを主催ないし共催して、広い分野の関係者から意見を求めた。

2008年10月「ウェブ経由の神道・日本宗教」
2009年8月「大学における宗教文化教育」

２００９年９月「映画の中の宗教文化」
２０１０年10月「イスラームと向かい合う日本社会」

現状を把握するため、宗教学関連の講座をもつ国立の大学や宗教系の大学などにおいて、宗教学関連の講義がどのようなシラバスになっているかも調査した。この制度がはたして社会や学生にどの程度ニーズがあるかを調べるための調査を２００８年秋に実施した。38の大学で実施され、５００５名の有効回答を得たが、理系の大学において意外にニーズがあるなどの興味深い結果が得られた。[14]

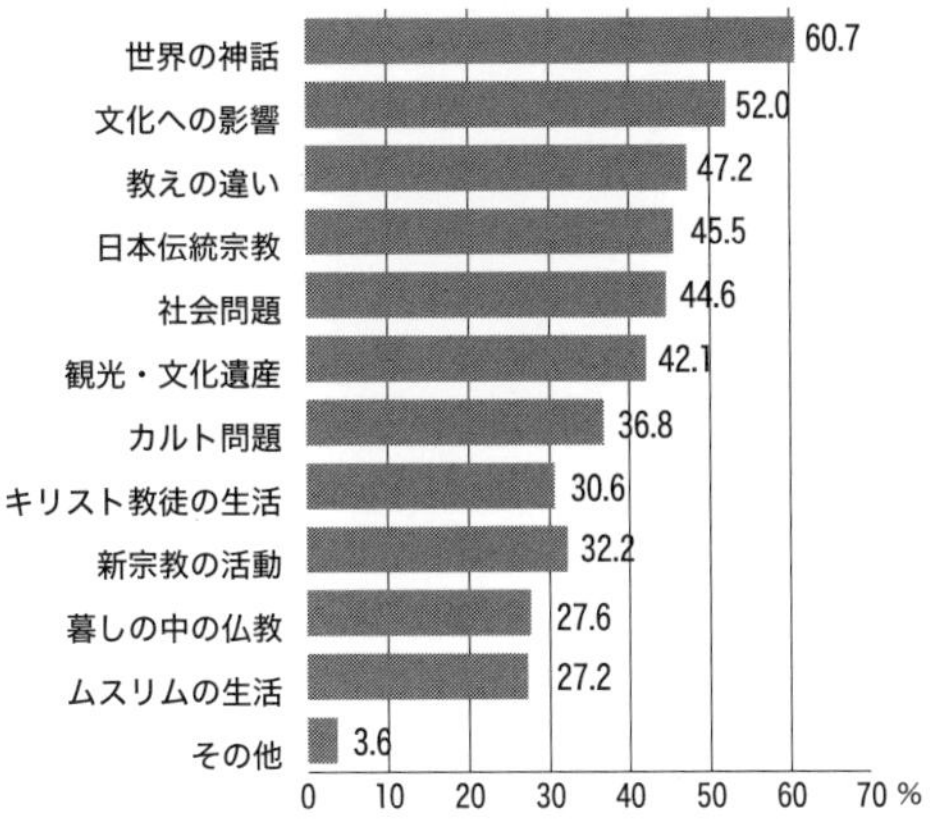

グラフ 4-1　関心のある講義内容（関心の高い順）

ニーズ調査の結果がどうであったか、一部を示しておく。宗教文化に関するどのような授業を受けたいかについて、具体的に11のテーマを提示して聞いた結果、グラフ4-1のようになった。最も関心が高かったのは「世界の神話」で60・7％と約6割に達した。神話に登場する神々や英雄、あるいは彼らの用いる武器、さらにスト

12　宗教文化士認定試験については宗教文化教育推進センターのホームページに説明がある。http://www.cerc.jp/
13　この細かな経緯については拙論「宗教文化士制度発足の歩み」『國學院大學日本文化研究所年報』第４号（２０１１年）を参照。
14　調査結果の詳細は、『宗教文化教育に関する学生の意識調査報告書』（大正大学他、２００９年２月）にまとめられている。

ーリーが漫画やＲＰＧ（ロールプレイングゲーム）などに使われるようになり、そうした背景があると考えられる。これは日本文化の素晴らしさを教えるために神話教育をすべきだといった、一部の人々からなされる主張とはまったく別の視角から生まれた神話への関心である。

というのも、コンピュータゲームなどに登場する神話の神々は、世界の神話に登場する神々がときに入り混じって闘ったりもする。たとえば日本神話のアマテラスやスサノオなど、ギリシア神話のゼウスやヘラクレスなど、北欧神話のロキなど、あるいはインド神話のハヌマーンなどである。それゆえ日本精神を体現するために日本の神々が使われるわけではない。[15] 任天堂のゲームなどになると、ほとんど神話や教典のコンテキストは関係なくなってしまう。たとえば２０１８年発売の「Fight of Gods」などは、イエスやゼウス、ブッダ、天照大神など10名の神々が、「神業」を駆使して殴りあったりするという格闘ゲームである。神々はゲームのいわば資源として消費されている。

神話に続いては「宗教が文学・音楽・美術・建築・映画などの文化に与えた影響」が52・0％、「生き方や死後の世界などについての、それぞれの宗教の教えの違い」が47・2％であった。直接的に宗教に関わる事柄よりも、文化の中に入り込んでいる宗教の姿の方に、少しだけ関心が強い結果となっている。

宗教文化教育は国外の宗教文化についての素養を深め、同時に日本の宗教文化についてもより深い気づきをもたらすことを目指している。そのような目標に対して、どの程度共感を抱くものであるかを知るため、次の６つの内容を掲げて、講義でそのようなことを知りたいと思うか質問した。結果はグラフ４-２に示した通りで、次の４つまでが80％を超える高い割合であった。

「外国人に日本の宗教のことを少しは説明できるようになりたいと思いますか」
「宗教によっては、食べられない食べ物があることを知りたいと思いますか」
「国際情勢を深く理解するために、もう少し宗教の知識を増やしたいと思いますか」
「宗教が関係した事件や紛争の背景を知りたいと思いますか」
「国ごとの宗教による人々の生活の違いを知りたいと思いますか」

こうした結果から、少なくとも当時の5千名程度の学生たちからの回答からは、宗教文化教育への関心はかなり高かったということが言える。回答した学生は、宗教関連の講義を聞いていた学生が多かったので、もともと宗教に関心の高い学生であることによるバイアスが生じたかもしれない。そこで、宗教とはまったく関係ない講義をとっている理系の学生の回答結果だけ選んで、その他の学生の回答結果と比較した。資格自体への関心は人文系、社会系、理系の順に高いが、宗教文化関連の講義には、むしろ理系の学生の方が関心が高いことが分かった。[16]

大学での教育を足場に

宗教文化教育はむしろ社会人に必要ではないかという意見もＣＥＲＣの準

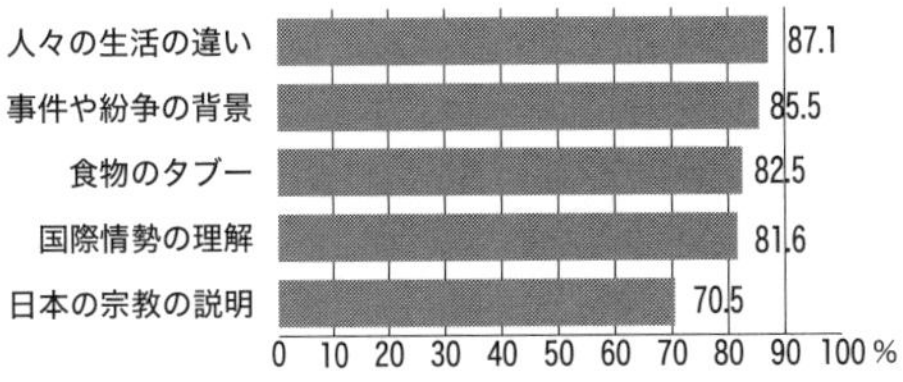

グラフ 4-2　宗教文化に関わるどんな事柄を学びたいか

15　こうしたものは「ハイパー神話」と呼べる。

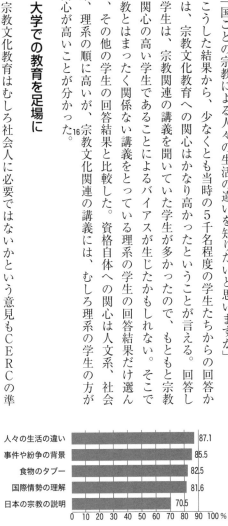

備段階の中で出てきた。学生は宗教に関わる事柄をさほど体験しているわけではない。宗教に関係する話は敬遠する傾向も見られるし、学生生活において必要に迫られる事柄ではない。社会に出れば、宗教や宗教文化についての知識が必要になる職業は多数ある。ニーズという点からすれば、社会人の方が高い可能性がある。

ただ出発点はやはり大学教育におくのが現実的である。宗教文化教育についての議論を始めたのが大学教員であったということも一つの大きな理由であるが、そもそも初等教育や中等教育、あるいは社会人教育は直ちに着手できるような環境にはなかった。初等教育、中等教育はカリキュラム的にも非常に厳しい。宗教文化教育でなくても、受験に関係ない科目は軽視される傾向にある。また社会人であると、どのような場で教育を行なうかを考えるのが難しい。

大学教育は初等、中等教育に比べれば、その内容に関しては自由度が高い。教養科目的なものが必要とされる余地がある。また学会組織などを通して教員がネットワークを形成して宗教文化教育を具体的に推進していくことができるインフラがある。そこで一定程度の成果をあげた上で、初等教育、中等教育、あるいは社会人教育への展開を考えるというのが実現しやすい道筋と思われた。

またまず大学生を主たる対象にして宗教文化教育を行なうことは、やがては社会人として働く世代に対する事前の心構えを作ることにもなる。それゆえ、宗教文化士の制度では、宗教文化士の資格を取得した人たちには、季刊のメルマガを送り、日本や世界の宗教や宗教文化をめぐる新しい話題や事態についての情報を提供するという仕組みにした。

しかし、宗教文化士の受験資格はしだいに広げていくという方針をもっており、大学生、大学院生だけでなく、2010年代半ばから中等教育の教員、宗教関係の記事を扱う報道関係者、大学の教員にも広げた。宗教文化士を目指す人だけでなく、宗教文化についての基礎的教養を得たいと思う人を対象としたテキストとして、2019年に宗教文化教育推進センター編『解きながら学ぶ日本と世界の宗教文化』(集広舎)を刊行した。2020年度からは、eラーニング教材を開発して、一般の人にも受験資格を広げることとなった。

5　グローバルな視点からの宗教文化教育の汎用性

政治的環境の影響

日本社会に基盤をもち、具体的に構築された宗教文化教育のシステムが、国際的な観点から見たとき、どのような問題点を有しているかを考えていくことは、今後の宗教文化教育の道筋を考えていく上で欠かせない。なぜなら宗教文化教育は、グローバル化が進行する世界において求められるような宗教教育という発想でスタートしているので、たとえ出発点としては日本社会を基盤として構築され

16　この調査では宗教文化士の資格への関心を聞くのが主目的であったが、それについては、資格を「とりたいと思う」が41・5%、「条件(単位、取得費等)によってはとりたいと思う」が42・9%、「あまりとりたいとは思わない」が25・3%、「とりたいと思わない」が16・9%、無回答0・4%であった。事前の予想よりは肯定的意見が多かった。

たシステムであっても、国際的視点からの再評価を求めるのは、グローバル時代には必要なことである。現行のシステムを踏まえると、政治的環境、宗教的環境、教材の内容と提供方法という少なくとも三つの側面は考慮しなくてはならない。

第一の政治的環境についてだが、日本では第二次大戦後、政教分離と信教自由の原則が憲法で保障され、形式上はそれを重んじるという政策がとられてきている。特定の宗教を重視する姿勢をとることのない宗教文化教育を推進していくことがきわめて容易な政治的環境にある。だがこのような政治的環境にある国はむしろ少数派と言っていい。すでに述べたことから分かるように、イスラム圏は基本的にそうした環境に置かれていない。イスラム教では政教一致が好ましいと考えられているから、イスラム教を基本にしない宗教教育はあり得ないことになる。小学校のときからコーランについて教え、礼拝の仕方を教えるのは当然である。

またヨーロッパや南北アメリカのキリスト教が主たる宗教となっている国々でも、宗教についての教育がなされる場合は、キリスト教について教えることを基本に据えるのは、自然な流れである。形式上政教分離となっていても、実際に宗教教育のシステムを考える上では、キリスト教関係者の意向が無視できない場合が出てくる。

宗教文化教育、また宗教学習のようなものを推進するとき、しばしばこれに警戒を示すのがキリスト教、とくにローマカトリック教会であるのは、いくつかの国の宗教教育に関する調査で確認されている。[17] そうした勢力を政治家たちが無視できない場合は、厳密な政教分離が教育問題に適用できなくなる可能性が強い。その点では、やや皮肉な結果かもしれないが、中国のように共産党一党独裁の国での宗教教育が、宗教の扱いが公平になる結果を生んでいる。

とはいえ宗教文化教育はグローバルな視点から提起されたものであるから、こうした政治的環境によってそれぞれにバイアスが生じることは当然のこととして受け止めなければならない。宗教教育に関わる政治的環境は、細かくみていけば同じイスラム圏、あるいはキリスト教圏の中でも国よってかなり異なる。ヨーロッパでも米国、英国、フランス、ドイツを比べただけでも、相互にかなり異なった政教関係になっていることが分かる。[18] フランスはライシテ（政教分離、世俗主義などと訳される）が基本である。英国は英国国教会を文字通り国教とするけれども、宗教教育にはアジア移民の宗教などを含め広く学ぶ方向である。[19] ドイツは教会税を国家が徴収し、これをカトリック、プロテスタント、ユダヤ教に案分している。米国は聖書を重んじ、キリスト教を根本に据えるものの、政府としてはある特定のキリスト教の教派を特別扱いするということはしていない。というより、それは合衆国憲法の修正第一条に明確に禁じられている。

合衆国議会は、国教を制定する法律もしくは自由な宗教活動を禁止する法律、または言論・出版の自由もしくは人民が平穏に集会して不満の解消を求めて政府に請願する権利を奪う法律を制定

17　たとえばフィリピンの事例については、市川誠『フィリピンの公教育と宗教―成立と展開過程』（東信堂、１９９９年）が実態調査に基づいて論じている。
18　これについては宗務課の海外の宗教事情を調査した報告書が参考になる。報告書は下記のホームページからダウンロードできる。http://www.bunka.go.jp/tokei_hakusho_shuppan/tokeichosa/shumu_kaigai/index.html
19　英国の宗教教育については柴沼晶子・新井浅浩編『現代英国の宗教教育と人格教育（ＰＳＥ）』（東信堂、２００１年）を参照。

してはならない[20]。

東欧や南欧はまた別の政治的環境にある。宗教教育をめぐる政治的環境の国ごとの大きな違いを前提としながら、当面はどのような環境にある国であれば宗教文化教育の導入に関して議論が可能か、実現の可能性があるかというリサーチをしていくことが必要になってくる。

宗教的環境の影響

第二の宗教的環境であるが、宗教教育をめぐる政治的環境は、それぞれの国の宗教的環境と深く結びついている。宗教的環境は政治的環境よりはややマクロな視点から捉えていかなくてはならない。変動のタイムスパンが宗教は政治よりも長いし、明確な教化のシステムが確立している宗教の場合、その影響は国境を超えて近隣に広がっているのが通例だからである。

日本の宗教的環境の特徴を確認する。世界的に広がった三つの宗教、すなわち仏教、キリスト教、イスラム教の広がりからすると、いずれも周辺にあたる。キリスト教徒やイスラム教徒は人口の一部を占めるに過ぎない。グローバルに見れば、世界の人口の5分の1、あるいは4分の1近くを占めるとさえ言われるイスラム教徒が、日本では人口の0・1％程度である。

もっとも関わりが深い仏教でも、原始仏教以来の戒律を重視する南方の上座仏教とは異なる流れにあり、中国文化による影響を大きく受けて展開した大乗仏教が広まっている。さらに妻帯する僧侶が一般化していることに端的に示されるように、東アジアの大乗仏教の中でさえ、非常に特徴的な仏教の形態となっている。日本仏教は神道との習合が進み、相互依存的な側面が少なくない。神仏習合は現在でも広く文化の中に行き渡っている。神仏習合は修験道という独自の形態も生んでいる。

日本における宗教文化教育が、日本の宗教史や現代宗教についての基本的知識や素養を求めるときには、この日本社会の状況が大前提となる。つまり神道や日本仏教が日本の宗教文化の歴史的展開にもっとも深くかかわってきたこと、キリスト教は信者数は少ないが文化や教育面で近代以降大きな影響を与えてきたこと、また近代には数多くの新宗教が形成されたことなどを共通の理解にしていく。

自国の宗教文化についての教育というものは、それぞれの国なり宗教文化圏の歴史と現状に即して行なうことになるから、日本における教育内容とは大きく異なってくる。だからといって、それはそれぞれの国の宗教的環境に合わせて宗教文化教育を行なえばそれだけでいいとするのは、宗教文化教育の本来の意義から外れてくる。自分たちの宗教文化を外から眺める目を養うことも、他の国の文化を理解する上では欠かせない。この観点からすると、日本の宗教文化教育においては、日本宗教のどのような側面が重視されているかを、情報として国外にも発信していくことは大きな意味がある。

宗教文化教育に関するこれまでの議論においても、国外の宗教文化についての教育よりも、自国の宗教文化についての教育の方が難しいということが再三指摘されてきた。意識されにくいバイアスが作用するからである。どうしても伝統的に形成されたそれぞれの宗教についての価値観が当然とされ

20　原文は次のとおりである。Prohibits the making of any law respecting an establishment of religion, impeding the free exercise of religion, abridging the freedom of speech, infringing on the freedom of the press, interfering with the right to peaceably assemble or prohibiting the petitioning for a governmental redress of grievances.

る傾向が生じる。他方で自国で宗教的マイノリティになる人たちの立場はあまり考慮されない場合が少なくない。こうしたことが教える側にも無意識のうちに作動するバイアスであるという点がとくに厄介である。偏見なく多様な宗教文化を理解しようと努める試みのうち、自国の宗教文化で、しかも同時代的に存在する宗教を対象とした場合がもっともバイアスを受けやすいということは強く意識化される必要がある。

その意味で、日本の宗教文化について日本人研究者がどのような視点から教育しようとしているのかを国外の研究者に参照してもらうことは、日本における宗教文化教育のバイアスを意識化していくために必要な作業と考えられる。

教材利用の国際的ネットワーク

第三の教材の内容と提供方法であるが、宗教文化教育を広げるためにCERCではいくつかの教材を作成し、その一部はオンラインで一般に公開している。2020年時点でインターネットを通して一般に公開されている主な情報は、参考書リスト、宗教文化と関わりの深い世界遺産および映画についてのデータベース、宗教文化を学ぶに適した博物館・美術館のデータベースである。とくに世界遺産と宗教文化の関わりについては、グーグルマップを利用し、各世界遺産の緯度・経度情報を入力した正確なものをオンラインで提供し、スマートフォン・アプリの「ロケスマ」からも利用できるようになっている。

CERC設立の翌年の2012年9月に、日本文化研究所主催で国際フォーラム「宗教文化教育の射程─文学と美術をめぐって」が開催された。文学や美術を宗教文化教育の教材として考えていくときの対象や方法などが取り上げられた。とくに絵画は宗教文化教育の教材としてはきわめてすぐれている。国際的視点からは、一つの絵画がどのように異なる解釈を生んできたか、また本来のメッセージが気付かれなかった絵画とその理由などがきわめて興味深い。これも国際会議等を利用して意見の交換を重ねていくべきテーマである。

２０１４年度の国際研究フォーラムのテーマは「ミュージアムで学ぶ宗教文化─デジタル時代のチャレンジ」であった。日本には、博物館類似施設も含めると公私あわせて5千以上の博物館がある。その多くが歴史に関わる展示を中心とするものだが、宗教文化に関わる展示も少なくない。ミュージアムを宗教文化の学びの場としてとらえて、実際にミュージアムを授業に活用している事例や、展示作品を授業で取り上げている例、また海外で日本文化を学ぶときに、ミュージアムやその展示品がどう活用されているかについて議論された。

国外の例としては、英国ロンドンの大英博物館、米国のボストン美術館の利用法、とくに異文化理解にどう用いていくかが紹介された。今日では多くの教材はインターネットを通じて国外からもアクセスできるようになってきた。日本において注目されている世界遺産、映画、絵画、博物館・美術館の展示物といったものを宗教文化教育の教材として用いることは、国際的な視点からしても汎用性が高いと言える。

国際的に教材を共同利用するシステムの構築も必要になってきている。２０１５年8月にドイツのエアフルトで開催された第21回ＩＡＨＲ会議の基調講演で、カナダの宗教社会学者ピーター・バイヤが、世界の宗教分布をマッピングする作業が複雑になっていることを紹介した。そして、従来の宗教別の地図ではなく、どのような宗教が多元化しているかを示す地図も興味深いということに言及した。[21]宗教分布だけでなく、現代の宗教文化はきわめて多様になり、かつ流動的になっている。国内の宗教文化についてさえ、教員が単独で適切な見取り図を描くことが困難になっている。世界の宗教文化となればその困難さは一層強まる。宗教文化教育の教材の利用法においては国際的な研究ネットワークを充実させることが大きな課題になっている。

21　ピーター・バイヤ（Peter Beyer）の基調講演のタイトルはForms of Religious Communities in Global Society: Tradition, Invention, and Transformationであった。

第5章　情報時代に培われた宗教イメージ

1　宗教イメージと宗教への実際の関わり

情報時代で激変した「宗教」を伝えるルート

情報時代がいつからかは明確には定めがたい。しかし今日の情報化は主にインターネットの普及との関係で論じられる。インターネットを利用したさまざまな情報ツールが出現しているが、とりわけスマートフォンのようなモバイル化されたツールが一般化したことは、従来の宗教についての情報伝達ルートを大きく変えつつある。少し具体的に言えば、宗教が継承され、広がる上で欠かせない布教や教化にどのような手段を用いるか、宗教に関わる習俗や基礎知識というものを同世代や次の世代に伝えていくときどうするか、あるいは宗教に部分的に関わる禁忌（タブー）、言い伝え、占い、さまざまな呪術的行為についての意味の解釈がどのように伝わっていくかなどである。これらはかつては家族、親戚、あるいは地域社会が伝達の主体であったが、インターネットがあらゆる情報の伝達に関与するようになっている今日では、それが大きく様変わりしてきている。

情報を伝えていくテクノロジーの革新が宗教に及ぼした影響の大きさは、歴史的に見ても明らかである。文字の記録媒体に関するテクノロジー（今日からすればローテクノロジーということになるが）の発明は、仏教、キリスト教、イスラム教などの世界的な広がりに重要な役割を果たした。キリスト教の場合、一般に羊皮紙と称されるものが聖書を書き込むために使われ、聖書一冊分に何匹もの羊や牛の皮が使われた。パピルスも用いられた。古代の仏教の場合であると、ブッダの死後数百年ののち経典が文字化されるようになった。経典の教えは貝葉経《ばいようきょう》などに刻まれた。貝葉経はヤシの葉に書かれた経文である。西遊記では面白おかしく描かれているが、三蔵法師・玄奘の一行は、7世紀半ばに非常な苦労をして貝葉経520巻をインドから中国に持ち帰ったのである。イスラム教のコーランも、初期は羊皮紙などに書き記された。

大量の複写を可能にしたグーテンベルクの印刷技術は宗教改革に影響を与えた。一修道士に過ぎなかったルターの主張は印刷物によって広められ、勢力では圧倒的であったカトリック教会に脅威を感じさせるほどの勢いとなる一因となった。むろん、カトリック教会もやがてそのテクノロジーを採り入れることになる。ちなみにカトリックの修道会の一つであるイエズス会士のバリニャーノは、1590年に日本に西洋式活版印刷機（木製活字）をもたらした。これによってキリシタン版と呼ばれる書物が印刷された。『論語』、『孟子』、『平家物語』など30近くが印刷されたことが知られている。

近代の印刷技術は、多くの人が文字を読めるようになった社会的背景を前提にして、新聞、雑誌等を通しての布教・教化を可能にした。ラジオやテレビの普及は、音声や映像を布教・教化に利用することを可能にした。電話というコミュニケーション手段も宗教の布教や教化に用いられるようになった。20世紀後半の日本では、信者による集会を年に何度も行なうような新宗教においては、支部長と信者たちのやりとりに電話は大きな役割を果たした。さらに教団が支持する政党への投票を依頼するためにも電話が大きな役割を果たしてきた。

しかし、通信衛星が次々と打ち上げられ、インターネットの利用が広がり、多くの人がスマートフォンを利用するようになると、情報環境は劇的に変化し、それが次第に宗教を伝達するルートにも影響が及んでいる。こうした状況に生まれ育った世代は、一時デジタル・ネイティブなどと呼ばれたりしたが、そうした世代、あるいはそれ以降の世代にとっては、インターネットが広まる以前の情報環境は「プレ情報時代」ということになろう。

インターネットの普及ということを指標にするなら、日本社会の情報化は1990年代後半から本格化したと言える。インターネットそのものは、米国において主に軍事目的から始まったものである。米国国防総省が1969年にネットワーク研究のためARPANET（アーパネット）を開始した。1983年にARPANETから軍事機関が切り離され、大学間を結ぶ部分が残った。ARPANETが終了し、インターネットの商業利用が解禁になったのは1990年のことである。翌年に今日誰もが使っているWWW（ワールド・ワイド・ウェブ）ができ、93年にモザイクというWWWを見るためのソフトウェアが開発されて、一挙に利用の便が増した。そして1995年8月のWINDOWS95の日本発売とこれを用いる人の急増である。

以後次々とインターネットを利用した新しい仕組みが作られ、各種のソフトウェアが開発されていった。1999年に「2ちゃんねる」が開設され、2003年にはニフティが会員向けにブログサービスを始めた。2004年には、今ではもうあまり利用されなくなったが、ミクシィが開始された。2005年にはユーチューブのサービス、翌年にはツイッターのサービスが開始となった。2014年にはインスタグラムの日本語アカウントが開設された。

このようなツールは、宗教を伝達する回路に大きな変化をもたらしているが、もっとも根本的な変化を一言で表現するなら、ボーダレス化である。ボーダレス化が宗教情報の伝達や広がりにもたらす影響についての研究は、非常な困難さを抱える。それはテクノロジーの発達がきわめて速いことと、その変化を捉えるための方法を確立するのが容易ではないからである。

このことを念頭に置いた上で、現在のとくに情報時代に育った若い世代が宗教についてのイメージを形成するに当たって、どんな情報媒体に依存しているか、またどのような点で「プレ情報時代」とは異なりつつあるのかという点について、主として20年間にわたる学生への質問紙調査の結果を参照しながら、以下で触れる。こうした情報環境の変容が、若い世代の宗教イメージや宗教に関する行為などにも、少なからぬ影響を与えていると考えられるからである。

自覚的信仰と無自覚な宗教への関わり

日本人のうち宗教を信じている人の割合はどれくらいかという議論をするなら、前もってそれについての基準を明らかにしておく必要がある。世論調査では「宗教を信じていますか?」とか「信仰をもっていますか?」という質問によってそれを測ろうとするのが一般的である。この質問に「はい」

と答える人の割合からすると、日本人が宗教を信じる割合、あるいは信仰をもつ割合は、1990年代以降でおおむね2~3割となる。質問が「神の存在を信じますか?」といった内容になると、「はい」と答える人の割合は多少増える。「霊魂の存在を信じますか?」となるとさらに増える。これはそれぞれの質問に対する回答であるから、一応は日本人が信仰をもつ割合とか、神を信じる割合とみなしてもいい。

ただし、2~3割しか宗教を信じると答えないといった結果から、「日本人は信仰心が薄い」とか、「日本人の多くは無宗教である」というふうに結論づけるのは、やや皮相的な見解と言うべきである。たとえば初詣にはおおよそ7割が神社仏閣に参拝する。もっとも初詣客が多い明治神宮では、正月三が日で参拝客が300万人を超える。京都の伏見稲荷大社では、やはり三が日で京都府の人口(約250万人)を超える数の参拝者がいると発表されている。また葬儀の場合も無宗教の人が増えたとはいえ、僧侶を呼び仏式でやる人も7割程度とされる。本当に宗教心のかけらもなく無宗教の人が大半であるなら、こうしたことに説明がつかなくなる。[1]

そこで自覚的な信仰と、無自覚な宗教への関わりとを区別するやり方が出てくる。自覚的な信仰とは、自分はキリスト教の信者であるとか、浄土真宗、曹洞宗、浄土宗、日蓮宗、真言宗などの仏教宗派に属する仏教徒であるとか、ある神社の氏子であるとか、あるいは天理教の信者、創価学会の会員、立正佼成会の会員であるといった自覚をもっているものを指す。そして程度の差はあれ、それぞれの

1　この問題は、欧米において「(宗教に)所属はしていない、けれど宗教的(unaffiliated, yet religious)」と表現される人たちについての議論と、重なるところがある。

宗教の教えを受け入れ、実践しようとしているような場合を言う。それぞれの宗教が信者に求める信仰実践や儀礼の類は多様である。毎日、題目あるいは念仏を唱えるとか、祈りの言葉を唱えるとかという場合もあれば、毎週、教会などの宗教施設に集まるという場合もある。月1回程度の集まりである場合もあろう。いずれにしても、その人が日常生活を送っていく上で、ある宗教の教えや儀礼が自覚的に組み込まれている場合である。

一方、無自覚な宗教への関わりは広く観察される。日本に数多くある宗教的な要素をもつ儀礼などの場合、関わっている当人が、それが宗教的な要素をもつものだということに気付かないことが少なくない。初詣、初午、節分、大祓といった年中行事。七五三、結婚式などの人生儀礼。あるいは地鎮祭、上棟祭、田植祭など生業に関わりをもつ儀礼。これらはたんなる社会的習慣、習俗であって、宗教ではないというふうに思っている人もいる。

大学での講義のときに、初詣が宗教行事に含まれるといった説明すると、驚いたような顔をする学生がけっこういる。そこで「外国人が日本に来て初詣の様子を実際に見たり、あるいはたまたま映像で日本は正月に大勢の人が神社や寺院に来て拝んでいる姿を見たとしたら、どういう印象を持つと思いますか?」と問いかける。自分たちがやっていることを客観的に見直す視点の提供である。そうして考えてみれば、遊びでも、ただの散歩とも、暇つぶしとも思えない。まして経済的行為とか政治的行為とかは思えない。宗教施設に自分の意志でやってきて、神仏に手を合わせる行為は、やはり宗教的儀礼となるのではないかと、たいていの学生は納得する。

自覚的か無自覚的かで分けると、少し議論が整理されてはくるが、それですっかり片付くほど、ことは簡単ではない。まず一方で、自覚的な信仰をもつ人とそうでない人の境界線は、はっきりしてはいないということがある。「宗教を信じていますか」という問いに「はい」と答える人でも内実はさまざまである。片時も神のことを忘れない、教祖の教えを常に心に刻んでいる、日々教典の学びを続けているという人もいる。たまに信者の集会に出席する程度で、信者に配られる雑誌の類もほとんど目を通さない人、一応年会費だけは払っていますという、いわば形式的な信者に近い人もいる。

他方で、「宗教を信じていますか」という問いに「いいえ」と答えるような人でも、神社仏閣を参拝するのが好きだとか、パワースポットは信じていますとか、困ったときは神頼みしますという人は多い。厄除には神社やお寺に行きますという人が、とくに三十代の女性に多く見られる。女性は三十代に33歳と36歳の2回厄年があるとされているからである。前厄、後厄という前後の年を入れると、三十代の6割は厄年に関わる年ということになる。社寺の境内に「今年の厄年一覧」（写真5-1）といった看板を置いていることも多く、つい心動かされるという場合もあろう。

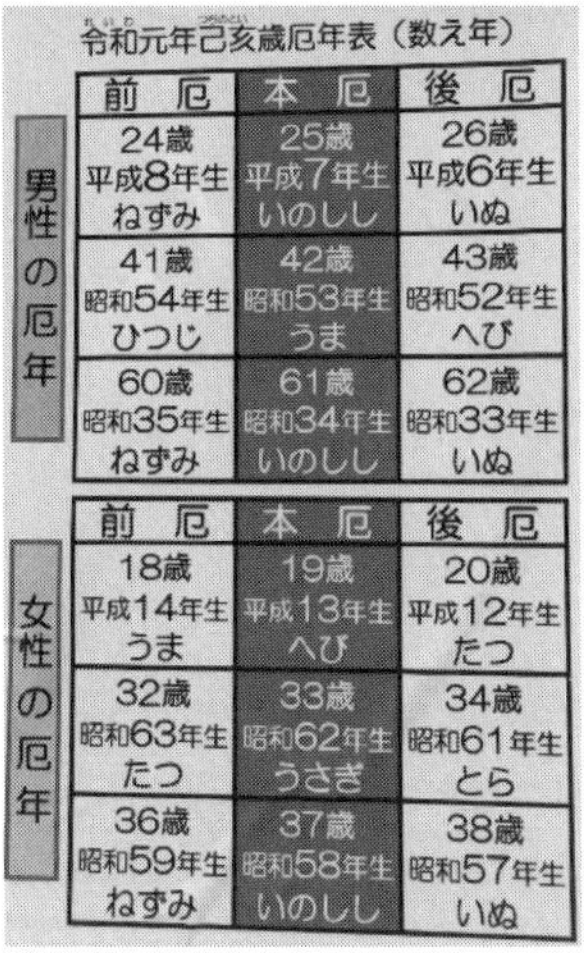

令和《れいわ》元年己亥歳厄年表（数え年）

	前厄	本厄	後厄
男性の厄年	24歳 平成8年生 ねずみ	25歳 平成7年生 いのしし	26歳 平成6年生 いぬ
	41歳 昭和54年生 ひつじ	42歳 昭和53年生 うま	43歳 昭和52年生 へび
	60歳 昭和35年生 ねずみ	61歳 昭和34年生 いのしし	62歳 昭和33年生 いぬ
女性の厄年	18歳 平成14年生 うま	19歳 平成13年生 へび	20歳 平成12年生 たつ
	32歳 昭和63年生 たつ	33歳 昭和62年生 うさぎ	34歳 昭和61年生 とら
	36歳 昭和59年生 ねずみ	37歳 昭和58年生 いのしし	38歳 昭和57年生 いぬ

写真5-1　厄年

一応信者であっても、それほど熱心にその宗教に関わるわけではないというタイプの人は、ヨーロッパのキリスト教徒が多い国でもけっこうな割合で存在する。結婚式や葬式のときくらいしか教会にはいかないという人も増えている。積極的に関わっているかどうかを測る一つの目安に「教会出席者

（churchgoer）」というのがある。日曜日の教会の礼拝などに定期的に出席するかどうかで、信仰の度合いを測る。カトリック教徒だと、生まれると教会で洗礼を受けるのが普通だから、それで信者ということになる。しかし日曜日の礼拝にはほとんどいかないという人もいる。北欧のプロテスタント圏では教会離れが進み、ルター派が国教の国で礼拝出席者が1割にも満たないという状況にある。

たとえば、『Europe's Young Adults and Religion』という2018年に出されたレポートを見ると、16歳から29歳までの「ヤングアダルト」の世代では、週に1日以上教会に行くという割合が非常に低くなっている。[2] これは2014年から16年の間にヨーロッパの21カ国での調査結果をまとめたもので、もっとも低いエストニアでは2％、もっとも高いポーランドで39％である。10％以下が16カ国、5％に満たないのが8カ国である。ただ信仰はと聞かれるなら、キリスト教徒と答える割合が2割程度から5割程度の間になる国が大半である。

宗教への関わりについての質問であっても、何を聞くかで数値がかなり変わるのは、どの国においても同じである。それゆえ、現代日本人の宗教への関わりを知るには、質問紙調査においても「宗教を信じているか」、「信仰をもっているか」という問いだけでなく、もっと細かな聞き方が必要になってくる。新聞社などが実施する通常の世論調査で、宗教に関する質問項目の数は一般的にごくわずかである。その点からすると、以下に紹介する学生意識調査は、細かいものを入れると数十の質問項目があり、きわめて詳細なものである。対象が20歳前後の学生が大半ではあるが、20年にわたっての調査であるから、移り変わりも見てとれる。これを手がかりに、若い世代の宗教意識と宗教行為の特徴を探り、またグローバル化や情報化が進む現在社会の環境のもとで、どのような宗教イメージが築かれやすくなっているかを見ていく。

若い世代は宗教離れしてはいない

若い世代は宗教に関心がないとか、宗教離れしているというような言い方は、１９９０年代以降のマスメディアの報道だけでなく、研究者の発言にもしばしば見受けられる。実際はどうなのか。情報時代に育った世代の人たちは、プレ情報時代に育った人たちと比べて、何か大きな変化が生じているのであろうか。それともさほど大きな変化はまだ見られないのであろうか。

國學院大學日本文化研究所の宗教教育プロジェクトでは、１９９２年に学生の宗教意識調査を探るために、全国32大学で大がかりな質問紙調査を行ない、約４千人の学生から回答が得られた。宗教系の高校を卒業した学生とそうでない学生との間で、宗教や宗教に関連した行事などへの意識や行動の違いがあるかどうかなどを調べようというのが一つの目的であったが、それ以外の点でも、きわめて興味深い結果が得られた[3]。

１９９３年に「宗教と社会」学会が設立され、私が提唱してプロジェクト制度というものが導入され、私が責任者となって「宗教意識調査プロジェクト」を発足させた。このプロジェクトと日本文化

2　Stephen Bullivant, Europe's Young Adults and Religion: Findings From the European Social Surve (2014-16) to inform the 2018 Synod of Bishops, St Mary's University Twickenham London, Benedict XVI Center for Religion and Society, 2018を参照。http://www.cnos-scuola.it/sites/default/files/2018-mar-europe-young-people-report-eng_0.pdf

3　調査結果は『「宗教教育に関するアンケート」報告書』（國學院大學日本文化研究所、１９９３年）にまとめられている。

研究所のプロジェクトが合同で、１９９５年度から学生の宗教意識を調べるための質問紙調査を開始した。９２年の調査の経験を活かすことができた。２０１５年度まで12回実施された。そのうち１９９９年度、２０００年度、２００５年度、２００７年度の４回の調査は、韓国の研究者にも協力を依頼して、ほぼ同じ内容の質問を日韓の学生に対して行なった[4]。

　調査開始に当たって、前年の１９９４年からプロジェクトメンバーにより何度も会議を重ねて質問票を作成した。ところが、それがほぼ固まった時点で、９５年１月17日には阪神淡路大震災が起こり、３月20日には東京でオウム真理教による地下鉄サリン事件が起こった。準備が間に合わず、初回こそこうした事件が学生の宗教観に与えた影響を調べられなかったが、２回目以降はオウム真理教に関しては継続して質問をした。事件が学生たちにどのように受け止められたかの手がかりが得られた。

　20年の間には、若い世代の宗教観に影響を与えたと考えられる事件がいくつか起こった。２００１年９月11日には、ニューヨークで世界中に衝撃を与えた同時多発テロ「９・１１」が起こった。イスラム過激派アルカイーダの関与とされた。２００９年には幸福の科学により幸福実現党が結成され、同年の衆議院議員選挙に比例区49人、小選挙区２８８人の合計３３７人の候補者を擁立し、全員が落選するという出来事があった。２０１１年３月11日には東日本大震災、そしてそれに起因する福島原発事故が起こった。すさまじい津波により一瞬にして１万数千人の犠牲者が出たし、原発事故で10万人をはるかに超える多くの人が故郷を離れざるを得なくなった。日本や世界で起こったこうした出来事は、宗教という言葉から連想されるイメージや、宗教者の役割に対する考え、また宗教が関係する社会的出来事への意見などに、少なからぬ影響を与えたと考えられる。実際、回答結果からそれをう

表5-1　学生宗教意識調査各回の有効回答者数と実施校数

年度	日本	有効回答者数	実施校	韓国	有効回答者数	実施校
1995	第1回	3,773	32			
1996	第2回	4,344	42			
1997	第3回	5,718	41			
1998	第4回	6,248	43			
1999	第5回	10,941	73	第1回	1,010	7
2000	第6回	6,483	42	第2回	2,085	12
2001	第7回	5,759	38			
2005	第8回	4,252	32	第3回	1,243	10
2007	第9回	4,306	35	第4回	1,385	12
2010	第10回	4,311	36			
2012	第11回	4,094	30			
2015	第12回	5,773	36			

かがうことができた。

一連の質問紙調査の結果だけから、若い世代の宗教への関わりなどについて、性急な結論を出すことは控えるが、日本人学生を対象にしたものだけで、全12回で総計6万人以上の学生から回答を得ている。若い世代の宗教に対する考え方を、かなりの程度は読み取れるデータが得られたと考えている。実施年と回答者数、及び実施校数については、日韓別に表5-1に示した。

12回の調査では、学生の信仰の有無や宗教への関心を知るためのいくつかの質問を一貫して設けた。まず信仰の有無を知るため「あなたは宗教にどの程度関心がありますか。次のうちから選び、さらにそれぞれの質問に答えて下さい」という質問をした。回答の選択肢は、「現在、信仰をもっている」、

4　調査結果については毎回報告書を作成した。韓国との合同調査では韓国語版も作成し関係者に配布した。12回分をすべてまとめたものが、國學院大學日本文化研究所編『学生宗教意識調査総合報告書（1995年度〜2015年度）』（國學院大學）である。またこれらを比較して分析したものが同『学生宗教意識調査総合分析（1995年度〜2015年度）』（同）として刊行された。いずれも私が責任編集者である。二冊はそれぞれ次のサイトから全文をダウンロードできる。
https://www.kokugakuin.ac.jp/research/oard/ijcc/ken-nicgibunkenkankobutsu/p01
https://www.kokugakuin.ac.jp/research/oard/ijcc/ken-nicgibunkenkankobutsu/2017satra

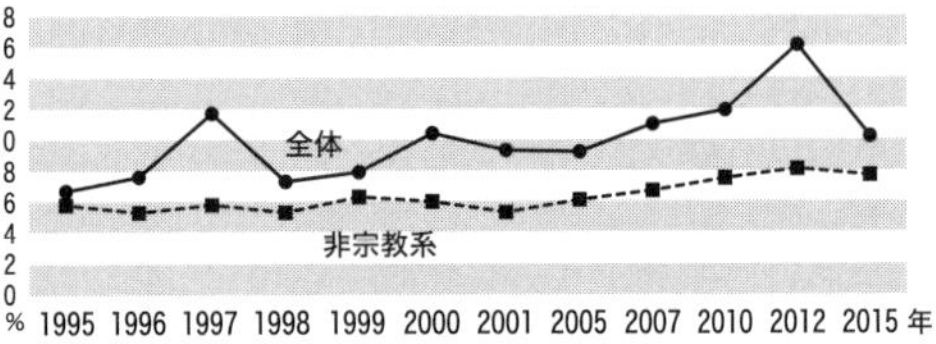

グラフ 5-1　信仰をもつ割合

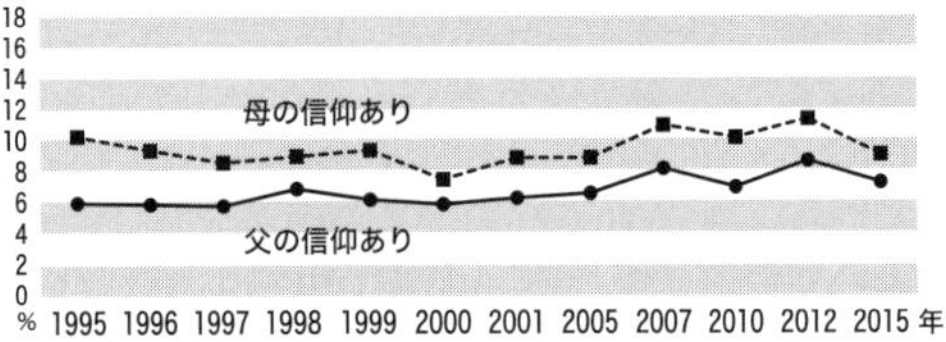

グラフ 5-2　回答者の父母の信仰（非宗教系）

「関心がある」、「あまり関心がない」、「まったく関心がない」の四つである。

このうち「現在、信仰をもっている」という回答の割合の変化をみていくと、若い世代が宗教離れしているのかそうでないかの議論に非常に参考になる。「信仰をもっている」と回答した学生の割合には、あまり大きな変化はないものの、全体の傾向としては20年の間にゆるやかな増加傾向が見られた（グラフ5-1参照）。回答者全体での推移を見ると年ごとの変動が大きいが、これは創価大学や天理大学の学生の回答数に影響されたものであり、非宗教系の学校、すなわち国公立大学及び一般の私立大学等の回答者（以下、「非宗教系」と表記する）だけで見ると、比較的ブレの小さい変化となっている。1995年から2007年までは5～6%台を推移していて、変化は誤差の範囲と解釈できる幅である。しかし2010年に初めて7%台になり、2012年には8%となった。2015年に7・7%とやや下がったが、傾向としては信仰を持つ学生は2010年代になってわずかながら、増加傾向にあると見てとれる。この結果だけからしても、若い世代は宗教離れをしているという論拠は疑わしくなる。

さらにつけ加えておきたいのは、調査対象者の学生の親の世代の宗教を信じる割合である。学生より一世代上であるから、きわめて大まかな推測として、それぞれの調査時点で四十代から五十代の人たちの宗教についての信仰を調べたとみなせる。親の信仰についての質問は、父親と母親について別々に聞いているが、20年間の推移は検討する価値がある。全体の傾向を推し量るために非宗教系における回答結果を見てみる。グラフ5-2に示したように、常に母親の方が父親よりも信仰をもつ割合が高い。12回の平均をとると、父親が6・6％で、母親が9・4％であり、母親の方が1・4倍ほど信仰をもつ割合が多い。また別に設けた質問によって、学生が信仰をもつ場合の影響としては母親がもっとも大きいことも分かった。

非宗教系に限ると、学生の信仰をもつ割合は両親よりも若干低くなっている。ここから若い世代は宗教離れしているという推論も出そうだが、これまでの各種の調査によって、二十代というのはもっとも信仰をもつ割合が低い年齢層であり、年齢があがるとともに少し信仰をもつ割合が高くなるという傾向が明らかになっている。したがって、学生の世代が親の世代よりも信仰をもつ割合が少ないのは、こうした一般的傾向を反映したものと考えるのが妥当である。

むしろ学生の世代において信仰をもつ割合が20年間にあまり大きな違いがなく、やや増加気味で、その両親の世代においても、ほぼ同様のことが言えることに注目したい。日本人が21世紀に宗教離れ

5　両大学の学生の回答者数は他の10回の調査では多くて2％程度だが、1997年は天理大学の回答者が5・7％、また2012年は創価大学の学生の回答者数が6・4％を占めたことが影響している。この2つの大学は他の宗教系の大学とは異なり、信仰をもつ学生の割合がきわめて高い。創価大学は、回答者が信仰をもつと答える割合は、92・0％から99・1％の間である。天理大学は1997年を除いて7割から9割の間である。

しているという見解は、少なくともこの調査結果からは支持できない。

文化的継承に従う意識と行動

先の質問で「宗教に関心がある」と回答した学生も2000年代に増加傾向にある。しかも宗教系よりも非宗教系においてそれが顕著である（グラフ5-3を参照）。信仰をもっていなくても、宗教に関心を抱く人はいつも一定数いる。「宗教に関心がある」という回答が、非宗教系の学校で1995年に35％と多かったのは、おそらくオウム真理教に関する報道が関係している可能性が高い。調査が実施されるのは毎年新学期の4月〜6月であったので、同年3月に起こった地下鉄サリン事件絡みのオウム真理教についてのテレビ番組が連日放映されていたからである。翌年から数年は減少している。ところが21世紀に入ると、やがて増加に転じ2005年に35％を超え1995年と同じような数値になった。増加傾向はその後も続き2012年には50％を超えた。2000年代は1990年代後半よりおおむね多い。21世紀に入ってから、宗教への関心も少し高まった可能性がある。

他方で「宗教にまったく関心がない」と回答した学生の割合だが、これは12回の調査を通して2〜3割程度を推移している。このように回答した学生は「意識的無宗教層」とみなせる。

宗教への意識や態度について議論していく上では、信仰の有無を聞くだけでは十分ではない。少し質問を変えるとかなり異なった回答結果になる。神仏や霊魂の存在についての質問は、1999年度以後毎回設けた。神の存在に関してはおおよそ2割が「信じる」と回答し、3分の1ほどが「ありうると思う」と回答している。「信じる」と「ありうると思う」を合わせたものを「肯定的回答」とすると、神の存在については、半数ほどが肯定的回答になった。仏の存在について肯定的回答をする割合はそれよりやや少ない。この傾向は宗教系と非宗教系とを比較してもほとんど違いがない。これも興味深い点である。グラフ5-4には全体の傾向を示しておいた。神仏を信じることに対して、宗教系の学校であっても、そこでの教育はあまり影響をもっていないとも解釈できる。なお、非宗教系の場

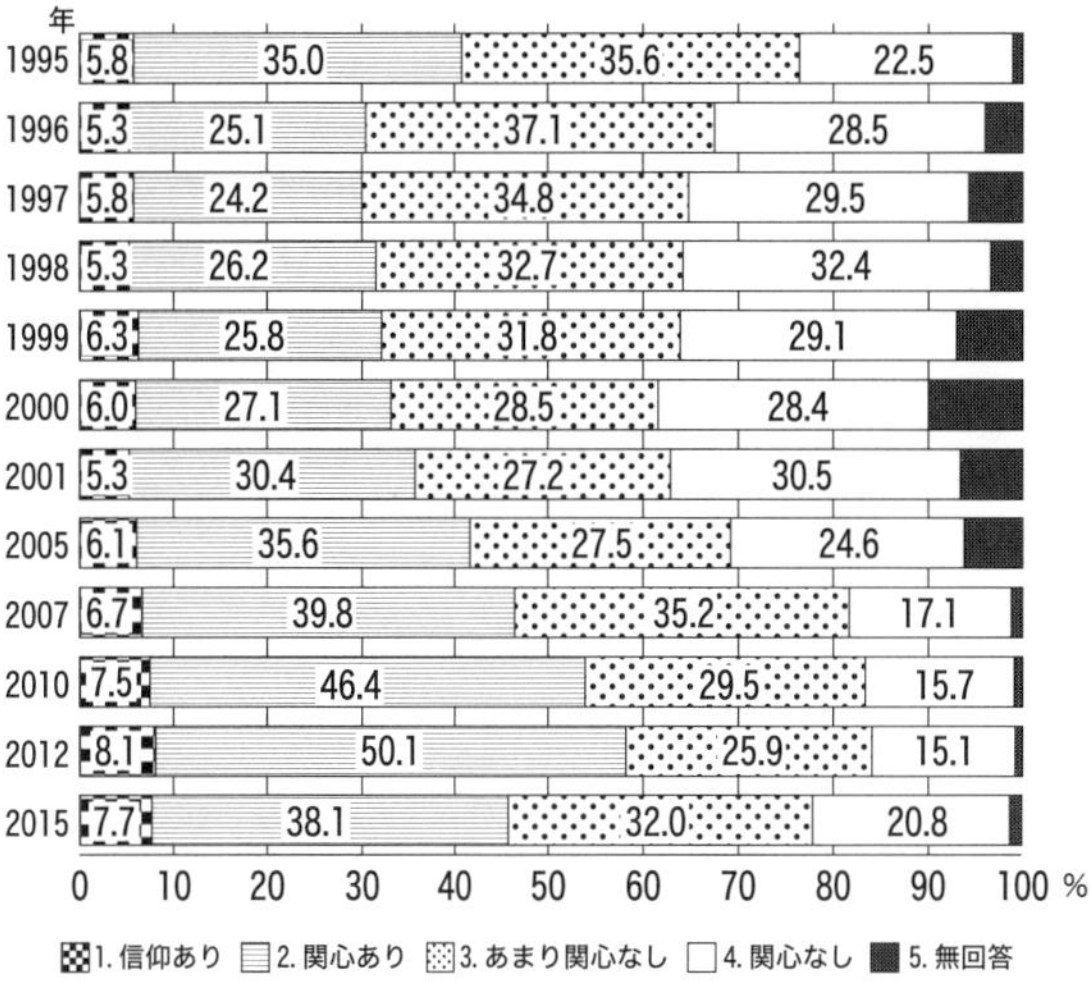

グラフ 5-3　宗教に対する関心 (非宗教系)

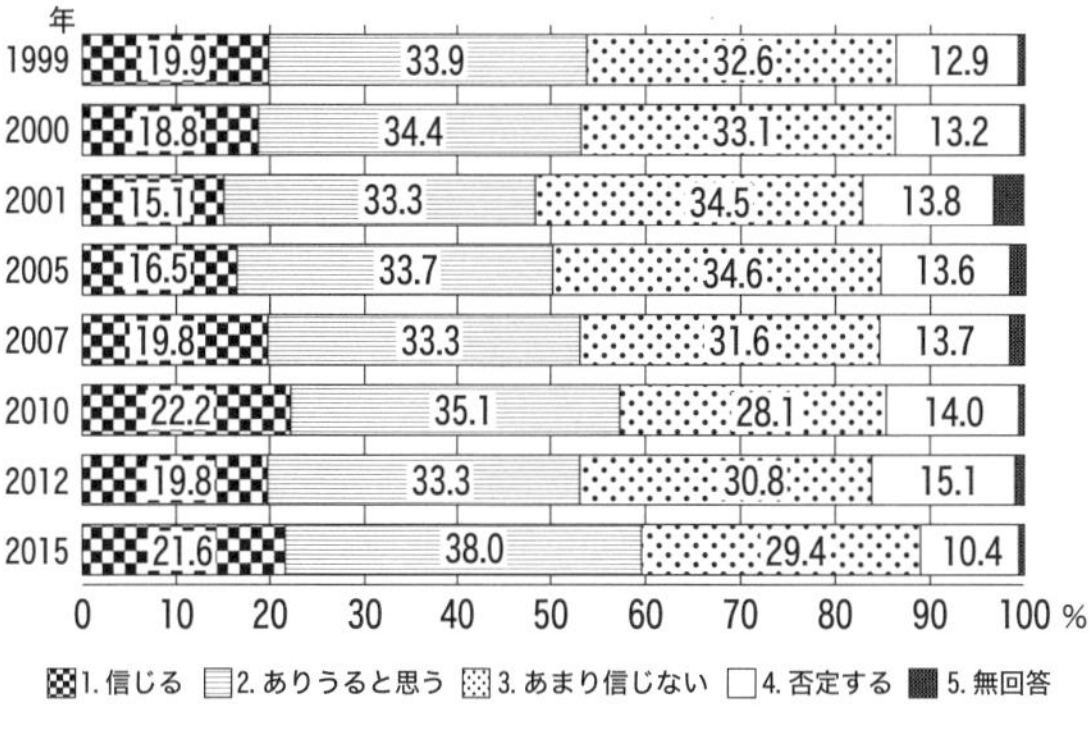

グラフ 5-4　神の存在を信じるか（全体）

合、「信仰をもっている」と回答する人は数%であったが、神仏の存在を信じるかという質問に対して「信じる」と回答した割合は、十数%から20%とぐっと増える。

霊魂の存在を肯定的にとらえる割合は、神仏の存在を肯定的にとらえる割合よりもさらに多い。ほぼ6割を超え、2007年のように7割近くになった年もある（グラフ5-5参照）。アニミズムは現代でも強い影響をもっているとする説を支持するような結果である。これからしても、まったくの無神論、宗教否定というような「意識的無宗教層」は、十数%からせいぜい2割程度だと推測できる。

宗教を信じている学生が1割弱で信じていない学生が2〜3割と考えると、残りの6〜7割ほどは、宗教に関わったり関わらなかったりすると推測できる。こういう人たちの行動は、宗教に関して定見がないからというふうに考えることもできようが、おおむね文化的に継承された考えや行動形式に従っているのだとも解釈できる。宗教に関わる考えや行為も、実は文化的に継承された部分が非常に大きな比重を占める。日本人の宗教性についての議論が錯綜するのは、この点を踏まえていないことが大きな理由である。

文化的に継承されてきたものという点からすると、日本社会において、より身近なものは祖霊に対する信仰である。これに関しては、「先祖は自分たちを見守ってくれていると思うか」という質問を設けた。1998年から2005年までの4回で、宗教系と非宗教系であまり違いはない。4分の1から3分の1ほどが「そう思う」と回答し、4割弱が「どちらかといえばそう思う」と回答している。つまり3分の2前後が先祖の見守りという考え方に肯定的ということである。神仏や霊魂の存在を肯定的にとらえる割合よりはおしなべて高い。また全体でも、非宗教系だけで見ても、2000年前後の数年間であまり変化はなく、どちらかと言えば微増傾向であった。先祖祭祀などは学校教育はほとんど関わらない。家族や地域社会がそれを文化的に継承する主体である。これらの影響を見たいとき、この回答結果は参考になる。

　若い世代にとっては、死後の世界という観念は、高齢者に比べてややリアリティが薄いものだろうが、宗教意識を調べるときには欠かせないものの一つである。「死後の世界の存在」を信じるかどうかについては、1996年から2000年まで5回質問している。「信じる」という回答は十数％であり、全体、非宗教系ともその差は小さく、かつほぼ一定している。「ありうると思う」という回答が三十数％であり、5割ほどが肯定的である（グラフ5-6参照）。

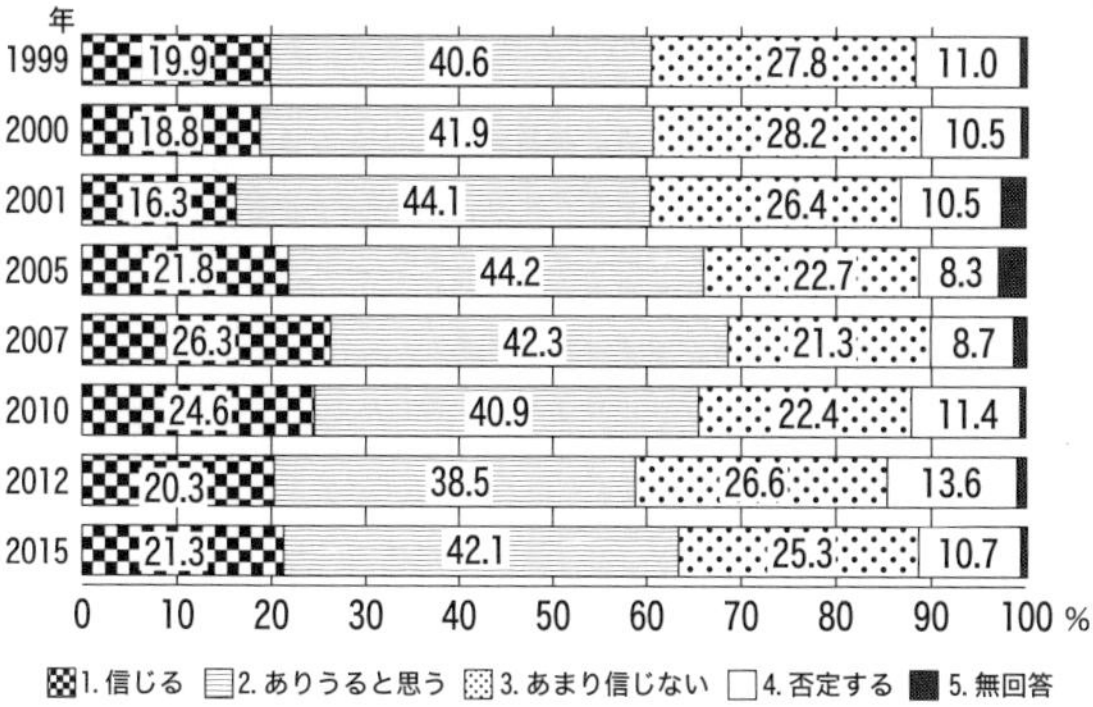

グラフ 5-5　霊魂の存在を信じるか（全体）

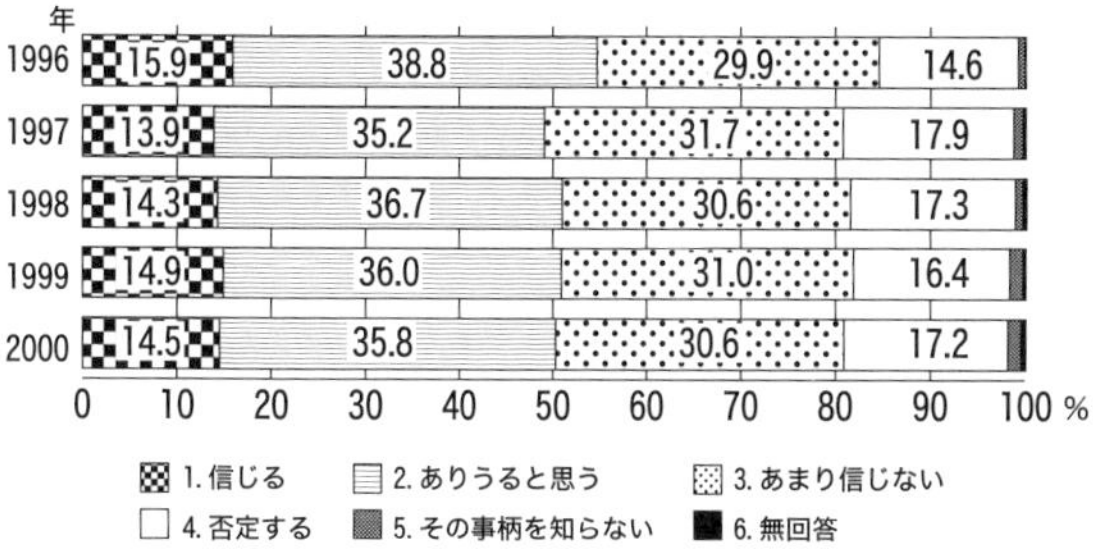

グラフ 5-6　死後の世界の存在を信じるか（全体）

　以上の結果を比較すると、霊魂の存在に肯定的な割合と先祖

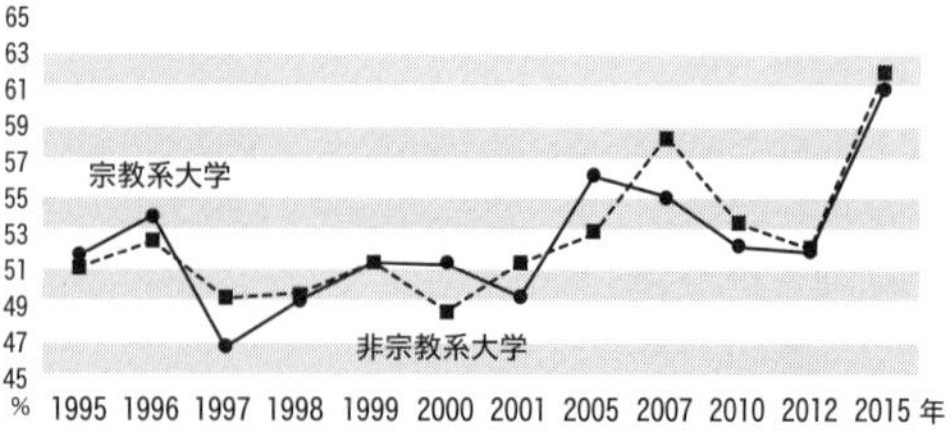

グラフ 5-7　初詣に行った人（宗教系・非宗教系）

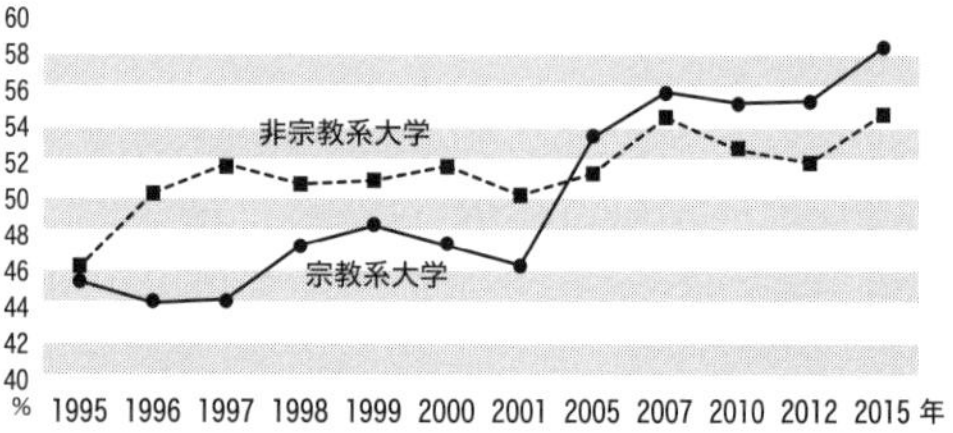

グラフ 5-8　墓参りに行った人（宗教系・非宗教系）

が見守ってくれることに肯定的な割合はともに6割程度で、死後の世界の存在に肯定的な割合は5割程度である。互いに深い関連性のある事柄と考えられるのであるが、死後の世界だけはやや違いが生じている。霊魂、先祖、死後の世界というそれぞれの言葉が持つイメージの差を反映していると考えられる。

おおむね継承される宗教習俗

学生たちにあまり宗教的と受け止められない宗教習俗の代表的なものは、年中行事と人生儀礼である。この調査では年中行事のうち、初詣とお盆の墓参りについて毎回質問した。初詣に行った、墓参りをしたという人は半数程度で、かつ少しずつ増える傾向にある（グラフ5-7、5-8参照）。初詣や墓参りは、家族、地域共同体、そして宗教団体が継承の担い手になっている。文化的継承のルートが複数あり、情報の伝達が確実になされていく部類に属する。それがもつ宗教的意味合いについての認識はどうあれ、儀礼ないし実践そのものは、世代から世代へと継承されていることを示す。

もっとも、神棚、仏壇が学生の実家にある割合は明らかに減少傾向にある（グラフ5-9参照）。社会全体で起こっていることを推測するために非宗教系で比較すると、20年間で神棚がある家は15％ほど、また仏壇がある家は10％ほど減少している。これは住居形態などの生活形態の変化が関係していると考えられる。家庭祭祀の対象となる「モノ」は減少しているが、宗教習俗を実践するという「行為」の面は、あまり変わらないと理解できる。

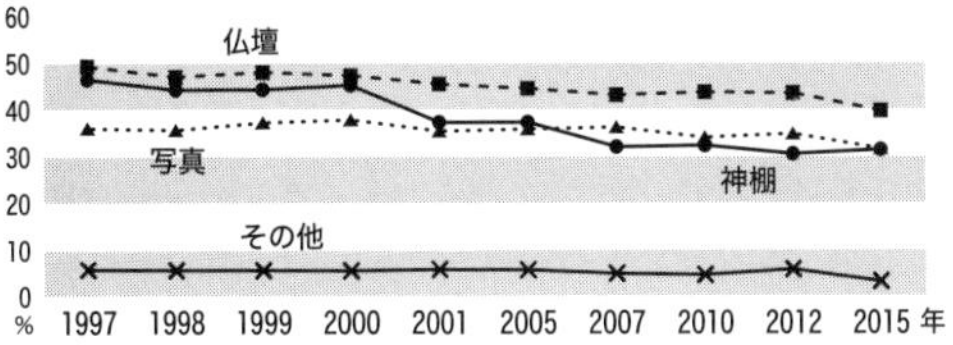

グラフ 5-9　家にある宗教的なもの（非宗教系）

冠婚葬祭というのは、日本のみならず東アジアで重要とされてきた人生儀礼をまとめる言葉である。成人式（冠）、結婚式（婚）、葬式（葬）、先祖祭祀（祭）のうち、成人式は現代ではもっとも宗教色が薄いが、残りの三つは宗教がそれなりに意識されることが多い。だが、宗教的な要素を含む人生儀礼であっても、年中行事同様、学生たちの多くにはその宗教性はさほど意識されていない可能性がある。この点について考えるために設けた質問項目が二つある。

一つは1998年と99年に行なったもので、「クリスチャンでない人が、キリスト教会で結婚式をあげるのはおかしい」と思うかどうかの質問である。1990年代後半以来、結婚式のスタイルでもっとも多いのはキリスト教式である。キリスト教の人口が1％程度であるにもかかわらずである。もっともキリスト教式といっても本当に牧師や神父が司式をしているのか疑わしいものもあるし、また1990年代前半までは神道式がもっとも人気があったので、一種のブームに過ぎないという捉え方もできる。

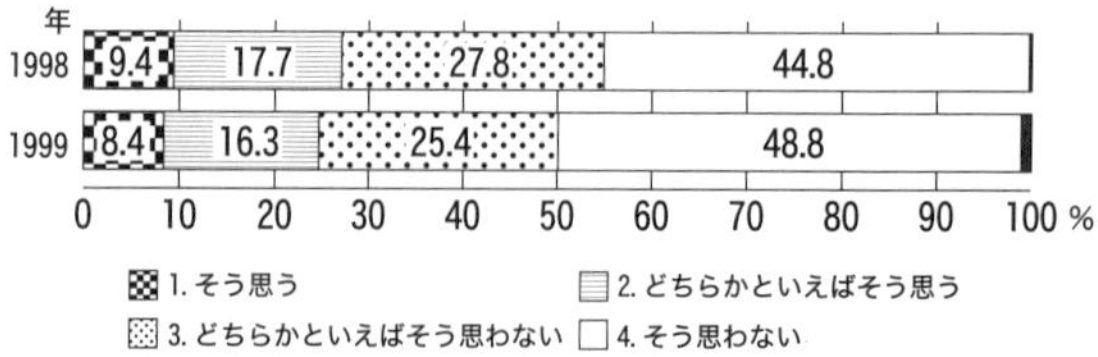

グラフ 5-10　クリスチャンでない人が教会で結婚式はおかしい（非宗教系）

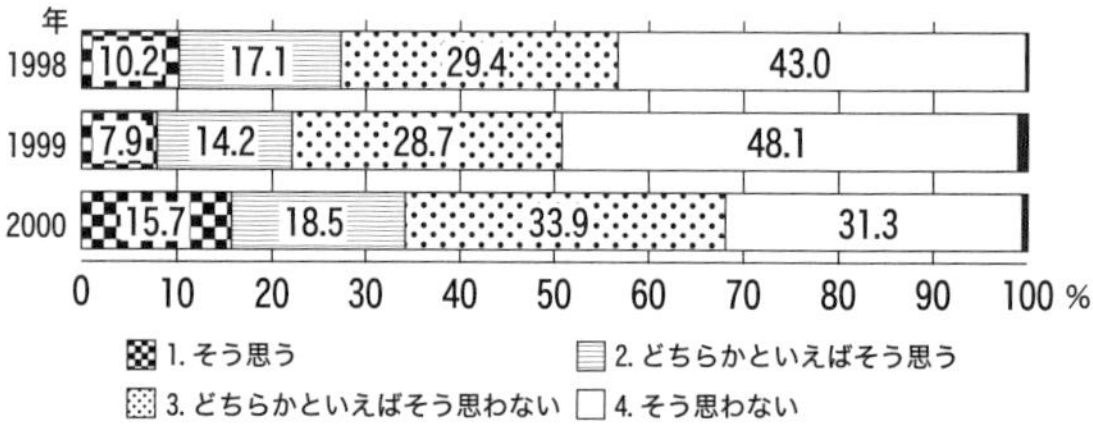

グラフ 5-11　葬式の時だけ僧侶をよぶのはおかしい（非宗教系）

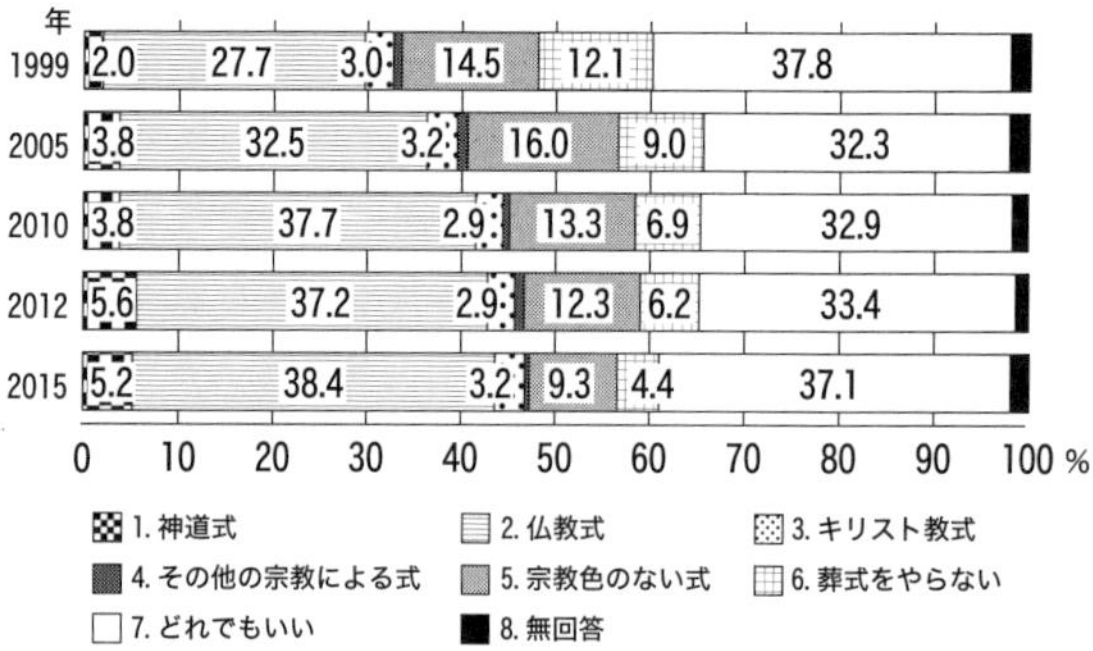

グラフ 5-12　自分が希望する葬法（非宗教系）

回答結果をみると、2回の調査とも、「そう（おかしいと）思う」という回答の割合は1割未満であった。「どちらかといえばそう（おかしいと）思う」回答を含めても3割に満たない。半数ほどはキリスト教の信仰がない人のキリスト教会での結婚式は、別に変なことだとは思っていないことが分かる。

この割合は宗教系と非宗教系であまり違いはないので非宗教のみを示した（グラフ5-10参照）。
もう一つは葬式に関するものである。「ふだん信仰のない家が、葬式のときだけ僧侶（お坊さん）をよぶのはおかしい」と思うかどうかを、1998年から2000年まで3回続けて質問した。やはり結婚式同様、宗教系と非宗教系で違いは少なく、おかしいと思わない人が過半数であった（グラフ5-11参照）。

人生儀礼の中で葬儀はもっとも宗教を感じる場である。第4章で触れたが、葬儀の方法や葬儀についての意識は、1990年代あたりから社会的に大きな変化が観察される。仏式の葬儀が減り、無宗教式の葬儀、あるいは直葬と呼ばれる葬儀すら行なわない形態も出てきている。また埋葬の場合も墓地ではなく散骨・自然葬という形態を選ぶ人も少数ながら存在する。そういう変化が生じる中で、学生たちの葬儀観にはどういう傾向が見られるであろうか。

まず自分の葬儀について、「自分が希望する葬法はどれですか」と質問した。回答の選択肢を「神道式」、「仏式」、「キリスト教式」、「その他の宗教による式」、「宗教色のない式」、「葬式をやらない」、「どれでもいい」とした。1999年から2015年までの変化で見ると、非宗教系で神道式、仏式がともに増加傾向にあり、「宗教色のない式」、「葬式をやらない」が減少傾向にあるという興味深い結果になった（グラフ5-12参照）。仏式は10％ほど増えているが、「葬式をやらない」は3分の1近くに減っている。21世紀になると、散骨・自然葬、あるいは直葬がメディアで話題になり、実際そうした葬儀が増えているとされるのであるが、若い世代がむしろ葬儀面での仏教回帰、ないしは宗教回帰的な様相を示していることは、おそらく実感の乏しいであろう質問への回答結果であるとしても、注

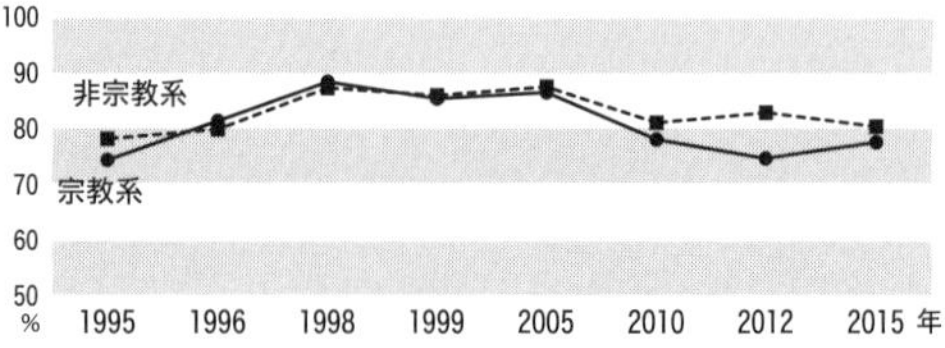

グラフ 5-13　親が散骨・自然葬を望んだ場合に、それに従う人

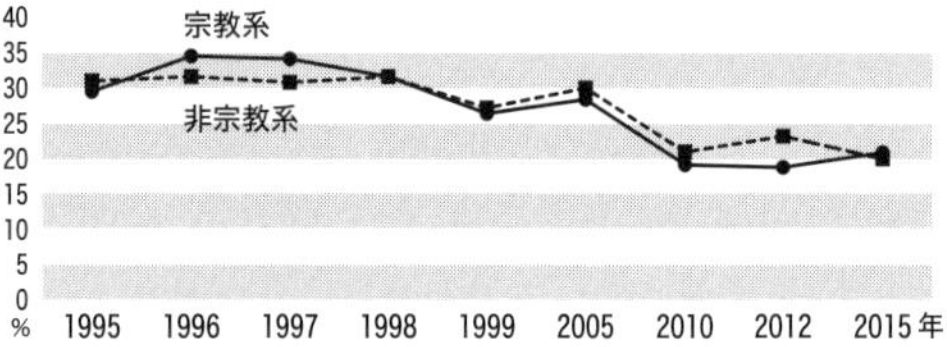

グラフ 5-14　散骨・自然葬を望む人

目すべきである。伝統的な観念の文化的継承の力を考える際にも参考となる。

1990年代に散骨・自然葬と呼ばれる新しい葬法が少しずつ広まった。[6] このことを踏まえて、散骨・自然葬や自分が希望する葬法などについて質問した。「親が『散骨・自然葬』を望んだ場合、あなたはそれに従いますか」という質問には、非宗教系でほぼ8割程度が従うと答えている（グラフ5-13参照）。ところが「自分が死ぬときのことを考えた場合、散骨・自然葬を希望しますか」という質問に「はい」と答えたのは3割程度であり（グラフ5-14参照）、2010年以降は1割程度減少傾向になっている。散骨・自然葬が文化的に継承されるものになるかどうかは、今の段階では明らかではないということになる。ただし樹木葬などは自治体も採り入れるところが出てきているので、墓石の代わりに樹木を用いるというというのは、広がる可能性が高い。またこれは日本だけの現象ではない。

葬儀は家族、親戚、地域社会、そして宗教組織とくに仏教宗派という継承ルートが存在している。家族、親戚、地域社会の継承への力は減少している。また仏教宗派などにとっては、それが弱まることは組織の存続にも関わる。文化的な継承はまた別の要因、次章で扱う遺伝的に継承される感情とも関係するから、葬儀の変容もどう展開するかは予測は容易ではない。

2　マスメディアとインターネットがもたらす情報の影響

霊能番組が与える影響

一生の間には、心悩まされ、たとえ信仰をもっていなくても、神や仏や、あるいはご先祖様とかに祈りたくなることがありうる。受験のとき、就職に奔走しているとき、恋愛問題や結婚問題に悩んでいるとき、職場での人間関係に悩むとき、親の介護が負担に感じられたとき、多くの人が直面する心の悩みがある。そうしたときに何かにすがったり頼ったりしたくなる人もいる。そのときどのような行為をするかもまた、たいてい文化的に継承されてきた。現代のような情報時代には、これに加えマスメディアが提供する情報からの影響が大きくなる。祈る対象、すがる対象、あるいは相談したくなる対象が、テレビの番組とかインターネットのサイトに提供されている。それらに接したことで、知

6　この大きなきっかけとなったのは、元新聞記者であった安田睦彦が、1990年9月に「葬送の自由」をいう文章を発表し、翌年に葬送の自由をすすめる会を結成したことである。91年10月には神奈川県三浦半島沖の相模灘において実際に散骨が行なわれた。

らず知らず宗教観に影響が及んでくることが考えられる。

インターネットが今日ほど普及していなかった１９９０年代には、若い世代へのこうした影響としては、まだテレビが大きな役割を果たしていた。テレビが提供する霊能者番組、占い番組、そしてスピリチュアルな内容を扱った番組は、一体どのような影響を与えたのであろうか。これに関するいくつかの質問への回答結果から見てみたい。

テレビの影響がもっとも顕著に見てとれたのは、宜保《ぎぼ》愛子の霊視に関する意見である。宜保愛子は１９８０年代から１９９０年前半にかけて、テレビにたびたび出演し「霊能者」と呼ばれていた人である。当時の若い学生は宜保愛子のいわゆる霊視についてほとんど知っていた。１９９２年に日本文化研究所が実施した質問紙調査の結果を見ると、彼女の認知度と信頼度がどれほど高かったかがよく分かる。「宜保愛子の霊視」を「信じる」が24・1％で、「ありうると思う」が28・2％となり、霊視を肯定的に捉える学生が実に5割を超した。[7]

ところが１９９５年の調査では、霊視についての肯定的なとらえ方は約4分の1に半減した。とくに「信じる」と回答した割合は5％前後とほぼ5分の1に減った。肯定的回答の割合は９０年代後半を通して減少傾向となり、９８年、９９年には2割を切った。逆にはっきり否定する割合は９２年が23％であったのが、９６年以降は35％前後と1割以上増えている。

このような大きな違いが生じた理由として、テレビの扱い方の変化が考えられる。１９９２年の調査時点では、宜保愛子のいわゆる霊視は、テレビ番組においてきわめて好意的に紹介されることがほとんどであった。その霊視が本当であるかのようなスタンスで放映されていた。しかし、地下鉄サリン事件以後は、霊能番組の自粛傾向が起こる中に、宜保愛子についても懐疑的なスタンスからの番組が出てきた。これが学生たちの彼女の霊視に対する信頼度への評価に影響を与えたと考えられる。だが「宜保愛子の霊視」という特定の仕方ではなく、「霊感・霊視というものはあるか」というふうに聞くと、肯定的に捉える割合は2000年の調査でも2005年の調査でも6割を超えた。いわゆる超常現象などへの関心は常に半数程度はあり、特定の人物に対する評価はメディアの扱いによって変わるというふうに考えると、こうした数値の変動が理解できる。[8]

21世紀には霊能者番組よりスピリチュアルな事柄を扱ったテレビ番組が増えた。「オーラの泉」がその典型である。テレビに頻繁に登場する人物への信頼度で言えば、放送のスタンスにかなり左右されるが、その底にある霊的世界への関心、霊能などの特殊な能力が存在することへの関心、そうした次元ではあまり大きな変化はなく、それゆえ手を変え品を変えという形でテレビがこの手の番組を制作するのだと理解できる。

付け加えるなら、日本では宗教番組については、倫理規定がある。日本民間放送連盟放送基準が1982年に制定され2010年に改訂されている。その5条は「宗教」となっていて、次の4項目がある。

(39) 信教の自由および各宗派の立場を尊重し、他宗・他派を中傷、ひぼうする言動は取り扱わない。

7 詳しいデータは國學院大學日本文化研究所編『報告書』(1993年)を参照。

8 テレビの製作現場にも関わった体験を踏まえて、こうした番組の影響を論じたのが、高橋直子『オカルト番組はなぜ消えたのか—超能力からスピリチュアルまでのメディア分析』(青弓社、2019年)である。

（40）宗教の儀式を取り扱う場合、またその形式を用いる場合は、尊厳を傷つけないように注意する。
（41）宗教を取り上げる際は、客観的事実を無視したり、科学を否定する内容にならないよう留意する。
（42）特定宗教のための寄付の募集などは取り扱わない。

霊能番組の場合、このうちの41項が問題になるが、実際の放映をみるなら、この基準はほぼ無視されていると言っていい。なぜ「客観的事実を無視したり、科学を否定する」ことがあまり考慮されないかについては、科学リテラシーと呼ばれているものが関わっている。科学リテラシーの問題は、カルト問題にも関わってくる。9

インターネットの影響――宗教情報発信に参入したユーチューブ

情報ツールは20年の調査期間の間に目まぐるしくそして大きく変わった。調査開始の1995年はWINDOWS95が登場して、日本社会にインターネットが急速に広まり始める年であったが、21世紀にはいると、スマートフォンの全盛時代へと突入していく。この間の若い世代のコミュニケーションツールは、固定電話からポケベル、携帯電話・PHS、そしてスマートフォンへと移り変わった。学生の意識調査はこうしたさなかに続けられてきたので、その変化の速さがよく見てとれる。たとえば1998年度の調査では13・9％の学生が用いていたポケベルは翌年度の調査ではわずか1・2％と、1年で10分の1以下に減ってしまった。逆に携帯電話・PHSの使用は56・4％から76・9％と20％ほど増えている。パソコンを使ったメール・通信も11・0％から19・1％と2倍近く増えている。

このような情報環境の変化は、どのような影響を学生にもたらしたのであろうか。21世紀に入ると、宗教団体がホームページを作成する例も増えてきたが、学生がこれを参照する割合はきわめて低い。2000年代であると、宗教団体が作成しているホームページを関心をもって見るという学生は3〜5％程度である。だが占いのサイトになると倍以上の1割程度が関心を持っている。

2005年にサービスが開始されたユーチューブは、たちまちのうちに多くの人が利用するようになった。動画を通しての宗教関連の情報発信の影響を考える上では、ユーチューブの存在感はどんどん大きくなっている。バチカンは2009年にはユーチューブに公式チャンネルを開設した。ローマ教皇のメッセージもそこで視聴できる。日本では意外に見落とされがちであるが、イスラム圏でもユーチューブを通しての情報発信は盛んである。アルジャジーラは、アラビア語と英語でニュース等を24時間放送している衛星テレビ局で、本社はカタールのドーハにある。アラビア語圏からの「中立的な」報道を目指して1996年に設立された。ここで制作された映像もユーチューブ上に流されている。ちなみにアルジャジーラは2005年に初めて神道を紹介する番組を紹介している。[10]

日本の宗教団体でもユーチューブの利用をする例が増えつつある。仏教各宗派に関係するユーチューブでは、お経を唱える音声だけを流すものが比較的多く視聴されており、数十万の視聴数になるも

9　『Rika Tan』という雑誌の2018年10月号では、オカルト特集がなされている。同誌はカルト問題を主に偽科学という視点からときおり特集に組みこんでいる。オウム真理教に関しても藤倉善郎「オウム真理教事件―ニセ科学と科学が混在したマッドサイエンス集団」という文が掲載されている。その他、幸福の科学、ライフスペース、パナウェーブ、統一教会の例が扱われている。

10　この番組は15分ほどの比較的短いものであったが、制作にあたっては私も関わり、神道の簡単な説明等を番組内で行なった。

のがある。しかしながら宗教団体に所属しない人、さらに宗教に対して批判的な人もユーチューブを利用して宗教や信仰に関わることを発信する。面白半分のもの、あるいは事実無根に近いものも少なくない。結果的にきわめて雑多な内容が多くなる。各宗教団体の公式チャンネル以外は、どれが責任をもって発信しているのかを見分けるのは困難である。

ユーチューブにアップロードされているオウム真理教のアニメの中には、2020年2月段階で視聴数が300万を超すものがある。オウム真理教はすでに宗教法人としては解散しているが、後継団体のアレフとそこから分派したひかりの輪は活動を続けている。ユーチューブ上のアニメは誰がアップロードしたかよく分からない。またオリジナルな映像に異なった音声を吹き込んだものもある。麻原彰晃の超能力を示すために空中浮揚の場面を描いた映像にドラえもんの歌が吹き込まれたものがある。この視聴数が二十数万である。影響力ということを考えると、決して無視できない数である。

宗教が題材になっている内容であっても、関係者が作成したオリジナルのものであるか、あるいはそれを利用して二次的に加工したものであるかを見分けるのは、なかなか難しい。ある程度宗教についての基本的知識、さらに一定の情報リテラシーというものが必要になってくるからである。興味本位で視聴している人は、誰がどのような目的でアップロードしたのかはあまり考えず、面白さだけで判断している可能性がある。そうしたことを考えあわせると、ユーチューブ上の宗教情報は、その信頼性においてはカオス状態といって差し支えない。

3　ジェンダー問題への意識

異なる規範との遭遇

学生の意識調査では、一部の質問項目において回答結果に顕著な違いが観察された。その違いをもたらす要因の一つに、社会に行きわたっている性別に関する観念や、性別により決められている行動形態といったものを想定できる。しかし情報化そしてグローバル化が進むと、日本社会におけるそうした性別に基づく行動規範をそのまま受け入れることに疑問をもつ人も増えてくる。社会ごと、文化ごとに異なった規範があるという事実に気付く機会が増えるからである。

男女ごとに異なった規範を適用するというやり方は、さまざまな文化的継承のルートによって伝えられ、あまり疑問を持つことなくそれを実践している人も少なくない。女性が立ち入ることが禁止される神聖な場所があるという観念は日本ではまだ根強い支持がある。しかし、女性はヒジャーブをかぶらなければならないというイスラム教の行動規範を知ると、それはとても窮屈でイスラム教は女性に厳しい宗教という印象になりがちである。自分の国の文化的特徴を外部の目で見ることは、思っている以上に難しいことである。

日本の新宗教には天理教の中山みき、円応教の深田千代子、天照皇大神宮教の北村サヨ、妙智會教

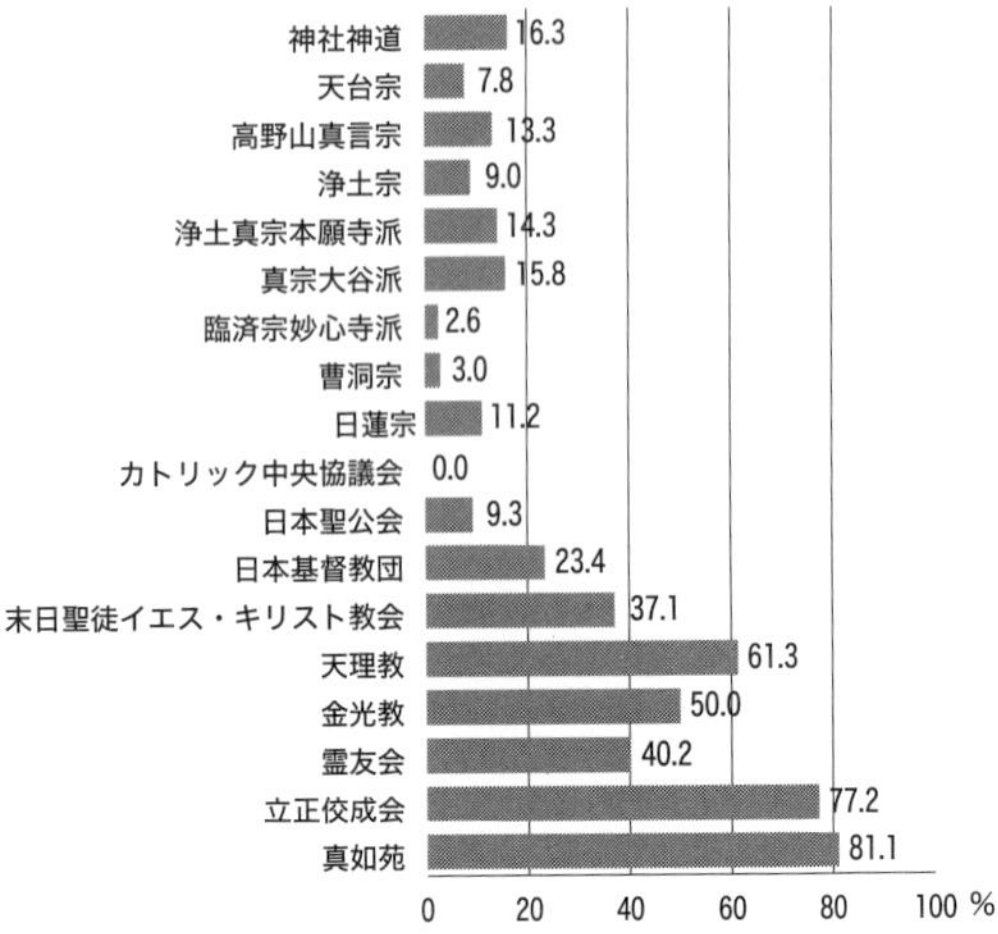

グラフ 5-15　女性教師の割合

団の宮本ミツなど、女性教祖が少なくない。大本のように代々の教主後継者は女性になっているところもある。これだけ女性教祖や女性教主の例が多いということは、日本社会はそのことをあまり不自然と思わないということである。日本神話で皇室の祖とされている天照大神が女神であることの影響があるかもしれない。ローマ教皇や司教は男性に限られることを知ると、カトリックは宗教的に女性を低くみているのではないかという疑問をもつ人も出てくる。

　このように宗教ごとに異なった規範があることが広く知られ、かつそうした異なった規範を持つ人たちが身近に増えてくると、自分たちの規範についても、今までとは異なった視点から考える機会が多くなる。情報化が進む時代に育った世代には、どのような特徴が見られるか。男女別の回答の違いも見ていく。宗教文化教育を考える上でも、この点は一つの重要な観点になってくる。

　日本の宗教界の現状を見ると、一般的には神社神道、仏教宗派といった日本社会に長く根付いた宗教は、近代に形成された新宗教に比べて女性の宗教家の割合は少ないし、ときには女性蔑視ではないかと感じられるような例もある。若い世代といえども、そうした宗教界に見られるジェンダーに関する規範に無意識のうちに接して育つことがある。

神社の神職、仏教宗派の僧侶、プロテスタント教会の牧師、カトリック教会の修道士や修道女、新宗教の教会長、支部長などは、『宗教年鑑』においては「宗教家」として区分されている。『宗教年鑑』は文化庁宗務課によって毎年刊行されるもので、文部科学大臣が管轄する宗教団体の場合は、信者数や教会数、宗教者の数などが各教団からの報告に従って記されている。信者数は実数よりかなり多いのが一般的で、合わせると日本の人口数の2倍近くになる。その主たる理由は、一人の人間が神社の氏子として、また寺院の檀家として、これらが信者として報告されていることにある。またキリスト教は実数に近いとされるが、新宗教の多くは累計信者数を報告したり、形式的な所属も含めたりして、実際の数倍が報告されることもある。

しかし教師数や施設の数は比較的実数に近いと考えられる。教師は男女別に報告するようになっているので、その数によって、女性神職や、女性僧侶、女性牧師、新宗教の女性教師の割合があらまし分かる。これを見ると、神社神道や仏教宗派においては、女性教師の占める割合がおしなべて低く、新宗教においてはおしなべて高いことが分かる。一部の仏教系新宗教では、女性教師の占める割合が5割を超え、3分の2以上になる例もある。参考のため、『宗教年鑑　令和元年度版』に掲載されている数字をもとに、女性教師の占める比率を計算してグラフ5-15に示しておいた。

ジェンダー問題への意識の差

親が神職、僧侶、牧師、新宗教の教師などである学生を除くと、学生が宗教界におけるジェンダー問題について知る機会はほとんどないと考えられる。とはいえ女人禁制の話などはニュースになったりすることがあるから、認識する機会がないわけではない。学生に対する意識調査では、直接ジェンダー問題に関して、役職や地位での女性差別、聖地などへの女人禁制、そして同性愛の禁止についての質問を設けた。同性愛の問題は今日ではLGBT、さらにはSOGIの問題などとして論じられることが多い。LGBTはレスビアン、ゲイ、バイセクシャル、トランスジェンダーの英語の頭文字をとっている。またSOGIはセクシャル・オリエンテーションとジェンダー・アイデンティティの頭文字である。しかし調査当時はあまりこの語は使われていなかったので、同性愛の問題として質問している。以下、この三つの問題に関する回答の男女差についてみてみる。

①地位や役職での女性差別

女性が社会的に地位や役職の面で差別を受けているかどうかについては、1999年と2000年の調査で「宗教によっては女性が教団の特定の役職や地位につけないところがあります。これについてあなたはどう思いますか。」と質問した。回答の選択肢は次の三つとした。

「その宗教の決まりにもとづくものだからそれでよい」

「たとえ宗教の決まりであっても、そのようなことは問題である」

「このような問題には関心がない」

また2001年、2005年、2010年、2012年の調査では「宗教によっては、女性が教団の特定の役職や地位につけないことがあります。これは差別だと思いますか」と質問の仕方を少し変えた。回答の選択肢も次のように変えた。

「差別だと思う」

「差別だと思わない」

「わからない」

質問内容と回答の選択肢がこのように途中でかなり変わったので、厳密な比較はできないが、男女による意識の違いをみるため、この6回の調査で差別に対して批判的であった回答の割合を比較してみる。すなわち「たとえ宗教の決まりであっても、そのようなことは問題である」と答えた人と「差別だと思う」と答えた人の割合である。質問が変わったことによってかなり数値が変わった。差別と思うかどうかという単刀直入の聞き方にすると、こうした考えに批判的な割合は20％ほど増えている。グラフの変化から、2000年代に入って意識が変わってきたとはみなせない。また質問の仕方による変化にかかわらず、いずれも男女差は10％から十数％の間になっている（グラフ5-16参照）。

②聖地などへの女人禁制

日本の宗教には女性の立ち入りを禁止する場合がある。山岳修験が代表的である。江戸時代までは富山県の立山、石川県の白山、長野県の御

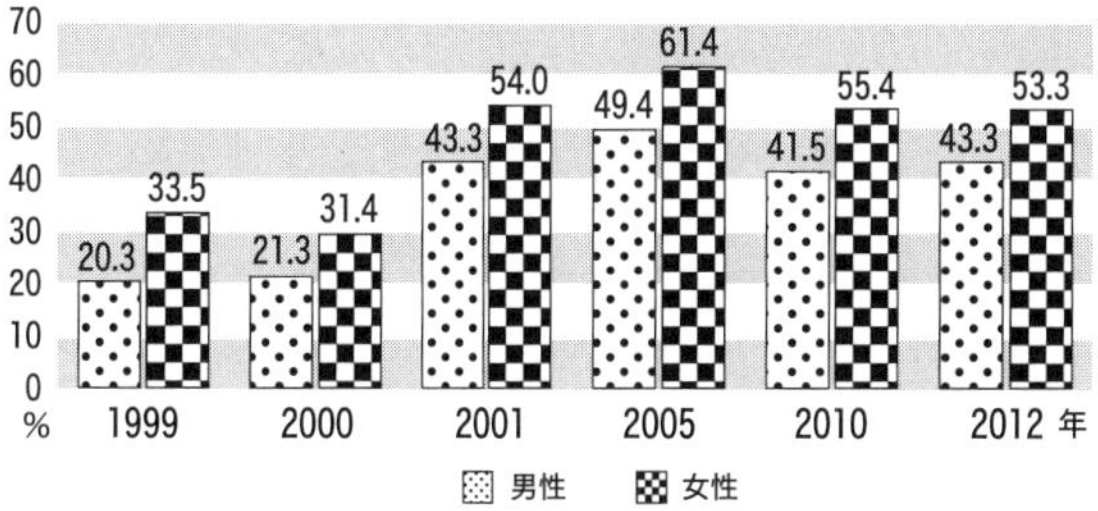

グラフ 5-16　役職や地位の女性差別（批判的回答の割合）

嶽山など多くの山岳修験では、それが一般的であった。現在の登山光景からは想像しづらいだろうが、富士山も江戸時代には女人禁制であった。明治政府が1872年に太政官布告で「神社仏閣女人結界ノ場所ヲ廃シ登山参詣随意トス」とし、女人結界つまり女性は入ってはならないとするあり方を廃止するように命じた。これにより特定の宗教的場所を女人禁制とする例はほとんどなくなっていった。

しかしごく一部女人禁制が守られている例がある。有名なものは奈良県の大峰山や福岡県の沖ノ島である。大峰山の場合は禁制への反対運動があり、2003年には「大峰山女人禁制」の開放を求める会」が結成されている。沖の島の場合は、さほど強い反対運動が起こっていない。沖ノ島は近寄るのもままならぬ玄界灘の孤島である。男性でも島に入るには全身裸になり潔斎してからという決まりがあるが、2017年に世界遺産に登録されるのを契機に男性も原則立ち入り禁止となった。

宗教そのものではないが、大相撲の土俵には女性は上がれないことになっている。2000年には大阪場所で当時の太田房江知事が優勝力士に府知事賞を直接手渡したいという意思を表明したが、日本相撲協会側は頑としてこれを受け入れなかった。土俵は神聖であり女性をあげないというのが伝統だという論理である。

この観念がどこまで貫徹できるかを問うような事件が、2018年4月に京都府で起きた。舞鶴市の多々見市長が土俵上で倒れたとき、観客と思われる女性数人が心臓マッサージなどを施し、必死の救命措置が行なわれた。その最中になんと「女性の方は土俵から降りて下さい」という場内放送が何度も流されたのである。さすがにこのことは不適切であったとして、日本相撲協会の元横綱北勝海の八角理事長が謝罪した。「人命」と「伝統」とが比較された時点で、ようやく文化的に継承されてきたものが、いつどのような場合でも適用されるものではないことが確認されたということである。

聖地などへの女人禁制は、歴史的にそれなりの理由があり形成されてきたわけだが、社会環境は変わる。明治政府がいわばジェンダーフリーを原則としたにも関わらず、一部に女人禁制が継承されていることを現代の若い世代はどのように受け止めているのであろうか。

これに関する質問も前と同じく内容が一度変わっている。回答の選択肢は同様である。最初の2回は次のような質問であった。

「宗教によっては、山などの、一部の神聖な場所には、女性が入ってはいけないとするところがありますが、これについてあなたはどう思いますか。」

また、残り4回は次のような質問であった。

「宗教によっては、山など一部の神聖な場所には、女性が入ってはいけないとするところがありますが、これは差別だと思いますか。」

回答の選択肢は地位や役職の場合と同じく、一度内容が変わっている。回答結果は地位や役職における差別の場合とほぼ同じ傾向になった。質問の仕方で20％程度数値が変わっているし、男女差も10％程度ある。（グラフ5-17参照）。強いて言えば、地位や役職の場合よりも男女差が少し大きい。女人禁制の問題の方を女性がやや厳しくとらえていると解釈できる。

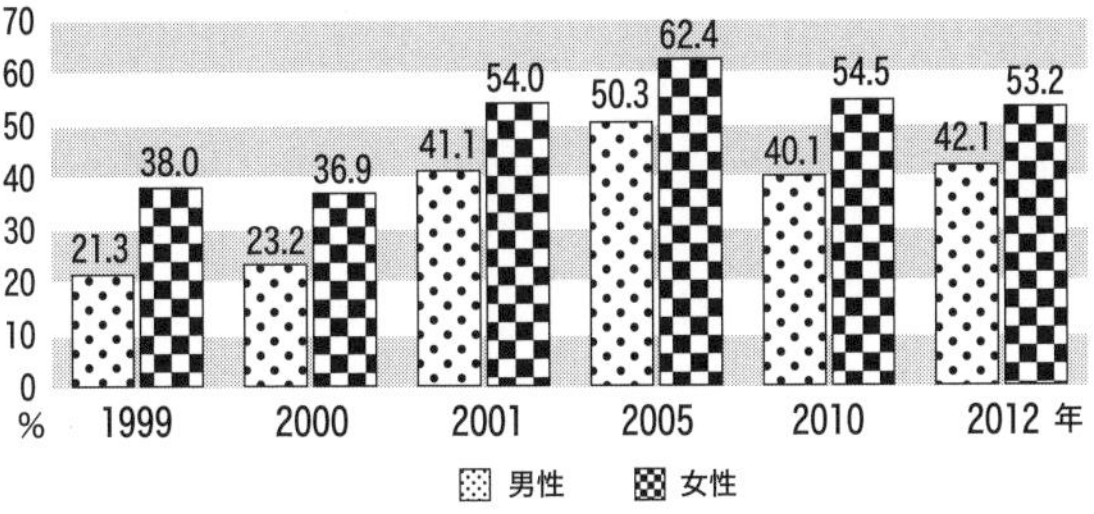

グラフ5-17　聖地などへの女人禁制（批判的回答の割合）

③同性愛の問題

同性愛の問題については、１９９９年と２０００年の調査で「宗教によっては、同性愛を禁じているところがあります。これについて、あなたはどう思いますか」という質問を設けた。回答の選択肢は次のようにした。

「その宗教の決まりにもとづくものだからそれでよい」

「たとえ宗教であっても、このような問題に口だしすべきではない」

「このような問題には関心がない」

また２００１年から２０１２年までの4回の調査では、質問の仕方は同じであったが、回答の選択肢は次のように変えた。

「宗教もそういうことに関与していい」

「宗教はそういうことに関与すべきではない」

「わからない」

この問いではこうした問題に宗教が関与すべきかどうかを聞いているので、それに否定的な回答、すなわち「たとえ宗教であっても、このような問題に口だしすべきではない」と「宗教はそういうことに関与すべきではない」と回答した割合を比較してみる（グラフ5-18参照）。ここでも女性の方が男性よりも宗教への厳しい意見が多い。平均して10％程度の差がある。同性愛は男性同士でも女性同士でもあるわけだが、こうした問題に宗教

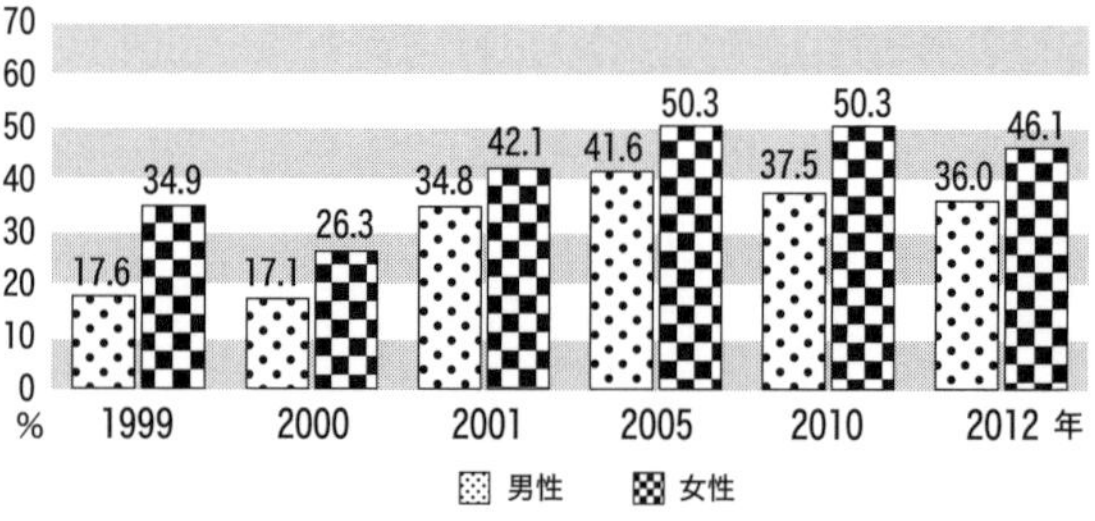

グラフ 5-18　同性愛（宗教が関与することに批判的回答の割合）

が関与することに対しては女性の方が批判的である。

なお、この場合も回答の選択肢の設定の仕方で割合に大きな変化が生じて、「口だしすべきではない」という表現より「関与すべきではない」という言い方の方に同調した割合が高い結果となった。この三つの質問への回答結果はいずれも質問内容や回答の選択肢を変えたことで結果が大きく異なった。これは質問紙調査におけるワーディング（表現や言い回し）の問題として捉えられるので、同様のテーマで別の質問紙調査が行なわれた場合には、比較の際にワーディングについても検討すべきである。

10年以上にわたる6回の調査において、このような一貫した性別による違いが出たことは、ジェンダー問題に関する男女の意識のいくらかの違いを反映していると考えられる。文化的に継承されてきた宗教的規範への疑問は、当然ながら女性の方が少し強い。

性別による違いの大きかった回答

宗教に関わる文化的継承とどれほど関わりがあるとみなすべきか判断は難しいが、性別による回答の差が大きかったものがいくつかある。もっとも顕著であったのは占いの類である。占いについては、星占い、手相、姓名判断、コンピュータ占い、血液型による性格判断について質問しているが、手相についての回答結果を比べて、男女差を見てみる。

回答の選択肢のうち「かなり当たると思う」、（2005年は「信じる」という選択肢になっている）を選んだ割合をグラフ5-19に示した。男女の差はいずれの年も明確で、女子学生は男子学生の約

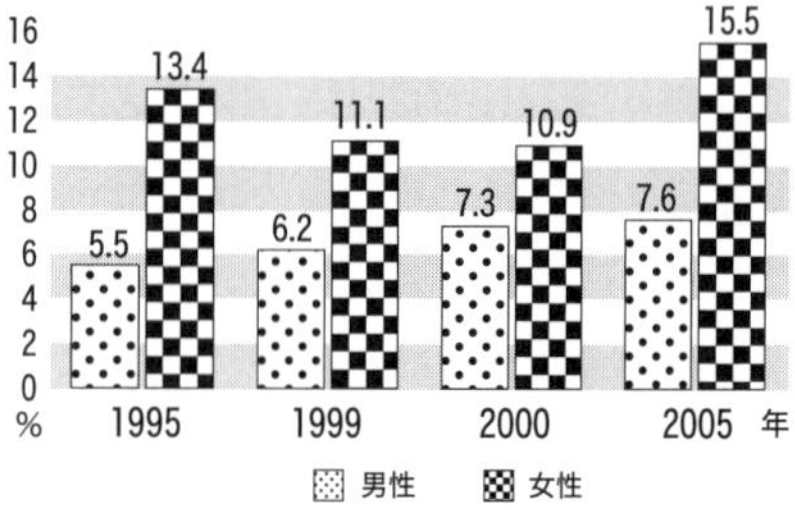

グラフ 5-19　手相を信じるか（男女別）

1・5倍ないし2倍程度である。占いの類に対する意識は10年ほどの間でほとんど変化はなく、かつ性別による差は一貫している。女性の方が占いに強い関心を示し、また信じる割合が高いということ自体は、以前から言われてきたことである。女性を対象とした週刊誌等であると、占いコーナーが欠かせないとされる。この調査ではそうした従来から言われてきたことが、若い世代においても基本的に継続していることが確認でき、どの程度の違いであるかを推測する上での参考になる。

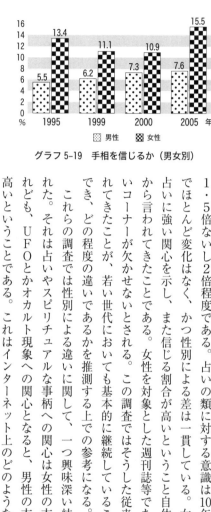

　これらの調査では性別による違いに関して、一つ興味深い結果が得られた。それは占いやスピリチュアルな事柄への関心は女性の方が高いけれども、ＵＦＯとかオカルト現象への関心となると、男性の方が関心が高いということである。これはインターネット上のどのようなサイトを見るか、という形での質問によって明らかになった。この質問項目は4回の調査に設けてあった。また韓国の調査でも2回同じ内容の質問をした。

　回答の選択肢には、宗教団体のホームページの他に、「オカルト」、「ＵＦＯ」、「占い」、「癒し」を挙げておいた。宗教団体のホームページを見る人は男女ともきわめて低かった。占い等のサイトに関心を持つ学生も平均して数%はいたのだが、選択肢ごとに男女差が顕著に出た。男子学生がより多くの関心をもつサイトと、女子学生がより多くの関心をもつサイトがあるということである。この男女は、日本と韓国できわめて似た結果になった。4回の調査のうち、韓国と共同で行ない、より新しいデータとなる２００７年の結果の方をグラフ５－20と５－21に示した。男女差の程度が日韓で非常に似通っていることが一目瞭然である。インターネット上の情報に対する関心を聞いたものであるが、これはメディアが何であれ、男女で関心のある事柄についての差を示している。

　占い、超常現象、オカルトなどは、サブカルチャーとして扱われることもある。サブカルチャーの中に宗教的要素が文化的に継承されている。易占いは中国の陰陽説が基本であるが、陰陽の組み合わせで八卦ができていることを知る学生はほとんどいないことは講義でも確かめた。超常現象も、憑霊現象など霊的存在の作用として理解されるものがある。しかし、それらは文化的に継承されているとは言えるが、すくなくとも体系だった継承とは言い難い。遊びの要素と強く関連し、まさにサブカルチャーという次元で若い世代は関心を持つことになる。

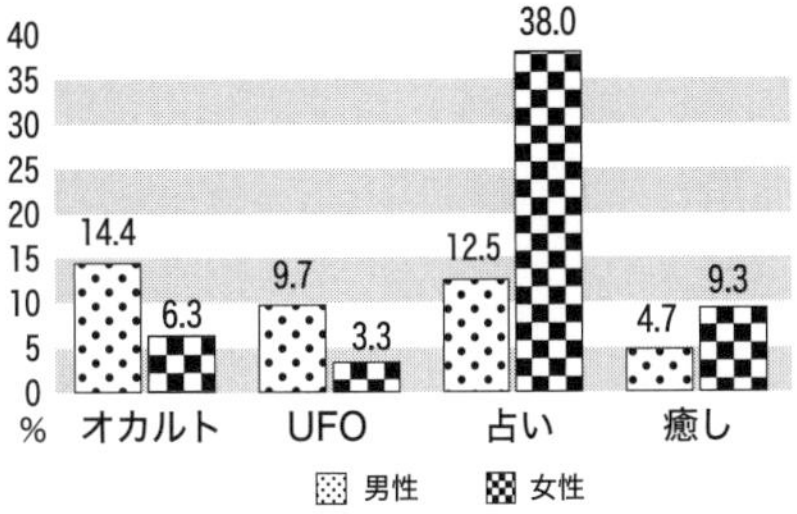

グラフ 5-20　関心のあるホームページ　男女別
（2007 年日本）

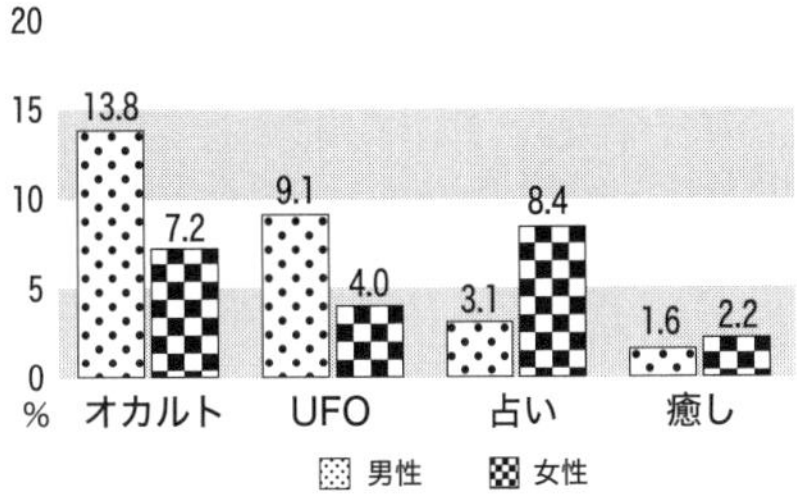

グラフ 5-21　関心のあるホームページ　男女別
（2007 年韓国）

　付け加えておくなら、ＵＦＯにしても、日本では宗教的な色彩はきわめて薄く、好奇心や遊び心の延長が大半である。しかしキリスト教文化圏では異なった様相を示す。キリスト教の終末論との関わりがしばしば顔を見せる。１９９７年に米国カリフォルニア州で起こったヘブンズゲート事件では、この団体のリーダーと信奉者合計39人が集団自殺した。その勧誘の手法や目的から、この団体を「ＵＦＯカルト」と報じるメディアもあった。ヘブンズゲートは当時米国で一般化していたコンピュータを布教の手段に使った。ホームページ上にＵＦＯの文字を並べ、ＵＦＯに関心をもった若者が、そのサイトにアクセスしやすいようにしていたのである。またヘール・ボップ彗星とともにやってくる宇宙船に魂を乗せるために、リーダーのマーシャル・アップルホワイトと38人の信者は自殺したのである。彼らにとってはむろん自殺ではない。仮の乗り物であった肉体から離れたのである。

米国にはＵＦＯカルトが多いとされるが、日本のお遊びのＵＦＯブームとはだいぶ異なる側面がある。プロテスタントには携挙（rapture）という観念がある。終末がやってくると、救われる運命のキリスト教信者は瞬時にそのまま天に挙げられることである。地上には救われる運命にない人たちだけが残される。取り残された人たちを指す言葉がレフトビハインドである。映画『レフトビハインド』はこの観念をベースにしている。飛行中の旅客機の中で一人の乗客が来ていた服をすべて残して消えるシーンがある。また高速道路で次々と事故が起こるシーンがある。携挙は突然に起こるので、こうした事態が起こるかもしれないと考える人がいる。

稀に米国では車の後部に「携挙のときには、この車の運転手は突然消えるでしょう」という意味のステッカーが貼ってあったりする[11]。こうした宗教的観念が継承されている国と、携挙という観念そのものがほとんど知られていない日本とでは、ＵＦＯが何と連想されるかについて、大きく異なった展開になっている。

4 日韓の学生調査の比較

韓国の宗教状況

歴史的には、日本と韓国は中国宗教の影響を強く受けながら、それぞれの宗教文化を形成してきた。中国から大乗仏教を受け入れ、儒教の影響を受け、道教の影響もいくらか受けている。韓国ではシャーマニズムの独特な形態が継承されており、日本では神道や修験道といった独自の宗教も形成された。

東アジアの宗教文化という視点からは共通する基盤はあったけれども、それぞれに宗教史が展開して、現在の韓国の宗教分布は日本と大きく異なっている。なによりもキリスト教徒の占める割合が違う。日本の約1％に比べて韓国では30％近くである。おおまかには、そのうち約3分の2がプロテスタントで、残りがカトリックである。たとえばソウルでも釜山でも、少し高いビルから夜景を見渡すと、あちこちに色鮮やかな十字架のネオンが目に入る。キリスト教会の多さは、韓国に行けばすぐ気付かれることである。その中にはソウルのヨイドにある純福音教会のように、日本ではあまりお目にかかれないような、非常に大きな建物をもつプロテスタントの教会もある。純福音教会は、米国のテ

11　英語の文では次のとおりである。In case of rapture, this vehicle will be unmanned.

レビ伝道を行なう教会のような雰囲気がある。韓国にキリスト教徒が急増したのは、第二次大戦後のことである。戦前は、日本同様なかなか広まらず、またキリスト教徒になることへの周囲の反対も強かった。それが、今では全人口に占める割合でいうなら、日本のおよそ30倍近くになった。

この違いはキリスト教が政治や経済、あるいは教育において占める影響力の違いにかかわってくる。大統領にもクリスチャンが多い。これまでの大統領のほぼ半数はキリスト教徒である。金大中《キムテジュン》大統領はカトリックであったし、金泳三《キムヨンサム》大統領はプロテスタントであった。2008年に大統領になった李明博《イミョンバク》大統領は熱心なクリスチャン（プロテスタント）であった。就任早々にあまりにキリスト教寄りの発言をして、仏教界から反発を喰ったほどである。2017年に就任した文在寅《ムンジェイン》大統領はカトリック教徒である。

当然ながら教育においてもキリスト教系学校は大きな比重を占めている。日本よりずっと熱心に教理について教え、儀礼にも参加させる傾向がある。日本では生徒が在学中に洗礼を受ける例はきわめて少ないが、韓国ではけっこうある。1990年代に調査したあるキリスト教系の高校の場合、1年で数十人が洗礼を受けるということであった。仏教徒もキリスト教徒に次いで多いが、檀家制度がないので仏教教団との関わりは日本とはかなり異なる。最大宗派である曹渓宗以外は比較的規模が小さく、日本のように仏教宗派が並び立つという状態ではない。

韓国の大学において、日本とほぼ同じ内容での質問紙調査を、世紀の変わり目をはさんで4回行なった。インターネットの利用が急激に広がっていく時期にあたった。宗教団体がホームページを作り、情報を発信し始める時期である。21世紀初頭においては大学におけるインターネット利用は韓国の方が少し進んでいた。それには韓国政府の方針も大きく関係している。

1993年3月に当時の金大中政権は「サイバーコリア21（第二次情報化促進基本計画）を発表した。これによって、国土の隅々まで情報インフラの整備に最善を尽くす方針であることが明らかにされた。ブロードバンドの普及が国家的に推進されたことで、韓国におけるインターネットの利用は急速に広がり、教育機関においても、教育にインターネットの利用が推進された。

日韓の宗教分布は大きく異なるものの、情報化の影響はほぼ同じように進行していた。そうした時期の合同調査であったことに留意しながら、いくつかの質問項目について比較していく。

信仰をもつ割合

まず「現在信仰をもっている」という回答の割合を比較すると、大きな差があることに気付く。韓国の方が3倍ないし4倍ほど高い（グラフ5-22参照）。ただ1999年から2007年にかけては日本はどちらかと言えば増加傾向だが、韓国の場合は、どちらかと言えば減少傾向である。日本の場合、男女差はわずかであり、男性が信仰をもつ割合がいくぶん高い年もあれば女性の方がいくぶん高い年もある。これに対し、韓国ではあまり大きな差ではないけれ

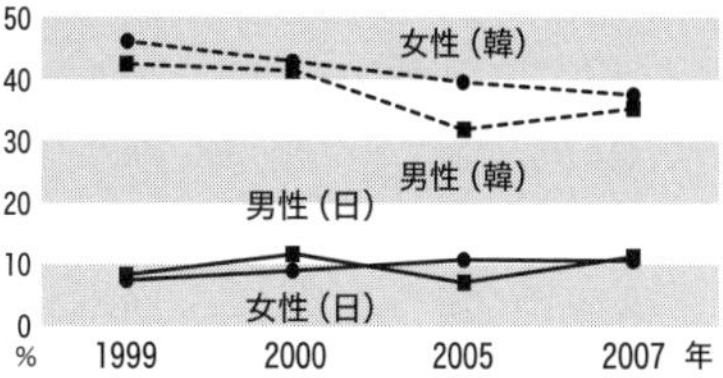

グラフ 5-22　信仰をもつ割合（日韓比較）

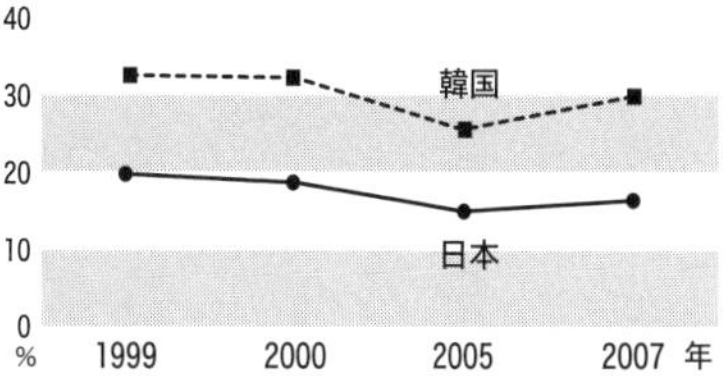

グラフ 2-23　神を信じる割合（日韓比較）

ども、常に女性の方が高い。

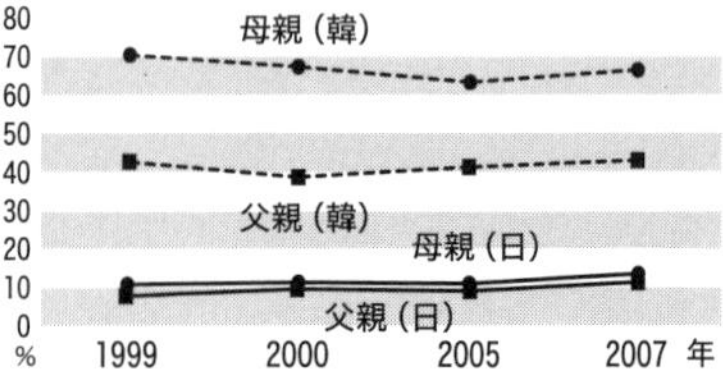

グラフ 5-24　父母が信仰をもつ割合（日韓比較）

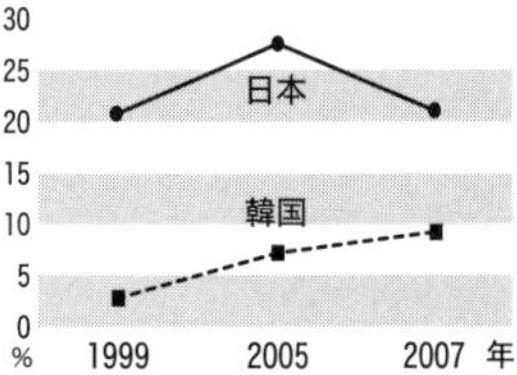

グラフ 2-25　「宗教はアブナイと思うか」（日韓比較）

神仏や霊魂の存在を信じる割合は、神と仏とでは異なった様相になる。神の存在を信じる割合は韓国が日本の1・5倍以上から2倍近く多い（グラフ5-23参照）。グラフには示さなかったが、仏の存在を信じる割合はそれほど異ならない。両国とも十数％から20％程度である。神の存在を信じる割合が大きく異なるのは、学生に限らず、韓国では日本に比べてキリスト教を信じる割合がはるかに高いことを反映していると考えられる。仏教に関しては、日本は江戸時代の檀家制度（寺請制度）の影響があって、社会に制度的に定着している度合いは韓国よりも強い。韓国も他の仏教国も、日本のような家単位で仏教宗派への所属が決まるという檀家制度はないので、この点は仏教との関わりを国際的に比較していくときに、念頭に置くべきことである。

死後の世界を信じる割合も韓国の学生の方が高い。死後の世界を「信じる」と回答した割合は、1999年と2000年の2回とも韓国が日本の1・5倍強であった。また宗教の必要性についても肯定的な回答は韓国がずっと高い。「どんなに科学が発達しても宗教は人間に必要だ」と思うかどうかの質問に「そう思う」とはっきり肯定した人の割合は、4回の調査で、日本の学生が17・5％～24・8％であったのに対し、韓国は42・2％～51・9％である。ほぼ倍違っている。

韓国での調査でも両親の信仰の有無について聞いている。こうした調査は珍しいと思われるので、その結果を示しておく。日本と比べると、韓国の場合、父母が信仰をもつ割合が格段に高く、母親と父親との差が日本より大きい（グラフ5-24参照）。日本では父親・母親とも1割前後が信仰をもつのに対し、韓国では父親が4割前後、母親が6〜7割と大きな違いがある。韓国では父親が信仰をもつ割合は日本の4倍あるいはそれ以上であり、母親だと5倍から6倍である。また日本では母親が父親の1・2〜1・4倍の多さであるが、韓国では1・5倍から1・7倍の多さになっている。

「一般的に宗教は、アブナイというイメージがある」という意見を持つかどうかについては、3回の調査で質問した。グラフ5-25に示すとおり、宗教に対するマイナスのイメージは韓国の方が少なく、日韓の差はかなり大きい。1999年であると、日本が20・8％であるのに対し、韓国は2・8％でしかない。まさに桁が違う。ただし1999年から2007年にかけての変化で見ると、日本は数％の範囲で上下しているのに対し、韓国はアブナイと思う割合が少しずつ増える傾向にある。

同じ傾向の回答と違いが大きい回答

日韓の学生の回答結果には、かなり似たような結果になったものと、大きく異なったものとがある。比較的似た結果になったものの一つは、墓参りに関わる質問であった。先祖祭祀は東アジアに共通の宗教習俗と言えるので、先祖祭祀の一つに含められる墓参りを質問項目とした。時期や形態には少し違いがあるが、社会的な機能としてみれば、日本のお盆の墓参りと韓国のチュソクの墓参りは意義が似通っている。チュソクは漢字表記では秋夕となるが、旧暦の8月15日にあたり、この日に先祖の祭祀、墓参りなどが行なわれる。「あなたは去年のお盆（チュソク）の墓参りはどうしましたか」という質問を4回行なったが、日韓ともほぼ5割前後が墓参りをしたと答えた。

脳死状態になった場合に臓器を提供したいと思うかどうかも比較的似た結果となった。これについては2000年、2005年、2007年の3回質問項目を設けたが、「ぜひ提供したい」と「提供してもいい」を合わせると、日韓とも6~7割であった。

もう一つほぼ似たような結果となったものを挙げると、2007年に「高校までに日本や世界の宗教文化についての基礎的な知識を学んだ方がいい」と思うかどうかである。「そう思う」と「どちらかといえばそう思う」を合わせると、日本が76・2%、韓国79・8%と非常に近い数値となった。

一方でかなり異なった結果になったものもいくつかある。一つはイスラム教への関心で、これはあくまで2005年の時点の意識というふうに限定すべきであるが、イスラム教への関心が、日本では「大変高い」が5・5%、「やや高い」が28・1%であった。韓国はそれぞれ0・3%、7・3%であった。イスラム教徒が人口比に占める割合は韓国の方が若干高く、ソウル市の梨泰院《イテウォン》にはイスラム・ソウル中央聖院という大きなモスクがあるのだが、この時点では韓国の学生のイスラム教への関心は日本よりかなり低かった。

当然のことであるが、オウム真理教に関する知識の度合いは大きく異なる。2005年の調査でオウム真理教に関連する5つの事柄（サリン事件、麻原彰晃、アーレフ、空中浮揚、サティアン）について日韓で調査した。その中の「1995年に地下鉄サリン事件を起こした」と「教祖は麻原彰晃（本名松本智津夫）である」という項目について見てみる。サリン事件に関しては日本の学生が96・4%が知っていると答えたのに対し、韓国の学生では21・2％であった。麻原彰晃に関しては、それぞれ94・3％と6・7％であった。それでも韓国の学生の2割以上が、事件後10年経った時点でサリン事件について知っていたということは、韓国でもかなり注目された事件だったことが分かる。

２００５年にはまた靖国問題についても質問している。「首相が靖国神社を参拝することをめぐって対立する意見があることを知っていますか」という問いに対し、日本の学生は83・1％が知っていると答え、韓国の学生では48・1％が知っていると答えた。数値の差は大きいとはいえ、韓国の学生でも約半数は靖国神社への首相参拝について関心をもっているということであり、韓国におけるこの問題についての報道が影響していると考えられる。

街頭での宗教への勧誘は日韓の学生とも経験している人がいるが、これについては２０００年と２００５年に「あなたは見知らぬ人から宗教の勧誘を受けたことがありますか」という質問を設けている。日本の学生の場合、それぞれ51・6％、43・6％で、韓国の学生の場合、それぞれ78・3％、84・9％であった。日本の5割前後に対し、韓国の8割前後とかなりの差がある。日本ではオウム真理教事件以後、大学内での宗教勧誘を禁止する大学が増え、駅前などでの勧誘も減った。これに対し、韓国では駅前や場合によって電車の中で宗教の宣伝をしている人を現在でも見かける。宗教の勧誘に対して日本より少しだけ社会が寛容であると言えそうだが、韓国でもいわゆる似而《サイビ》非宗教問題が１９９０年代以降、しだいに社会的に注目される度合いが強くなっていることは付記しておきたい[12]。

12　たとえば２０００年には天尊会の牟幸龍教祖と朴貴達夫人が終末論を流布して巨額な詐欺を行なったとして逮捕された。

以上のように、日韓だけを比較しても、学生の宗教意識や宗教行動は共通するところもあれば、大きく異なるところもある。宗教文化教育を具体的にどのように行なうかを考えていくに際して、その国の宗教状況あるいは宗教文化がどのようなものであるかをよく認識する必要がある。教育する側も知らぬうちに、そのような文化的社会的状況の影響を受けているからである。この最後の点については次章において論じる。

第6章 宗教文化の〈ウチ〉と〈ソト〉

1 宗教文化教育とカルト問題

「カルト問題」の急浮上

日本において、カルトという言葉が一般社会でも、広く用いられるようになるのは1990年代である。とくに1995年3月に起こったオウム真理教による地下鉄サリン事件は、カルトという言葉がきわめて否定的な意味で用いられるようになる上で、決定的な影響力をもった。日本ではそれまではカルトという用語は、宗教社会学者以外にはさほど馴染みのあるものではなかった。カルト音楽、カルト映画など、マニアックな人々の対象になるようなものを指して用いられる他は、宗教社会学の分野では教団類型論の一つとして用いられるくらいであった。

宗教がそれぞれの社会でどういう位置づけになるかでタイプを分ける教団類型論では、チャーチ、セクト、デノミネーション、カルトといった概念が用いられていた。チャーチがその国や社会に制度化された宗教で、生まれると同時にそこに組み込まれるようなタイプの宗教を指すのに対し、セクトはチャーチに対抗するような形で生まれ、個人の選択によって所属するようなタイプである。ヨーロッパにおけるプロテスタントは当初はセクトであったことになる。近代の新しい宗教運動がセクトと呼ばれることもある。デノミネーションは米国の宗教状況を理解するために用いられ、チャーチがなく宗教のいわば自由競争が行なわれるような社会における個々の宗派である。これに対し、カルトは社会的に周縁部に位置づけられるもの、あるいは異文化起源のものなどに対して用いられる例が多かった。比較的小規模で、社会の主流の文化とは外れたところにあり、しばしばカリスマ的指導者による強い結束を形作るというのが、典型的カルトのイメージであった。

世界的に見ると、こうした宗教社会学における教団類型論的な理解とは別の、強い否定的な意味合いでカルトという語が用いられるようになった大きなきっかけがある。それは1978年に南米のガイアナで起こった人民寺院（People's Temple）による900人を超える集団自殺事件である。[1] 人民寺院は米国中部のインディアナ州インディアナポリスで1957年に設立された。教祖ジム・ジョーンズは小さいときから宗教家になろうと考えていたという。長じて説教師としての能力を発揮し、心霊療法師としても知られるようになっていった。1965年にカリフォルニア州ユキア、さらに70年にはサンフランシスコに移った。その後、南米ガイアナのジョーンズタウンに移住を始める。そこでの活動に疑いを抱いて視察にきた米国の下院議員レオ・ライアンを殺害してほどなく、信者たちは服毒などで集団自殺事件を起こしたのである。人民寺院は「死のカルト」などと呼ばれた。

また1993年にテキサス州ウェイコで起こった宗教団体ブランチ・ディビディアンとFBIとの

銃撃戦は、やはりカルトという用語がこうした団体に使われる方向へと作用した。この他、1990年代前半には、スイス、フランス、カナダで相次いで太陽寺院（Solar Temple）という団体の集団自殺とみられる事件が起こった。しかしながら、こうした国外での出来事に関心を抱く日本人は宗教社会学者などを除いてはそれほど多くはなかった。

オウム真理教事件の影響

ところが1994年の松本サリン事件、95年の地下鉄サリン事件は国内で起こった事件であり、とくに地下鉄サリン事件は首都東京で13人の死者と数千人の負傷者を出した宗教テロとして未曾有の事件であった。これがオウム真理教の幹部信者によって実行されたことが判明すると、「破壊的カルト」という用語がメディアに頻出するようになった。この事件によって日本社会では、宗教全般に対する否定的な評価が強まった。事件後数年間は、なぜこのようなことが起こったのか、その再発を防ぐにはどうしたらいいかという議論もなされるようになった。だが「カルト問題」に対する強い警戒は比較的短期間で薄れていき、21世紀に入ると、カルト問題への関心は事件直後からするとだいぶ薄れた。

そうした議論の過程で宗教法人法の改正が突如として浮上し、地下鉄サリン事件が起こった1995年12月に改正案が成立した。これは改正がオウム真理教問題だけが理由ではなく、創価学会対策と

1　この事件は1980年に『ガイアナ　人民寺院の悲劇』というタイトルで映画化もされた。

いう当時の自民党政権の方針が、かなりの程度関わりをもっていたことにもよる。[2] カルト問題への対策が中心であるなら、もっと時間をかけて検討すべき他の改正点があったはずであるからである。[3]

カルト問題に関して生じた現象の一つが、第4章でも触れた宗教教育への過剰と言えそうな期待が一時的にではあれ生じたことである。典型的な意見の一つは、こうした事件が起こったのは、若い世代が適切な宗教教育を受けておらず、宗教について善悪の判断ができないからである、というものである。むろんこうした短絡的な議論だけではなかったが、にわかに宗教教育が社会的に広く論じられるようになった。またその後起こった教育基本法の改正に際して、宗教教育の条項をどうするかについての議論に影響を及ぼすことにもなった。

しかしながら、オウム真理教事件を受けて突然起こった宗教教育についての議論の大半は、教育の現場における宗教の扱いに関しての実情を踏まえていたとは思われないものであった。

カルト問題に対して中学校や高等学校の教員に適切な対処を求めるということが、それ自体きわめて非現実的な話であった。宗教系の学校であっても、自分たちの宗教宗派に関係する教育は行なっても、広く日本や世界の現代宗教について教えるという姿勢はきわめてまれである。このことは、日本文化研究所の宗教教育プロジェクトによる数年にわたる調査によって確認された。「宗教」の授業を担当する教員であっても、よほどそうしたことに関心のある教員でなければ、カルト問題について適切に対応することは難しい。

宗教の評価をすべきという立場から、「正しい宗教、間違った宗教」というような言い方がよくなされる。宗教の正しさということは、特定の宗教的立場からはなされうるかもしれない。しかしそうではない立場からは、そう簡単な言い方はできない。宗教立ではない学校の教員は、極端な事例については別として、そのような判断は下せない。できるとすれば、たとえ宗教の名のもとになされても、避けるべき行動とか考えはどのようなものであるかについて考えさせることくらいである。大量無差別殺人のようなことは分かりやすいが、避けるべき行動や考えということになれば、カルト教団と呼ばれることの多い宗教団体だけを問題にするわけにはいかなくなる。どの宗教が良い宗教であり、どの宗教が悪い宗教であるかなど、宗教ごとにその是非を教育の場で教えられるというのは、教育の現場を見ていない、あるいは宗教の実態を知らない人たちの議論と言って差し支えない。

宗教文化教育が大学を中心にして行なわれるようになり、その教材作成についての議論が展開していくと、カルト問題をどう扱うかも一つの重要な関心事となった。そうなると、一般的にカルト問題を論じるだけでなく、宗教に関連して起こった国内外の出来事を取り上げるなどして、そのどこが問題であるのかなど、具体的事例に即して考えていく必要が出てくる。櫻井義秀は2000年代後半から、カルト問題について、統一教会(2015年8月に正式名称を「世界平和統一家庭連合」に改称した)など、具体的事例を掲げて多くの論考を発表した。こうした研究も参照されることになる。[4]

2 公明党は1999年10月に自民党と連立し政権与党になったが、宗教法人法改正の議論がなされた当時は公明党が新進党と連携していたこともあって、自民党にとっては脅威と感じられていた。

3 宗教法人法の改正には創価学会を含め宗教界も非常に関心を抱いたが、どのような点が問題にされたかについては、国際宗教研究所編『宗教法人法はどこが問題か』(弘文堂、1996年)を参照。

4 カルト問題に取り組んだ研究としては、櫻井義秀『霊と金―スピリチュアル・ビジネスの構造』(新潮社、2009年)、同『カルト問題と公共性―裁判・メディア・宗教研究はどう論じたか』(北海道大学出版会、2014年)、櫻井義秀・大畑昇宗教文化教育にとって、カルト問題への対処はもっとも困難な課題の一つである。公立の学校での倫理や道徳といった科目には宗教知識教育に当たる部分が含まれる。ここでは宗教の良し悪しの判断は困難とはいえ、避けるべきことに対する判断力を養うためのある程度の教育は行なわれていいはずである。そのとき欠かせないのは、歴史的な宗教についての学びを通して基礎的素養を蓄える機会を持つことである。たんに人名や書名や団体名を暗記するということではなく、なぜその宗教がある国に根付いたのか、今どのような活動を展開しているのか、どのようなタイプの宗教が現代世界にはあるのか、そうしたことを一定程度踏まえることで、宗教についての視野が広がる。そうしたことを踏まえないで、いきなり宗教がもたらした負の面について考えようとしても、足場がない。宗教のもたらす負の面からも目を背けない態度にはそれなりの足場が必要である。そうしたことの積み重ねが「オウム真理教事件は想定外の出来事であった」という、「臭いものには蓋」的な処理の仕方とは異なった道を開くことにつながる。

というのも一部の宗教関係者は、事件後、「オウム真理教は宗教ではない」という言い方によって、オウム真理教が起こした事件はカルト教団によるものという論理を築こうとした。つまり宗教団体が起こした事件ではないので、自分たちには関わりがないという論理である。これは問題を直視することを避けるやり方と言わざるを得ない。

オウム真理教に入っていた中核信者の一人が、「オウム真理教は最高の宗教だ」という意味のことを述べたことが知られているが、彼とて実際にいろいろな宗教について学んだわけではない。オウム真理教は最高の教えだという麻原彰晃の言説を受け入れただけのことである。教祖の教えを絶対視するような傾向は、宗教において決して珍しいものではない。自分たちの教えが最高であるということを断言し、さらには他を排斥する例は歴史上に数知れず、それは特定の宗教だけに限られているわけではない。宗教研究者はどちらかと言えば、そうした傾向をもつ宗教が社会的な影響を強めるときの、社会的・文化的状況といったものの方を問題にする。

オウム真理教が事件を起こす少し前の1990年代前半に、一部の学者やマスメディアは麻原彰晃に対する好意的な紹介をしたという事実がある。この詳細については2011年7月に刊行された宗教情報リサーチセンター編『情報時代のオウム真理教』（春秋社）及び2015年8月に刊行された同『〈オウム真理教〉を検証する―そのウチとソトの境界線』（同）に論じられている。ある教団の活動や教えなどについて公に発言するならば、少なくとも研究者としての最低限の調査や分析等をなしておかなければならない。その点で大きな疑問が生じるような研究者の発言の例についての細かな分析がなされている。[6] 他方で視聴率を上げるには格好の材料ということで、オウム真理教側の言い分を丸のみしたテレビなどのメディアについても『情報時代のオウム真理教』では分析されている。つまり、社会がオウム真理教の否定的評価一色に染まるのは事件後のことであり、それ以前は肯定的な評

編『大学のカルト対策』（北海道大学出版会、2012年）、櫻井義秀編『カルトからの回復』（北海道大学出版会、2015年）などを参照。

5　高橋英利『オウムからの帰還』（草思社、1996年）を参照。

6　とくに『情報時代のオウム真理教』における塚田穂高論文「事件前の「オウム論」書籍と学術研究―ジャーナリズムから宗教研究まで」と『〈オウム真理教〉を検証する』における塚田穂高・平野直子論文「メディア報道への宗教情報リテラシー」を参照。

価もあちこちに見られたのである。

学生のカルト問題への関心

カルト問題が広く知られるようになって、大学においてもカルト対策をするようになったところがある。では肝心の学生たちは、カルト問題に対して一般的にどのような知識を持ち、どのような意見を持っているのであろうか。これについては、第5章で細かく紹介した大学生への「宗教意識調査」にもカルト問題を意識して作成された質問項目が2つ設けてあったので、その回答結果を紹介する。

一つは「宗教的トラブルがあったときに相談できるような公的な窓口の設置が必要だ」と思うかどうかという質問項目である。1997年の調査ではその意見に賛成かどうかという形での質問であったが、賛成が77・7%にのぼった。1998年~2015年の間の7回の調査では、回答の選択肢を「そう思う」、「どちらかといえばそう思う」、「どちらかといえばそう思わない」、「そう思わない」の4択とした。1998年以降の回答結果はグラフ6-1のとおりである。

ここで注目されるのは2000年までは「そう思う」と答えている人が7割前後だが、2005年以降はその比率が5割強に減少していることである。この2割ほどの差は大きいと考えられる。2005年ではオウム真理教による地下鉄サリン事件からすでに10年が経過しているので、そうした事件以来の時間的経過が関係している可能性がある。ただ「どちらかといえばそう思う」までを入れると、肯定派は依然として8割を超しており、相談をしたり情報を得たりする窓口が欲しいという希望は大半を占めると解釈できる。

この数値と比較してみたい別の質問項目への結果がある。それは「一般的に宗教は、アブナイというイメージがある」かどうかという問いである。この質問は１９９８年から２０１５年まで7回の調査に含まれているが、多少の変化はあるものの、おおむね「そう思う」という回答が2割前後、「どちらかといえばそう思う」までを含めると約6割という結果になっている。つまり宗教への警戒心は学生の世代には一定程度ある。それがトラブルが起こったときの相談窓口の必要性を感じる割合の多さと関係していると考えられる。

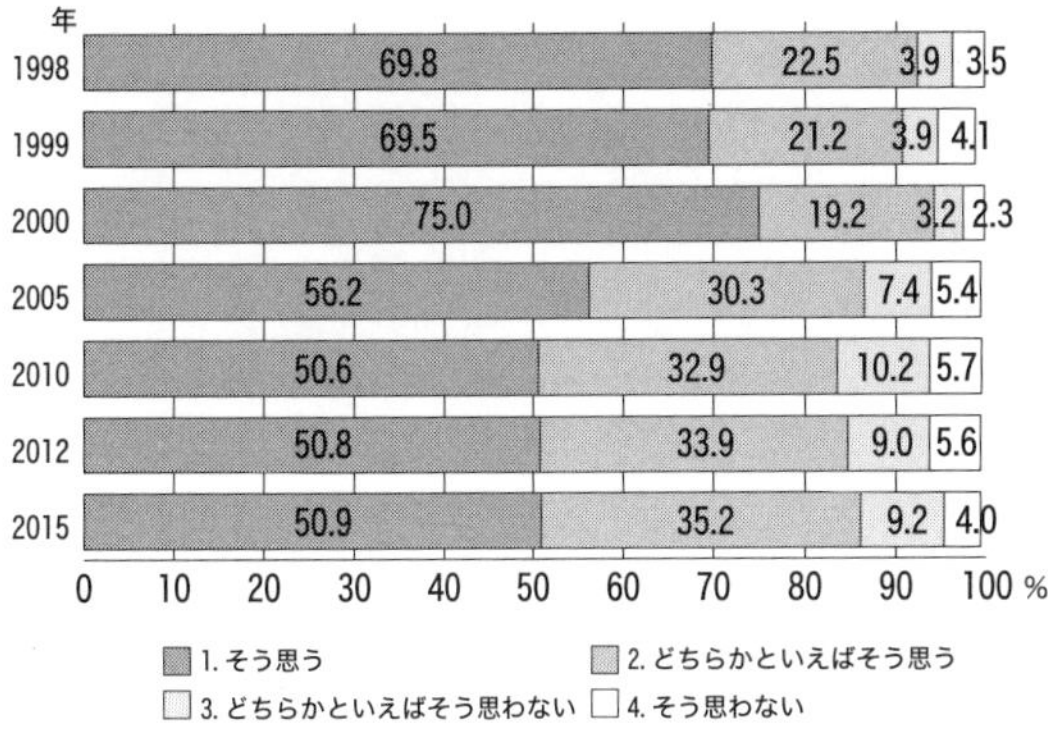

グラフ 6-1　公的相談の窓口が必要か（全体）

もう一つのカルト問題関連の質問は、宗教についての教育に組み込むことに対する是非についてである。オウム真理教関連の報道についての関心を質問したあとで、「大学が主催して、新入生などを対象に「カルト対策」の教育をすることについてどう思いますか」という質問をした。２０１０、２０１２年、２０１５年の3回にわたり同じ内容の質問である。オウム真理教関連の報道への関心の方は、事件後20年経った２０１５年においても「非常に関心をもっている」が1割強であり、「多少関心をもっている」を加えると7割ほどが関心を抱いていることが分かった。[7]

大学が主催しての「カルト対策」の教育については、「ぜ

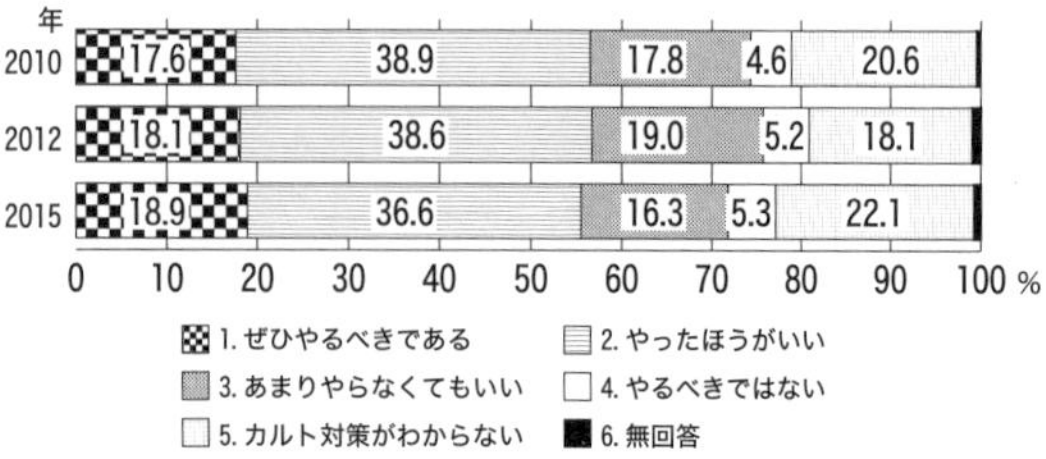

グラフ 6-2 「カルト対策」の教育をやるべきか（全体）

ひやるべきである」、「やったほうがいい」、「あまりやらなくてもいい」、「やるべきではない」、「カルト対策というのが何のことか分からない」という5つの回答の選択肢を設けた。非宗教系の方が少しだけ、カルト対策が必要とする傾向にある。グラフ6-2で分かるように、全体では3回の調査とも回答結果の数値は、ほぼ似たようなものとなり、「ぜひやるべきである」という回答は18%前後、「やったほうがいい」を含めると55~56%程度となった。「カルト対策がわからない」、つまりカルトという言葉が分からない人が2割前後いるので、それを除いて計算すると、約7割がカルト対策に肯定的となる。宗教文化教育においてはカルト問題に関する教材も含める方向で資料が収集されているが、これは学生側のニーズにも合うことになる。

　意識調査の結果からは、宗教に対する負のイメージが強いことと、それに対応した相談窓口の必要性を感じる割合の多さが分かる。カルト対策の教育も肯定的な回答が、カルトという言葉の意味が分かっている学生の間では7割程度というのは、現代宗教についてはほとんど教えることのない現代の中等教育までの教育現場にとっては大きな課題となる。しかし、すでに述べたような現状からすると中等教育、とくに公立学校における教育の場で、この状態を改善することにあまり期待はできない。大学における宗教文化教育が重視されるべき理由はここにもある。

イスラム教への負のイメージ

一連の学生へのアンケート調査の他の質問項目への回答結果を検討すると、彼らが宗教について抱く負のイメージには、日本社会で起こっているカルト問題の他に、イスラム教に対するイメージも関わっていることが見えてくる。またカルト問題についても、イスラム教のイメージについても、マスメディアの報道、あるいはインターネット、スマートフォン等で得られる情報が、学生たちのイメージ形成に強く関与していると判断できる結果になっている。

というのは、「宗教意識調査」では宗教についてのトラブルを実際に経験したことがあるかどうかの質問を何回かしているが、そのような経験をもつ人は3～4％程度に過ぎないことが分かった。つまり実際に宗教に関わるトラブルを経験したことが宗教への警戒を生んでいる例は少ないと考えられる。

イスラム教に関する質問においても、実際にイスラム教徒に接した体験から、イスラム教についてのイメージを形成しているわけではないと考えられる。イスラム教徒の知り合いが国内外にいると回答した学生は6％強で、近所にイスラム教徒が住んでいると回答した学生は2％程度である。日常生活において学生たちがイスラム教徒に接する割合は日本ではまだ非常に少ない。

イスラム教徒だと自己規定している人間によるテロは、中東やヨーロッパで多くの脅威をもたらし

7　これについては、拙稿「ポスト・サリン事件の学生の宗教意識とオウム真理教観―20年間に生じた宗教意識の変化を中心に」（『國學院大學研究開発推進機構日本文化研究所年報』第9号、2016年）において詳しく論じた。

ていることは報道によって知りうる。少なくとも2019年までは、日本においてはイスラム教徒によるテロは生じていないが、国外でのテロについての多くの報道に接すれば、当然のことながら不安感は増える。2012年と2015年に行なった調査項目には、イスラム教に関する質問が三つあった。そのうち、「モスク（イスラム寺院）が近所にできることになったとするとあなたは不安を感じますか」という質問への回答結果をみると、2回の調査をした3年間のうちに、自分の住む地域にモスクが建つことへの不安が増加していることが分かった。2回の調査結果を比較するとグラフ6-3のようになった。

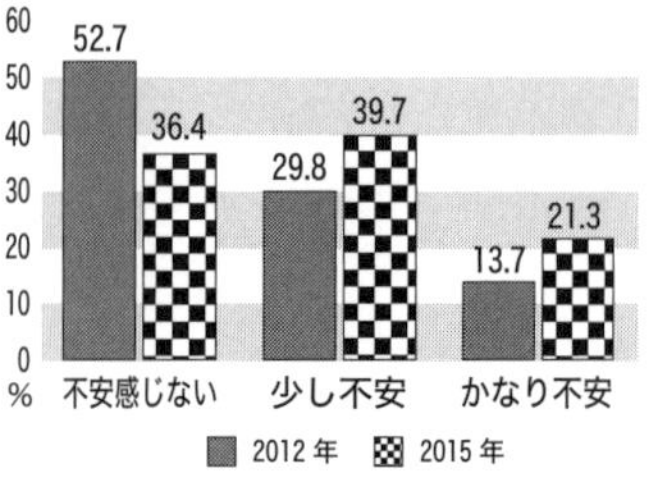

グラフ 6-3　イスラム問題

2012年に「不安は感じない」と回答した人は52・7％と5割を超えていたのだが、2015年には36・4％と15％以上も減少した。つまり不安を感じる学生が増えたということである。一連のアンケートでは、初詣や墓参りなど、宗教習俗への関わりの度合いについては、毎回数値はそれほど大きな変動はない。年中行事になっているような宗教習俗への関わりの度合い、それに対する意識は20年というタイムスケールで見た場合にも、大きな変化はない。むしろ初詣や墓参りなどは微増の傾向である。これに対し、テロ問題やイスラム問題など、時事的な事柄への意見は、そのときどきに起こったことに大きく影響を受けていることになる。

二つの調査があった3年の間に、イスラム教のイメージを損なうような多くのテロ事件が日本でも報道された。2013年には「イスラム国」（Islamic State）[8] が生まれていて、それに関連する報道が

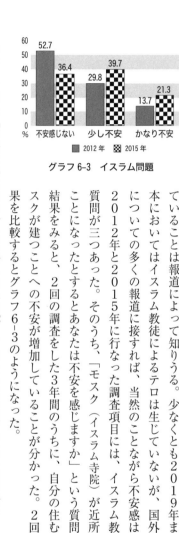

増えた。2015年度の調査の直前に当たる2月には、フリージャーナリストの後藤健二氏が「イスラム国」のメンバーにより殺害されたというニュースが報じられた。殺害の様子はユーチューブに流された。こうしたテロについての報道、とくに日本人が巻き込まれたような事件報道が重なると、国内でイスラム教関係のテロ事件は起こっていなくても、イスラム教へのイメージが悪化するのは避けられない。

若い世代ほどメディアやネットなどが提供する情報に依存していると考えられるので、彼らは宗教に関わる出来事のうちでも、これらの媒体でニュースとして発信されるような出来事によって、宗教についてのイメージ形成の影響を受けることになる。そうして発信されるものは、負のイメージを喚起させる出来事であることが多い。どの宗教にも社会的な貢献を目指している側面もあれば、トラブルを招く結果になるような側面がある。ところがこうした媒体を介した情報に接するだけだと、全体を見渡しての宗教への評価はきわめて難しくなる。

イスラム教に限らず、一つの宗教も地域ごとに異なった展開をし、また信者一人ひとりが異なった受け止め方をしている。宗教の名のもとに行なわれる行為にも非常な違いが出てくるということは、宗教研究者にとってはごく当然のこととして理解されている。カルト問題にしても、宗教においてきわめて例外的な現象とは言い難いし、通常は起こりえない現象とも言い難い。多様な姿をとる宗教現象の一部を形成していて、それ以外の宗教現象と連続的でもある。歴史的に宗教の名のもとに行なわ

8 Islamic State には、複数の呼称があり、ISIL（Islamic State in Iraq and the Levant）、ISIS（the Islamic State in Iraq and al-Sham）と呼ばれることもある。しかし、ここでは日本の報道でもっとも使われている表記に従った。

れた他者の殺害の多さを考えれば分かる。

カルト問題に対する宗教文化教育の難しさ

だが、教育の現場でそのような全体的な理解を踏まえて日常的に起こる宗教関連の出来事について適切に説明していくのは、ほとんどの教員にとっても荷が重すぎる。また同時代的に起こっていることについての多様な情報へのアクセスは、学生の世代の方がはるかにたけていることがある。教員自身が現代の宗教現象をある程度広く見渡せるように努力することも必要になってくる。それには単独の努力では果たせず、教員間のネットワークを有効に使うべき時代になっている。宗教文化教育推進センター（ＣＥＲＣ）は、そうした教員間での情報交換をも意図している。

現代世界における宗教の諸相に対する幅広い視点を養う姿勢ができていないと、ある具体的事例から、どのような一般的な問題を取り出すかという作業が難しくなる。教える側がそのことを今まで以上に強く自覚する必要がある。カルト問題についての議論が、宗教文化教育の一環に含められていることの意味はここにある。つまり日常的なメディアによる宗教報道は、ある事柄に焦点を当て、ときにその是非を問うことに大きな力を注ぐ。報道の場合はそうした姿勢は必要だが、教育の場では、むしろ一つの出来事の背景にあることを理解しようとする広い視野の形成が重要になる。オウム真理教事件もそのような視点を備えないと、そこから何を学ぶべきかの教訓が得られない。

カルト問題は宗教文化教育の中心的な課題ではないが、日本でも20世紀末に宗教団体による無差別テロが起こったという現実を踏まえるなら、宗教が他者に危害を加える可能性についても想定をしておかざるを得ない。国内外を問わず現代社会で起こっていることについて、目を広げることは重要だからである。ただし、カルト問題を扱うときには、特定の教団や団体がカルトであるかどうかに焦点が置かれるものではない。どのような事例がすでにあり、何が問題であるかを考える素材を提供することに主眼が置かれる。同時にそうした問題を扱う際に、きちんと調査を踏まえた書籍や資料・データがどのようにして入手できるかについての情報を伝える必要が出てくる。

今日の日本ではカルト問題はさまざまな形をとってあらわれている。オウム真理教の場合は多数の死傷者を出すテロを起こしたので、それが日本におけるカルト問題の典型にとらえられがちであるが、社会的に問題とすべき事柄は他にもある。テロはその害が目に見えるが、経済的、さらに精神的に人を追い詰めていくような類のカルト問題は、往々にして他者からは見えにくい。しかも起こった問題の数からすれば、こうした問題の方が圧倒的に多い。

ただ難しいのは、このようなタイプのカルト問題の場合、境界線をどこに求めるかである。個別の違法な行為に教団が関わっていたとしても、その頻度と程度とは考慮せざるを得ないだろう。精神的に追い詰め多額の金銭を強要する例もあるが、それがどの程度組織的になされているかの把握は容易ではない。また献金の強要か、自主的布施なのかの境界線の見きわめも思われている以上に難しい。教団が時代とともに性格を変えていくという場合もある。

こうした難しさは承知の上で、宗教文化教育には明らかに社会的に好ましくないと思われる宗教活動とは何かを考えさせる教育をも視野に入れている。そのような目的に資するような教材と教育法を追求している。考え方や実践方法の根底に関わる場面において、社会がこれまでに蓄積してきた智慧の伝達に大きな力を発揮すべきと考えるからである。

2　グローバル化・情報化時代における宗教教育の新しい認知フレーム

価値観の問題から離れられない宗教教育の議論

戦前戦後を通して宗教教育をテーマにした研究は相当数にのぼるが、その大半は規範的研究で、どのような宗教教育が望ましいかについての見解を述べるようなものである。言いかえれば、実際に調査をして、なんらかの資料なりデータなりを示して議論しているものは、きわめて少ない。現実の宗教教育の現場に接することなく議論している。

そうした中では、戦後まもなくから日本宗教学会の「宗教と教育に関する委員会」によって継続的に実施された研究は、基本的問題の整理とともに、多くの実証的なデータも収集し、戦後における研究に、一つの大きな足場を築いたと言える。[9] しかし、その後はしばらく実証的な立場からの研究はきわめて乏しかった。後に述べるような事情によって、もっぱら規範的な立場からの議論が主流を占めていた。規範的研究というのは、「宗教教育はかくあるべき」といった主張を含むものであるから、自覚するしないに関わらず、特定の価値観を土台にしてなされている。またとくに第4章で扱った宗教情操教育をめぐる問題の場合は、賛成派がほとんどの場合、ある規範を土台にしているのは明らかであるが、反対派もまた別の規範をもとに反対している。それゆえ、これまでの宗教教育の議論の枠組みを理解するためには、それがどのような規範的視点であったかにも留意する必要がある。

その整理は、従来の議論の対立点を明確にするということを目的としてはいない。むしろ今日の宗教教育をめぐる新しい環境が、新しいタイプの議論を求めているのではないかという立場からのものである。そこで、以下ではまず宗教教育をめぐる従来の議論に、一体どのような認知フレームが介在していたかを考察する。これにより、なぜ宗教情操教育がとりわけ議論を呼んだかも分かりやすくなると考える。

一方、最近になって増加している宗教教育の国際比較、国際理解教育の一環としての宗教教育、そして宗教文化教育という視点からの議論には、明らかにこれまでの宗教情操教育についての議論とは異なった要素を含む新しい認知フレームが見出される。そうした認知フレームが形成される必然性を、グローバル化や情報化といった社会的条件との関係で考察する。

なお、認知フレームという心理学、社会心理学、あるいは認知心理学で多く用いられる概念を応用して議論するのは、宗教教育、とりわけ宗教情操教育と呼ばれるものが事実に即しての議論よりも、規範的なものが多かったことを確認することが重要と考えてのことである。これによって従来の議論

9　この研究成果は1975年に増谷文雄編『現代青少年の宗教意識』（鈴木出版）として刊行され、さらに85年に日本宗教学会「宗教と教育に関する委員会」編『宗教教育の理論と実際』（鈴木出版）として刊行された。これより先、1961年に神道宗教学会では第14回学術大会のおりに、「宗教と教育」を共同討議のテーマとし、その概要が『神道宗教』第25号（1961年）に掲載されている。

の論理構成だけでなく、何を問題として据え、逆に何をあまり考慮していないかが見えやすくなるので、これが問題点の整理に効果的と考える。

近代化の中の宗教教育問題

日本における宗教教育、とくに宗教情操教育についての議論が入り組んだのには、近代から現代に至る日本の宗教の展開が深い関わりをもっている。一つは、第二次大戦前後で、政教分離に関わる枠組み、とりわけ神社神道の位置づけに大きな変化があった。この変化をどのように捉えるかで、宗教情操教育を議論するときの立ち位置に大きな違いが生じてくる。もう一つ重要な点は、日本の近代化が和魂洋才を目指したにしても、実際には精神文化や倫理面などにキリスト教の広範な影響が及び、それが宗教情操教育の展開にも大きな影響をもたらしたということである。

信者の人口比でみると、現在でも1％に達するかどうかという日本のキリスト教人口だが、教育の分野では大きな比重を占めていて、現在は宗教系の学校の約3分の2はキリスト教系である。これに対し神社神道や仏教宗派という日本の伝統的宗教は、近代の宗教教育において相対的に影響力が小さかった。このような事態が宗教情操教育についての議論を複雑にした一つの大きな要因になっている。

この二つのことが深く関係して、宗教と倫理・道徳の問題がとかく混同されがちになり、その境線がどこなのかが、それほど明確に議論されないままに、宗教情操教育という曖昧さの多い教育についての議論が主たる論争の対象となった。こうした日本独特の歴史的条件は、多くの国における宗教教育に関わる一般的な問題とも重なっている。それは公的な学校のカリキュラムにおいて、宗教を扱おうとするときに、その基本的スタンスをどのようにするのかということである。つまりそもそも宗教教育ということを教育の中に組み込むかどうかとか、もし組み込む場合、どの程度国が関与するかなどである。

現在の日本は政教分離が原則である。キリスト教を国教としている一部のヨーロッパの国や、イスラム教を国教とするような国とは、宗教教育というテーマがおかれる構図そのものが異なる。イスラム教を国教とするような国では、イスラム教の儀礼や教えの基本について教えることは、初等教育から当然のこととしてなされる。また政教分離が原則の国に含められるにしても、そこには厳しい分離と緩やかな分離があることも指摘されている。厳しい例はライシテを原則とするフランスなどであるが、日本はフランスほどは厳しくない。

このことを前提として、宗教文化教育をはじめ、宗教教育に関する議論についての、新たな認知フレームを提起する背景に触れる。近代化の過程で起こった多くの局面で揺れ動きを経てきた日本の宗教教育についての議論は、情報化・グローバル化が進行する現代に至って、さらに新たな局面を視野に入れなければならないことを述べてきた。宗教に関する社会的表象は、これまでの時代、いわば「プレ情報時代」と比べて、格段に多様化してきている。ほとんどの場合が断片的なものに過ぎないとしても、宗教にかかわる雑多な情報に接する機会は無数といっていいほどあるからである。そしてこれらの情報は、たいていが教育の場を介さないで得られる。このことは学校における宗教教育が果たす役割を、相対的に小さくする方向に作用する。

新たな認知フレームの特徴を議論するためには、まずこれまでの宗教教育に関する議論に介在した主たる認知フレームが、どのような基本構図をもっていたかを明らかにする必要がある。その場合、とりわけ戦前に関しては宗教系の学校を含めた宗教教育の扱いの変遷を踏まえておく。そこで形成された認知フレームは現在でも一部の人々にしっかり継承されており、宗教情操教育をめぐる激しい対立を生む一因になってきたからである。宗教教育における議論の対立は、複数の認知フレームの混在と混同とが関わっていた。

戦前から今日に至る宗教教育についての議論には、「国家による宗教教育への関与の度合いに着目する」認知フレームが存在する。この認知フレームからすると、日本の宗教教育の変遷は、戦前は明治初期こそ国家による宗教への関与が強かったものの、その後は切り離していく傾向になると描ける。そしてこれに限るなら、明治後期以降戦後に至るまで、一見大きな違いはなさそうにも見える。

他方、宗教と道徳・倫理との関係づけにも早くから着目がなされてきた。これは人間教育や人格形成に与える宗教教育の意義を検討することなどを含んでいる。ここに介在するのは宗教教育がもつ規範的性格に注目する認知フレームと特徴づけられる。このフレームから見ていくと、すでに戦前の段階で、国家が重点を置いていたポイントは、宗教への関与から道徳・倫理への関与へと、大きくシフトしていたことが見えてくる。明治政府の宗教政策は、最初の十数年間は試行錯誤を繰り返した。朝令暮改とさえ言えそうな局面もあった。近代日本において唯一の「宗教省」とみなせる教部省が、1872年3月に設置されたものの、77年1月に廃止されたというのは、その典型である。実質わずか5年足らずで、一つの省が設置され廃止されたのである。

しかし明治政府がもっとも心を砕いた神社政策は、1880年代前半に基本路線が明確になってくる。1882年2月には神官教導職分離の内務省達が出され、神道が神社神道と神道教派とに二分される施策がはっきりと示される。前者は祭祀に関わり、後者は宗教とみなされることとなる。これにより神道教派は仏教宗派とともに「宗教」という範疇に加えられたが、他方で神社は国家的祭祀に関わるゆえ、「宗教」ではないという論理構成になった。神社は別格の存在になった。[10] こうして宗教政策はぶれの少ないものとなり、帝国憲法には、一定の限定つきではあるが、一応の政教分離が盛り込まれる。第28条は「日本臣民ハ安寧秩序ヲ妨ケス及臣民タルノ義務ニ背カサル限ニ於テ信教ノ自由ヲ有ス」となっている。

以後、国家が直接的に関与するのは、主として道徳・倫理というカテゴリーの事柄となっていく。この転換点を象徴するのは1890年10月30日の「教育ニ関スル勅語」(教育勅語)の発布である。これは井上毅《こわし》によって起草されたもので、儒教倫理を主たる柱にし、天皇から臣民に下された言葉という形をとっている。国民道徳の涵養についての関心も高まっていく。それが以後、宗教情操教育を重視する動きの下地になっている。1900年に修身の教科書ができ、1902年にはそれが国定化された。[11]

1932年には、文部省が宗教教育の禁止は、宗教的情操教育を妨げるものでないという見解を示

10 こうした明治期の宗教と政治の関わりについては、井上順孝・阪本是丸編『日本型政教関係の誕生』(第一書房、1987年)、を参照。

11 東京帝国大学の宗教学講座の教授であった姉崎正治は1912年に『宗教と教育』(博文館)という書を刊行している。姉崎はこの書の中で教育勅語を「天地公道の宣勅」とし、また各宗教は、各々の根本信仰にもとづいて勅語の内容を広めるための、いわば国民教化の手段だと述べている。

し、35年には、「宗教的情操の涵養に関する留意事項」なる文部省次官通牒が出された。教育勅語を徹底することや滅私奉公の精神を推し進めることなどが示され、教義や儀礼については教育してはならないが、宗教的情操の涵養まで禁止したものではないことをあらためて強調している。

ねじれた認知フレーム

明治期にキリスト教の布教が可能になり、多くの宣教師が来日したことで、宗教教育をめぐる議論は日本独特の構図を生んだ。維新政府の宗教政策は、日本が西欧の文化を受け入れるなかで、キリスト教の影響を最小限にとどめたいという意図を孕むものであった。欧化政策の中で、これに沿った動きが少し弱まった時期もあるが、日清戦争・日露戦争以降は、ふたたびキリスト教への圧力が強まることとなった。だがその内容には変化が生じている。明治初期のものは江戸時代のキリシタン禁教策の延長線、つまり邪教禁止という性格も備えていた。これに対し、明治時代の後期以降は、キリスト教信仰が近代天皇制度と原理的に共存しえないのではないかという観点からの圧力が目立ってくる。後者へのシフトを代表する例としては、1891年に内村鑑三が教育勅語への拝礼を拒否したことでおこった、有名な内村鑑三不敬事件がある。

このように行政側からしばしば警戒の目で見られたキリスト教だが、宗派教育の展開においては、もっとも明確なモデルを形成した。このことが、宗教教育の議論を複雑にしたわけで、ここに宗教の布置に関する、いわば「ねじれた認知フレーム」が見いだせる。それは、宗教教育というときの「宗教」として、具体的にどの宗教をどのように配置しているかという認知にねじれが見いだせるということである。これは主として伝統的宗教である神道や仏教と、新たに到来したキリスト教との間で生じた。この点を簡単に整理する。

キリスト教のうち、宗教教育という点では、プロテスタントの方が、カトリックよりも影響力が大きく、また時期も早かった。維新後プロテスタントの宣教師たちが、主として北米から来日したが、彼らの多くが属したアメリカン・ボードの特徴で来日した人が高学歴の人が多く、一般の人々への影響力はしだいに大きなものとなった。それが宗教教育の議論にも影を落とす。やってきた宣教師たちは、日本人牧師を育てようとするだけでなく、むしろ一般の子女を教育するタイプの宗派教育を行なった。洗礼を受ける人の数は限られていたとしても、その思想的あるいは情操的な影響は、明治中期には仏教宗派の一部が危機感を抱くほどになっていた。

宣教師の中に女性が多かったことも、日本社会には一つの衝撃となった。従来の日本の僧侶育成が男性に偏していたこともあって、伝統宗教には女性に宗教教育を行なうという発想自体が乏しかったからである[12]。近世において僧侶となるもののための教育を中心に行なっていた仏教宗派は、こうして一般の子女への教育という新しい視点をキリスト教によって刺激されることとなった。明治中期以降、仏教系の女子校が増えるのにはそうした背景がある。

一方神社神道の方は先に述べたように宗教の枠外に置かれたので、宗教教育という枠組みからは形

12　これについては小桧山ルイ『アメリカ婦人宣教師—来日の背景とその影響』（東京大学出版会、1992年）の中で、彼女たちが当時のアメリカで理想とされるウーマンフッドの体現者として期待されていたことや、比較的教育程度の高い中流白人女性であったことを示している。

式上は除かれることになった。ただ神社神道と区別された神道教派というカテゴリーが明治政府によって生み出され、天理教、金光教などは、戦前はそこに区分されていた。両教団は教育に参入し、天理教は国外布教と関連づけて教育に力を入れ、金光教は独立した教派としての認可を得る過程で、教育に力を入れた[13]。ただその目的からすると、いずれも信者の子女の教育が中心であった。

キリスト教、とくにプロテスタントによる宗派教育が、学校制度が整っていく過程で宗派教育のモデルの主たる牽引役を担ったことが、宗教教育と倫理・道徳教育の関係を議論する場合に、ねじれをもたらすことになった。それぞれの国の倫理・道徳は、その国の主たる宗教と深い関わりをもっている。宗教と倫理や道徳との違いを論ずる場合でも、両者の基盤に多くの共通要素があることが多いと考えられる。

しかし、日本の場合、それまで宗教文化において中核的位置を占めてきた仏教や神道が、近代的な宗派教育の構築においては、中核的役割を果たし得なかった。むしろキリスト教系の学校で行なわれている教育システムが、一般の人々に対する宗派教育としては、影響力の大きいものであることがしだいに明らかになっていった。ところが、キリスト教が重視する倫理や道徳は、仏教や神道と深く関わってきた倫理や道徳と重ならない面もあった。とりわけ天皇崇拝や先祖祭祀に関わる事柄はそうである。戦前において、学校における宗教教育に厳しい制限が課されるようになっていった理由として、実はこのことが大きく関わっていることが見て取れるのである。

1899年8月に出された文部省訓令第12号は、一般の教育を宗教と関係なくすることを命じたものとして知られている。官立公立学校、及び学校令に準拠する高等学校以下のすべての学校学科課程に関しては、課程外であっても、宗教上の教育を施したり、宗教上の儀式を行なうことを許さないという内容である。同時に私立学校に関する規定を示した20条からなる私立学校令が出されている。一般の私立学校は、訓令第12号の適用を受け、教団立の学校であっても宗教教育は行なえないが、私立学校令の適用のみを受ける各種学校であれば、同令には宗教教育を禁止する規定が設けられなかったので、宗教教育が可能になった。つまり宗教教育を行ないたいなら、各種学校になりなさいということであった。これは、一見、宗教と教育の分離を徹底することが主旨のように見えるが、キリスト教主義の学校の進出を抑えることが、より重要な狙いであったと考えられる。実際宗教教育を重視する多くのキリスト教系の学校は各種学校の道を歩んだ。小学校ではそうした転換ができず廃校したところもある。

戦後になると状況が変わる。宗教教育のシステムを整える上で、キリスト教を周辺に置こうとする力学は急速に弱化する。キリスト教系の学校における宗教教育は、GHQがキリスト教の宣教を後押ししたこともあって、積極的に推進されうる環境となる。多くのミッションスクールが開校される。ただ、キリスト教系の宗派教育が自由になった戦後には、キリスト教系の学校は戦前にはあまり見られなかったような多くの問題点を抱えるようにもなった[14]。

13 この点については藤井麻央「明治中期の宗教政策と神道教派―内務省訓令第九号の金光教への作用」(『國學院雜誌』115巻7号、2014年)が詳しい分析をしている。

14 この点については、佐々木裕子「日本におけるキリスト教系学校の教育―その歴史と課題」国際宗教研究所編『現代宗教2007』(秋山書店、2007年)を参照。

1947年の学校教育法施行規則によって、私立の学校においては、宗教を教育課程に加えることができ、その場合は、宗教を道徳に代えることができるようになった。宗教系の学校であれば、小学校から大学まで、宗派的な宗教教育を行なうことも自由になったので、この点では戦前戦後は大きな違いが生じたことになる。これは同時に公立学校と宗教系の学校における宗教の扱いに大きな差が生じたことを意味する。

議論が対立した宗教情操教育

現在の宗教教育を議論する際に広く用いられる三つのサブカテゴリーに関しては、少なくとも以上のような認知フレームが介在したとみなせる。このうち、ねじれた認知フレームというものが、すでに述べた宗教情操教育をめぐる議論に錯綜をもたらした。公立学校で宗教情操教育ができるのか、あるいはやるべきかをめぐる論争は、表面的には宗教情操教育という概念の曖昧さが起因しているように見える。実際、サブカテゴリーのうち、たとえば英語で表記した場合、もっとも翻訳に困り、また理解してもらうのに困難なのが宗教情操教育である[15]。この宗教情操教育の翻訳の難しさは、これが日本特有とまではいかなくても、かなりの程度近代日本の宗教史的展開に沿って形成された概念であることに起因すると考えられる。

この特殊性が宗教教育の議論において、実はあまり自覚化されていないことが多く、ねじれた認知が生じる原因になっていると考える。宗教知識教育はすべての学校で可能であり、宗派教育は宗教系の学校にのみ認められるという点で対立はないが、宗教情操教育が公立学校でも認められるのかが、賛否両論の論争を生んだ。これは単純な賛否ではなく、少し複雑な構造である。そしてこれがねじれた認知フレームと関わる。概略を述べれば次のようなことになる。

一つは第4章で触れたように、特定の宗教に関わらない一般的宗教情操というものがありうるかどうかである。ありうるとする立場と、一般的宗教情操というのは想定しがたいという立場がある。情操教育を推進しようとする人は、前者の立場に立つ人が多い。一般的な宗教情操があるなら、これを公立学校で教えればいいというロジックになる。他方、反対派には後者の立場に立つ人が多い。さらに宗教情操教育の名のもとに、愛国主義的教育が戦時体制下に強く推進された記憶から、一般的宗教情操というものの、内実は国家が求める宗教情操になるのではという危惧が示されることもある。[16]

もう一つは宗教教育における規範性の重視に関わる対立である。公立学校でも、宗教情操というもっと踏み込んだ教育をすべきであるという立場と、戦前の修身教育的なものを連想し、国家神道の復活の可能性を危惧するような立場である。肯定派の中には前者を主張する人がいる。反対派の中には後者の立場によって反対する人がいる。ここには、国家による宗教への関与の程度の問題と、宗教教育がもつ規範性をどの程度とするかの問題が関わるのが分かる。いずれも立場の違いということになりそうだが、一般的な宗教情操というものが想定されるかどうかに関しては、宗教史や現実の宗教現

15　一応、inculcation of religious sentiment などとされている。だが、国際宗教史学会（ＩＡＨＲ）や国際宗教社会学会（ＳＩＳＲ）といった宗教関連の国際会議でも、意味について説明が必要であることを何度か経験した。ちなみに宗教知識教育は knowledge about religions、また宗派教育は confessional education で了解が容易である。

16　たとえば山口和孝『子どもの教育と宗教』（青木書店、１９９８年）、における宗教情操教育に関する議論を参照。

象をどの程度踏まえた上での議論なのかを確認しなければならない。

なぜ一般的宗教情操というものが発想されたのであろうか。先ほど述べた近代日本の宗教教育における「宗教のねじれ状態」が深く関わっているのではないかと考える。つまり、日本の宗教情操を議論するときに、当然のように念頭に置かれるのは、仏教や神道に関わって展開してきた観念や行為である。しかし、宗教教育のうち宗派教育の典型はキリスト教において具現化されてきた。にもかかわらず、宗教教育のうちの宗教情操教育の公立学校への導入は、もっぱら仏教や神道に関連するものを念頭において議論されてきた。それゆえ、キリスト教関係者や国家神道を批判する立場の人などは、この議論に警戒し、戦前の体制への復活ではないかと懸念したのである。

このことは、仮にこの議論の構図をイスラム圏に移しかえて考えてみると分かりやすくなる。イスラム圏では、創造神を認める態度を養うことは、特定の宗教によらない一般的教育という意見が出る可能性がある。創造神を認めることは宗教にもまた倫理・道徳にも通底しているからである。

その国の宗教文化の基底にあるような宗教と深い結びつきがある宗教情操教育を想定するのが自然であるのに、ことさら特定の宗教とは関わりのない「宗教情操」という仮想のものを提起せざるを得なかったところに、日本の宗教教育の議論が込み入った理由の一つがあると考えられる。[17]

ハイパー宗教時代

戦後の宗教教育論議において、とくに宗教教育情操の問題点を批判する側が、批判する上で念頭に置いていたのは、国家神道の復活、あるいはそれと深い関連をもっているとされる押しつけ的な宗教情操教育であった。これは主として国家と教育との関わりのフレーム、及び宗教と道徳・倫理との差異に着目するフレームにおいて議論されてきた。国家の教育への過度の干渉への警戒が根底にあったといっていい。

これに対し、先に述べたように、地下鉄サリン事件後、「カルト団体」という概念が社会的に広がり、これが宗教教育において取り上げるべき批判的対象として急浮上してきた。むろん、戦前にも新しい宗教運動や団体が「淫祠邪教」視されることは戦前からあったが、それへの対策が宗教教育でなされるべき柱の一つであるといった議論は、少なくとも宗教教育に関する明確な認知フレームを形成するまでにはなっていなかった。その意味で、宗教教育をめぐる議論は、新たな展開のときを迎えたと言える。[18]

信者数から言えば、事件直前の最盛期で1万から2万程度と見積もられていたオウム真理教によって引き起こされた事件が、なぜ宗教教育にこのような影響を及ぼしたのか。教祖麻原彰晃は、最終解脱者を標榜し、空中浮揚の能力を『ムー』などのオカルト雑誌で誇示してみせていた。そうした人物

17　私はスピリチュアリティ問題にも似たような構造があると考えている。キリスト教に根ざした国で発想されたスピリチュアリティの問題を、日本に展開させるときに、一応キリスト教とは直接には関係しない運動とする必要から、「宗教とは関係のないスピリチュアリティ」があるとして論じようとした面があるのではないかということである。そうだとすると、ここにもねじれの構図の反映をみてとれそうである。

18　事件直後の1995年秋に、教育史学会はこの問題をテーマにしたシンポジウムを立教大学で開催したが、このシンポジウムに私は発題者として意見を求められた。そのおりに主催者から述べられたことは、この学会で宗教が正面切って取り上げられたのは初めてであるということであった。

に大学の理工系を卒業した優秀な学生まで魅されたことが、教育に関わる人々に大きな衝撃をもって受け止められたのである。そして宗教について基礎的な知識がないから、その教えが正しいか間違っているかの判断ができなかったのではなかろうかという類の評論がなされるようになった。あるいは、宗教的にきわめて真摯な態度を貫こうとし、「尊師に帰依」したことが、かえって殺人への心的歯止めを失わせたということも指摘され、これが「正しい宗教」と「間違った宗教」という区分を明確にすべきというフレームを形成させる一因ともなった。宗教の正邪という区分はどちらかと言えば、特定の宗教の立場から、自分たちを「正しい」とし、他あるいは一部の宗教を「間違っている」とする尺度の中で用いられる判断であった。それが一挙に教育において養成されるべき判断として論じられるようになった。

これに直接的に連結したのが、宗教情操教育の認知フレームである。、「若い世代では倫理観が失なわれている」とする見解が、「宗教情操教育を行なうことで、そうした傾向を是正する」という解決策へ直結させられた。これらはむろん、実証的なデータをもとにした学術的に構築された議論ではなく、もっぱら規範的な立場からの主張であった。

サリン事件は、同年12月の宗教法人法改正をもたらす契機となったが、10年ほどして教育基本法改正が行なわれた。宗教教育問題を含む政府の教育基本法改正の動きが明確な形をとったのは、小渕恵三首相時代で、2000年3月に首相の私的諮問機関として教育改革国民会議が設置された。ところが、翌月小渕首相が急死したため、森喜朗首相がこれを引き継ぎ、教育基本法の見直しを前面に掲げた。同年12月に出された国民会議の報告書では、「新しい時代にふさわしい教育基本法を」という提案がなされた。宗教教育に関わるものとしては「伝統・文化など次代に継承すべきものの尊重、発展」を含む三つの観点が示されていた。これを受けて中央教育審議会（中教審）が教育基本法全般の見直しを行ない、同法第9条の「宗教教育」の見直しを含めることをも視野に納めた議論が提起された。[19]

こうした動きは、宗教の正邪問題とは少し異なるベクトルを生じさせたと理解できる。いわゆる「カルト問題」への対処といった側面は、事件から時間が経過するとともに少しずつ後退し、教育勅語を含む戦前の道徳教育のあり方までを視野に入れて、伝統的な情操教育を見直し、グローバル化時代への対応をも考えるという議論が強まってきたからである。

教育改革国民会議が描いていた宗教教育に関する改正のフレームは、従来の認知フレームからすると新しいものではない。つまり宗教情操を豊かにする、あるいは伝統的な価値観をしっかり教えることで、若者の逸脱行動を規制する機能を期待するというのが根底にある。しかし、2006年12月に安倍晋三内閣のもとで実際になされた教育基本法の改正では、第一項に「宗教に関する一般的な教養」の部分が新たに加えられたのである。この改正は、宗教情操教育の導入には踏み込まず、むしろ

19　実践的なフレームで考え、かつカルト問題を考えると、対宗教安全教育というような、規範的立場からの宗教教育が出てくる。これはジャーナリストの菅原伸郎の提言である。菅原は『宗教をどう教えるか』（朝日新聞社、1999年）の中で、宗教教育について、従来の3区分に対し、対宗教安全教育、宗教的寛容教育の二つを加えた5区分を提起した。安全とか寛容というのは、規範的なフレームに含められる。しかも実際的な場面では相矛盾するような方向性を作っている。つまり安全教育は、危険な宗教に対する警戒態勢というのに近く、寛容は宗教信仰一般への寛容の態度養成であるが、社会的に批判されることがある宗教団体が出現したとき、どちらを優先するのかという実際的問題が生じる。そしてその判断を誰がやるのかという問題である。もし教師個人にその判断をゆだねることを想定しているなら、宗教教育を行なう側の教員の現状からして、実施するのがきわめて困難な提言と言わざるを得ない。

宗教文化教育に近い内容のものであった。

1990年代後半から21世紀にかけて、いっそう進行することになった情報化・グローバル化は、宗教教育の問題に、これまでとは異なる認知フレームを要請することとなった。社会全体が取り込まれたこの大きな変化は、学校教育にも不可避的に及んだからである。

グローバル化と情報化が日本の宗教面でもたらした変化のうち、宗教教育に直接的に関わっているものを具体的に示しておこう。グローバル化に関しては、大きく国内の状況と国外に住む日本人が向かい合う状況の二つに分けることができる。国内では、まず外国から新たに日本人に布教を試みる宗教の多様化が顕著になった。これらの中には無国籍的な雰囲気を漂わせる宗教もある。キリスト教系、仏教系などと、そのルーツを規定できない「ハイパー宗教」と呼びうるものである。その一方で、第1章で示したような外国人労働者や留学生、あるいは国際結婚の増加が顕著になったことにともなう宗教の多様化もある。また国外で生活する日本人が増え、その地域も多様になったことで、日本とは大きく異なった宗教事情のなかで暮らす人が増えたということがある。

新しい認知フレームの必要性

こうしたグローバル化、情報化の進行によって生じている問題は、従来の宗教教育の認知フレームが想定していなかったものが大半である。もっともネット社会の広まりのように、かつて存在すらしなかった現象に対しては、それに関する認知フレームがなかったのは当然である。

グローバル化に関して言えば、身の回りにそれまであまり体験したことのないような外国の宗教が増えてくれば、それに対する基本的な知識をある程度得ることも必要になってくる。給食の献立を考えるに際して、食べ物などに宗教的タブーがある外国人と結婚した親の子どもたちに配慮するような思考法が求められる。国外で生活する人が今後も増えることが想定されるなら、世界の主要な宗教文化についての教育がなされた方が好ましい。これらは教育学その他で展開されている国際理解教育と重なる面が多い。

情報化に関して言えば、宗教に関する多種多様な情報がネット上に氾濫する状況はいっそう進行するに違いない。またブロードバンドやスマートフォンの広まりによって、映像情報により、宗教現象に接する度合いは増すであろう。宗教についての情報に的を絞った情報リテラシーを考える教育も求められることになる。学校で教員や教材を通して宗教情報の量と、ネット上に存在する宗教情報の量は比較にならない違いである。それゆえ、一般的な情報リテラシーに加えて、宗教が対象となったときの情報リテラシーは、何を必要となるかを検討することが大きな課題となる。誰がどのような目的で発信した情報なのか、その情報は対象を適切に理解した上で発信されたものであるかといった、基本的なことを考えていく必要がある。

ここで必要とされる新しい認知フレームは、宗教に関わる誤解や無理解を深めないための教育というものになる。整理できないほどの大量の宗教情報があり、教える者はとうていそれらの概要すら知りえない。身近にこれまでになく多様な宗教の考え、行動形態が広がる。かつて伝統的な宗教文化・宗教的習俗とされたようなものの多くが、若い世代にとって「親しみのない」状態になってきている。

このような状況のもとでは、宗教についての教育といっても、何を教えることがそうなのか、境界線はどんどん不明確になる。「宗教」そのものがぼやけた輪郭しかもたなくなるようになるからである。情報社会は物事をなんでも直ちに相対化してしまう作用をもつ。そうした時代に育った生徒たちが「宗教」を最初から相対化してみてしまうことは大いにありうることである。

宗教文化教育は、従来の3区分のうち、宗教情操教育の問題点を乗り越えていこうとする面はあるが、それはどちらかと言えば消極的理由に属する。積極的にはグローバル化・情報化時代がもたらした新しい局面への対応を、新しい認知フレームとして自覚化していくところが眼目である。それゆえこれは現代日本に限られた議論ではなく、同じような社会変化に直面している他の多くの国にそのまま適用できる認知フレームである。

3　宗教文化教育と意識されない価値判断——認知科学等の視点を参照して

無意識的な価値観から生じる問題

人間は生物であると同時に社会的存在であり、文化的存在である。物事を判断する際に作動している価値観や個々人の認知フレームといったものには、遺伝子的な傾向に加え、育った環境によって形成された要素が大きく影響している。ある人間の宗教的価値観や宗教的行動、倫理観、道徳観といったことを分析しようとする際も、このことは常に念頭に置いておかなければならない。だが、実際に、宗教が人間や人間社会に及ぼしている影響や機能というものを分析する際に、この点は具体的にどのように考慮されているであろうか。

宗教についての議論がなされる場合、宗教の教えや儀礼、修行、信仰実践など、その宗教が信者に課している事柄に主たる注目が置かれてきた。宗教教育という宗教と教育が交錯する領域に関心を抱く研究においても、こうした傾向は同様である。しかしながら、20世紀末より急速な展開をみせている認知科学や脳神経科学等（以下、「脳認知系の研究」と表記する）は、無意識的になされる価値判断や行動形態に関わる新しい知見をもたらしている。その一つが人間が陥りやすい認知バイアスについての研究である。またミーム学（ミーム論）の提起以降さかんに議論されるようになった、遺伝子といわば文化的遺伝子が複雑に絡み合って人間の意識や行動に影響を及ぼすという観点からの議論も、今後の人間研究にとって無視できない指摘を含んでいる。これらは宗教研究にとっても非常に重要な見解と考えるが、宗教に関わる文化的社会的現象を分析する際に、それを考慮する研究は、日本ではまだそれほど多くない。

宗教教育についても、そうした研究の成果に目を向けておかなければならない。宗教教育の難しさがどこにあるかを考えようとするとき脳認知系の研究における最近の議論は大いに参考となる。以下では、宗教教育、とくに宗教文化教育を深める上で考慮していくべき無意識的な認知フレームに焦点を当てる。脳認知系の研究における議論は、従来の宗教教育につきまとってきた価値判断に関わる問題に新しい展望をもたらすと考えているからである。

宗教文化教育は観念的な宗教教育論ではないから、現代日本の宗教文化を扱う際にも、近代日本の宗教史の展開を踏まえてなされなければならない。この国ごとの宗教状況、さらに宗教を包む環境の違いを踏まえた宗教文化教育ということに加え、別の角度からの問題に目を転じたい。それは宗教のように各人の持つ価値観に深く関わり、そしてその評価が各人の認知フレームによって大きく異なる現象を扱うときの根本的な問題である。無意識的になされている価値づけ、評価に対する注意の問題と言ってもいい。

この場合は宗教ごとの基礎知識を深めるのとは異なった視点が必要になってくる。人間の認知のあり方、それが何に影響を受けているか、認知にはどのようなバイアスがかかりやすいか、などである。このような視点が重要であると考えられるようになったのは、最近の脳認知系の研究が実証的方法をとりながら、非常に重要な仮説を提起してきていることが大きい。問われている事柄の中には、自由意志や決定論に関わるものも含まれており、哲学の根本的な問題とされてきたことにも重なるところがある。しかしDNA研究の進歩やｆMRIなどの技術の開発、そしてコンピュータテクノロジーの発達という今までにはなかった研究環境が、従来とは異なるレベルの議論を生んでいる。そのうちの何が宗教教育の問題に直接的に関わって来るのかを考察しなければならない。

宗教についてはどの国でも見えない序列、あるいは意識化されていない序列がある。また好ましい宗教、好ましくない宗教のような評価もある。オウム真理教事件が起こったあと、宗教の善悪を見分けるのが宗教学者の務めではないかのような意見が社会の一部に起こったが、これなどは、まさに宗教の善悪に対する判断基準があるはずであるという前提の存在をあらわしている。

また日本社会では、個々の宗教についての見えない序列のようなものが存在する。神社や仏教宗派は長い時間をかけて日本社会に根付いた歴史があるので、最近になって形成されたような新宗教と比べて同じような視点では扱われない。それはメディアの報道姿勢を見ていても歴然としている。宗教行事の紹介は神社仏閣に関係するものが主流であり、新宗教関係のものはまず扱われない。こうした宗教についての社会的評価は宗教教育の際の各宗教の扱い方にも反映されてきた[20]。

宗教や宗教文化に関する避けがたきバイアスはどうして生じるのか。この点について考察を行なおうとするとき、認知系の学問の参照は非常に有益である。バイアスの理由をたんに知識不足とか、宗教のことをあまり真剣に考えていないからだというような見解にとどめない。文化的に形成されている意識されづらい認知フレーム、さらにはそうした認知フレームの形成に関わっている遺伝的要素ということにも視点を広げられる。グローバル化が進む時代の宗教教育は、それが陥りやすい偏りに自覚的になるためには、個々人の意志決定がなされる過程において、脳内では何が起こっているかという観点からの議論がきわめて重要になってきている。

宗教現象への意識されない認知メカニズム

宗教あるいは宗教文化について教育あるいは企業研修等の場で概略を紹介しようとする場合には、それぞれの宗教について、まず宗教側が公式的に述べているような見解を参照することになる。何が

---

20 藤原聖子はこの点を各国の宗教についての教科書を比較しながら検証し、中立的に見える日本の教科書にも、自覚されない差別・区別が存在することを具体例を出しながら論じている。藤原聖子『教科書の中の宗教―この奇妙な実態』(岩波書店、2011年)、などを参照。

基本的な教典であるか、何が自分たちが大事にしている教えであるか、また儀礼や実践はどのようになされなければならないかである。キリスト教であると神学、仏教であると宗学や教学、イスラム教であれば法学といったものが歴史的に積み重ねられてきているから、そこでの議論を参照することもある。また今日では各宗教が、そのホームページで自分たちの宗教の概略について説明している例が増えている。通常これらを「第一次資料」とし、研究者などが書いたものを「第二次資料」として区別する。

第一次資料類は、いわば暗黙の認知フレームというものを宗教ごとに提供している。部外者の説明はそれに大きく依存することになる。そしてその依存の程度は、世界宗教と呼ばれるもの、歴史的宗教と呼ばれるものの場合は必然的に大きくなる。キリスト教と仏教の違い、キリスト教の中でのカトリック、プロテスタント、オーソドックスの違い、仏教の中での上座仏教と大乗仏教の違いといったことを、宗教文化教育の一環として説明する際にも、それぞれの宗教・宗派の公式的立場を把握しておくことは欠かせない。それを踏まえた上で、研究者たちによる調査、分析、観察といったものによって構築された学術的な見解が参照されることになる。

比較宗教学は、世界各地の宗教について、共通する要因や似たような現象があるのか、あるとしたらそれは何かといったことを問う視点をたずさえて始まった研究法である。他方で、ある宗教に特有のものは何かにも注意を払ってきた。一神教と多神教の違い、戒律の厳しい宗教とそうでない宗教、政治と分かちがたく結びついている宗教と、政教分離を原則とする宗教、儀礼に非常な重きを置く宗教とそうでない宗教など、多くの比較研究は、共通性と独自性をめぐる問題はきわめて複雑であることを示してきた。
宗教文化教育は比較宗教学的な発想、あるいは宗教社会学や宗教人類学などの考えに強い影響を受けているから、宗教間の違いを優劣の視点、進んでいるとか劣っているとかといったような視点からは論じない。どのような宗教であっても、それは人間の営みという観点からみていき、違いは宗教ごとの目指す理念の違いや、そのときどきの社会・文化的環境による違いから生じたとするのが基本である。

とはいえ、すべてが相対主義的に扱われているわけではない。その端的な例がカルト問題や宗教テロと呼ばれている出来事の扱いである。密室に連れて行って、人が極度の不安を感じるような話を長時間にわたって続け、それを多額の献金をさせる手段とするような活動、あるいは無差別に人を殺すことを正当化するような教えを、そのまま宗教の一つのあり方として、他と同列に紹介するというようなわけにはいくまい。宗教の理念を名目に無差別テロを行なうのもまた宗教的教義の一つの展開であり、共生していくべきであるというような視点に立って説明することは、少なくとも今の日本の社会においては、許容されるものではない。

宗教文化教育においては、宗教がどの方向に進むべきかの議論を目指してはいない。もしそのようなことを行なうのであれば、それは宗派教育においてなされるのがふさわしいであろう。けれども、宗教文化教育であっても、どのようなことは避けなければならないかの議論はなされる必要がある。

こうした立場からすれば、基本的方針は明確になる。宗教側が自分たちの教えを最高のものと位置付けたり、儀礼に高い価値があると説明したりしても、そのままに位置づけない。あくまで当事者にとっての価値を紹介するにとどめる。逆に他の宗教に対する低い評価、場合によっては貶めるような言い方があっても、それはその宗教からの評価とするにとどめる。個々の宗教への評価は個々人に委ねられる。しかし明らかに現代世界で受け入れられないような主張や活動がなされていると考えられるような場合には、他と同列には扱わない。

多くの場合、宗教文化教育で行なえる範囲はおおよそここまでであると考えられる。だが、それで価値判断に関わる事柄が解決されたかというと、そうではない。通常はあまり意識されない評価という問題があり、この点が実は無視できない重要な意味をもっている。通常あまり意識されない評価というのは、たとえば「世界宗教」と表現した段階で生じる効果、神道は「日本の伝統的宗教である」と表現したときに生じる効果を考えると分かりやすい。

世界宗教には民族宗教というしばしば対比的に用いられる概念があるが、比較宗教学的な観点からは、それはどれだけ多くの国や民族に広がったかというのが区分のもっとも重要な点である。しかし世界と民族という言葉の対比構造そのものが、世界宗教の方がより高次な宗教である、という暗黙の評価を生み出す場合があるのも確かである。あるいは伝統的宗教と新宗教という表現は、その社会における存在時間の違いや社会制度との関わりの深さなどを基準にして用いられていると考えられるが、伝統的な方が正統的であるという考えになりやすい。

用いる言葉によって生じるこうした差異化・差別化は意識されない評価につながるので、細かな注意が必要である。ただ、これが言葉の用い方、概念の適切な理解ということで収まらない面があることを述べていく。あまり意識されない評価が、実は人間の認知のあり方に関わっている側面があるとすると、個別の宗教団体や宗教現象に対し無意識のうちに形成されている差別化・差異化がなぜ生じるのかという問は、あらたな様相を見せてくる。宗教についてのより正確な知識を身につけるというだけでは解消できない次元へと足を踏み込むことになるからである。

この意識化されにくい、あるいは意識化がきわめて困難な問題を、少し長い時間のスケールで考えてみたい。これは宗教教育固有の問題ではない。最近の認知科学や脳科学に関連する諸研究では、人間の思考や行動形態を理解するにあたって、人類進化の過程で遺伝子に組み込まれたいわばプログラムに注目する。進化心理学、進化生物学など、明確に進化の語を冠した分野はとくにそうである。

宗教文化教育は基本的に各宗教についての価値判断は行なわないのは原則としても、価値判断から無縁ではいられない。それゆえ、人間の認知の問題を長い時間のスケールで考えている研究を参照しておくことはきわめて重要と考える。こうした一連の研究はまさに形成途上であるので、多くの仮説が提起され、反駁がなされ、修正されている。それでもしだいに多くの領域で採り入れられるようになった仮説がある。本稿では宗教文化教育にとって見逃せない二つの視点に着目し、それが宗教文化教育にどう関わるかを議論する。一つは認知バイアスという観点、もう一つは二重過程モデルなどミーム学以降の人間の認知理解の枠組みである。

認知バイアス

グローバル時代の宗教文化教育は教義的なことだけでなく、日常的な行動や感覚の違い、しかも宗教文化に関係しているなどとはあまり意識されないことがらも考慮しなくてはならない。聖書や仏典、あるいはコーランに書いてあることへの基本的理解に加え、ある国のキリスト教信者、仏教信者、あるいはイスラム教徒が日常的に無意識的に行なっている行動や、暗黙の前提としている価値観、認知のフレームというものが重要になってくる。一般の日本人がコーランの内容を詳しく知らなくても、日常的にさほど問題はないが、どんな食べ物がハラールなのかを知っておいた方がいいような職種は増えている。その場合、イスラム教徒は豚肉を忌避するということは、イスラム教を解説した本ならどれにも書いてある。しかし、豚肉を忌避する人たちに対してもつ感覚がどこから生じるかについては、なかなか説明はされない。豚肉を忌避するイスラム教徒に対し、それを彼らの戒律として認めつつも、おいしい肉を食べられない可哀そうな人たちというような意見を持つ人もみられる。

人間が持っている認知バイアスは、宗教的価値観が日常的生活においてあらわれている局面において、作動しやすいと考えられるので、価値に関わる問題を論じるときに参照すべき見解である。心理学、社会心理学、経済学など広い分野で使われるようになった認知バイアスという概念は、人間は「認知的節約者（cognitive miser）」であるという前提に立っている。[21] では、なぜ節約をしなければならないのか。

人間を取り巻く環境が潜在的にもっている情報は膨大である。そのすべてを確認し、どれが重要かを判断し、どういう行動をとることが生命にとって必要なことかといったことを選択するのはきわめて困難である。たとえぼうっとしていても、脳は自分が安全な場所に立っているのか、あるいは座っているのか、呼吸が可能な場所にいるか、危険なものが近寄っていないかなどを、複雑なニューロンのネットワークを使って知覚し認知している。だからこそ読書中にちょっと椅子が傾けばとっさにバランスをとるし、部屋で変なにおいがしたらあたりを見回す。

そうした脳にとって、数学の計算や英語の翻訳や新しい言葉の暗記といった作業は、意識せず行なわれている恒常的な作業に付け加わったさらに面倒で厄介な知覚・認知作業である。自分たちの宗教文化には見られない戒律や宗教実践が、なぜある人々にとってはそれほど重要なのかということを、深く考えるのも、宗教研究の専門家でもない限り、一般には脳に大きな負荷がかかるであろう。とすれば、それほど差し迫っていないなら、できるだけニューロンの働きを節約しようとするのは当然になる。

認知の節約に用いられている一つが、ヒューリスティックと呼ばれているものである。これは「少ない努力で即座に結論を求める方法」と特徴づけられる。短い時間で処理され、妥当と呼べる結論に達することができるものの、厳密なプロセスを踏んでいないので、必ずしも最適な判断や意思決定につながるとは限らない。もし最適解を得ようとするなら、（得られるものがある場合だけだが）アルゴリズムと呼ばれる方法などをとらなくてはならない。

ヒューリスティックとしては、代表性ヒューリスティック、アンカーリングのヒューリスティック、利用可能性のヒューリスティックの三つが代表的なものとされている。このうち代表性ヒューリスティックに手短に触れる。これはある事柄について典型的と思われるものを判断に利用しようとするようなやり方で、典型的な特徴をもつ内容に対する確率を過大に評価しやすくなるものである。これを

21 こうした考えの多くは、トベルスキー（Amos Tversky）とカーネマン（Daniel Kahneman）らの業績に基づいている。彼らの実験によって人間の判断と意思決定が合理的選択理論とは異なった方法で行なわれていることが示された。

具体的事例で示したのが「リンダ問題」として知られているものだが、やや長くなるのでここでは説明しない。少し短い例をあげるなら、ある高等学校の窓ガラスを割った犯人が「高校生」か、「暴走族に加わっている高校生」かと二択で聞かれると、「暴走族に加わっている高校生」と答える人が多いというような例である。論理的に言えば、高校生と答えた方が正解の確率は高くなるが、典型的と思っているものに引きずられてしまうということである。

代表性ヒューリスティックを宗教面に応用してみるとこうなる。どこかの国で爆弾テロがあったという報道を聞いて、これは「イスラム過激派」によるものと考えるか、「過激派」によるものと考えるかと問うと、現代日本ではイスラム過激派と答える人が多いかもしれない。イスラム過激派は過激派の一部であり、可能性だけなら過激派と考えた方が正解の確率の高い推測であるが、それより狭い範囲のイスラム過激派を、典型例としてすぐ連想してしまう人が少なからずいるということである。

認知科学を採り入れた人間研究においては、認知バイアスについての議論が幅広くなされている。そこで浮き彫りにされていることの一つは、人間は常に合理的な選択をするわけではないという点である。不合理と分かっていてもそちらを選ぶときもある。行動経済学者のダニエル・カーネマンらのプロスペクト理論が注目されたのも、人間の経済行動がしばしば合理的とは言えない判断に従っていることを、現実の人間の判断に即して示したところにある。

宗教的行為はもともと合理的には説明が難しいものが多いとされてきた。非合理的な観念や行動はむしろ宗教的な観念や行動の特徴とさえ考えられたりする。従って人間が常に合理的な選択をしないといっても、そのことには宗教研究者はさして驚かない。しかし宗教には合理的でない思考や行動が珍しくないというだけにとどまっていると、実は明確な理由があって一見合理的ではない考え方や行動をすることへの追究がおろそかになりがちとなる。

確証バイアス

宗教文化教育は、教義だけでなく日常的行為に関わる理解を重視するので、その宗教の教えだけでなく、その宗教の教えの背景にある当該社会の慣行や価値観、当該文化の中で存在する特定のフレームといったものの影響に目を向けなくてはならない。宗教問題だけでなく、当該社会に生じやすい認知バイアス、そしてどのような社会であるかにかかわらず人間に生じやすい認知バイアスということを考慮する必要がある。

認知バイアスの一つである確証バイアスについて、宗教文化教育にどう関係するかを検討してみる。確証バイアスは自分がすでに持っている信念や仮説を確認するようなやり方で情報を探し、解釈し、えり好みするような傾向を言う。非常にありふれた現象である。たとえば宗教は人間に必要だと思っている人は、それを補強するようなニュースや論説や意見などを好む。宗教を否定的に見ている人は、それを確信させるような出来事に目がいく。そうした傾向のことである。

確証バイアスの例は宗派教育においてはたやすく見つけることができる。自分たちに関わる宗教については肯定的な評価をするのが通常であるから、その宗教に関わる社会現象、その宗教を扱った文学作品や映画や美術などについては、その宗教を肯定的に評価するようなものを探し、自分たちの価値観の正しさを確認していくという傾向が強くなる。

宗教情操教育が公立学校において可能かどうかが議論になったとき、特定の宗教に関わらない一般的宗教情操なるものがあるかどうかが、一つの焦点になった。先に述べたように、そういうものがあると主張する人たちが出す例が「生命の根源、すなわち聖なるものに対する畏敬の念」であった。これが確証バイアスとして存在するなら、それに合致するような例を見つけることは可能だろう。どの宗教にもそうしたものだが、このときの「生命」は一体どのようなものを想定しているのであろうか。

個々の宗教を見ていくと、「畏敬の念をもつべき生命の根源」が具体的には何を指しているのか焦点を定められるとは思えない。一般的な宗教情操があるという主張そのものが、たとえば「すべての宗教は根源において同じである」というような考えを拠り所にした確証バイアスの産物ではないかという見方が出てくる。

宗教文化教育においても、宗教は社会生活において必要なものと前提する研究者がほとんどであると考えられるから、宗教を扱った映画、文学、芸術、美術、その他についても、それを確認する素材を選ぶ傾向が出てくる。そのこと自体を否定しなくてもいいが、そのようなバイアスが生じやすいということを意識しておくことも必要である。確証バイアスに限らず、多くの認知バイアスは利己的であると指摘されている。それはバイアスが個人や種の存続に都合のいいように形成された可能性があると考えるなら、自然なことである。宗教に関わる現象が認知バイアスの対象になることは当然である。宗教は例外であると前提する根拠はない。

進化論の再検討

人間が生物であり、かつ社会的・文化的存在であるということを、個々の文化現象においてどう斟酌していくか。進化生物学などにおける議論を踏まえて出されている考えとして代表的なものが、ミーム学、二重相続理論（DIT）や二重過程理論などである。宗教に関わる議論に適用するには、日本の研究の現状からすれば、いずれも仮説として捉えておくのが妥当かもしれないが、欧米ではもはや無視できないほどの議論が蓄積されてきている。2006年には国際認知宗教学会が設立されているが、この学会ではここで扱ったような説は、踏まえるべき当然の学説なり理論なりになっている。

これらは人間の社会的文化的行動の考えに対してほぼ似たような把握の仕方をしている。宗教的理念、宗教的行動に即して応用すれば、おおよそ次のような理解の仕方になろう。まず人間の遺伝子に組み込まれた情報には宗教的理念、宗教的行動につながるものが含まれている。これは決して宗教的遺伝子のようなものがあるという考えではない。あくまでいくつかの遺伝子の組み合わせが宗教的な考え方や行動の形成に影響するという捉え方である。発現する遺伝子の組み合わせが異なれば、異なったタイプの宗教が生まれることになる。また模倣を通して得られ脳内に組み込まれたいわば文化的遺伝子のようなものが想定されているが、その中にも、宗教的理念や宗教的行動と呼ばれるものに関わるものがある。遺伝子と文化的遺伝子は独立的に作用するのではなく、互いに影響しあう形で、ある人間の宗教的思考や宗教行動をもたらす。

この一連の考え方に大きな影響を与えたのが英国の生物学者リチャード・ドーキンスのミーム学で

ある。ただしミーム学は、強い支持者がいる一方で否定論者もいる。遺伝子はDNAという情報をコピーする際の確固たる媒介物があるが、ミームは模倣により伝達されていくとされているので何が単位になるのかそこからして議論が出てくる。

認知系の研究では、模倣はミミック、エミュレーションとイミテーションの三つに分けられることがある。[22] ドーキンス以後、ミームはこの三つの模倣のいずれにも関わるような議論にもなってきているので、話が複雑になるのは避けられない。それでもミーム論は天動説と地動説の違いに比されるくらい、人間観の大きな発想の転換がある。多くの弱点をもった仮説であるにもかかわらず、強い支持者がいるのも、そうした根本的人間観に関わる着眼があったのが一因と考えられる。

ドーキンスは文化的遺伝子を遺伝子（gene）をもじりながらミーム（meme）と名付けたと言っている。模倣によって複製されていくミームという概念が提起されたのは、1976年に刊行された *The Selfish Gene* という本においてである。同書は1980年に『生物＝生存機械論――利己主義と利他主義の生物学』というタイトルで邦訳が出たが、日本で広く話題になったのは、同書が1991年に『利己的な遺伝子』というタイトルとして刊行されてからである。タイトルの衝撃もあったが、その間に日本でも遺伝子に関わる議論が人文・社会科学にもかなり広がってきたことも一因と考えられる。ドーキンスはユニバーサル・ダーウィニズムの立場、つまりダーウィニズムを文化、社会現象に適用していく立場に立っている。

ここで提起された視点のもっとも重要なポイントは、人間が遺伝子に操作される面への着眼である。それまで本能というような形で論じられてきたことが、生物学の理論を文化的現象にも広く適用されたことである。本能は食餌行動、性的欲求、他者への攻撃、母性、集団の防御など、人間が生きていく上であらかじめ組み込まれているように思える行動様式に当てはめられた。しかし、文化的行動はその上位にあり、本能をコントロールする役割と力がある。大まかに言えばそのような理解の枠組みが従来は支配的であった。

ミーム論は、文化的なものにも進化論は適用され、かつ人間がコントロールできない部分があることを重視する。ミームが生き残りやすい個体を選んでいくという立場なので、従来とは逆転の発想である。端的に言えば、人が思想を選ぶのではなく、思想が人を選ぶというような考え方である。これによって、ある思想が一気に広がるのはなぜか、特定の観念が世代を超えて継承されていくのはなぜかという問いに新しい説明原理がもたらされた。つまりその思想が優れているから広がったのではなく、それが生き残りの戦略にすぐれているので多くの地域に広がったり、長く継承されたりしやすいという説明原理である。

遺伝については遺伝子型と表現型の二面からの捉え方がある。遺伝子型はA（アデニン）、G（グアニン）、C（シトシン）、T（チニン）の四つの塩基の組み合わせに帰される遺伝子そのものへの着目であり、表現型は、結果的に発現した形態への着目である。たとえばその人の髪の色が黒くなったか金

22 トマセロ（Michael Tomasello）は、模倣を『ミミック（mimic）』、『エミュレーション（emulation）』、『イミテーション（imitation）』の三段階に分けている。ミミックは、対象の行動の意図や目的とは無関係に、同じ動作を行なうもの。エミュレーションは、対象の行動の意図や目的をまねるが、動作自体が同じかどうかは関係ない。イミテーションは、対象の意図、目的、動作と同じであるような模倣。

髪になったか、茶色になったかなどで区別していくことになる。表現型が同じでも遺伝子型は異なることがある。

ミーム論を強く支持するスーザン・ブラックモアは、ミームについてこの区分を適用し、遺伝子型に当たるものを、「行動のレシピ」と呼び、表現型に当たるものを「行動そのもの」と呼んでいる。[23]そして伝達されていくのは「行動のレシピ」であるとする。ある音楽の楽譜が伝達されれば、演奏はさまざまになされても、その曲は世代を超えて継承されていく。そのような理解である。

これは宗教にどう適用できるであろうか。キリスト教では「神は創造主である」というのが「行動のレシピ」とみなせる。実際の儀礼や信仰の場ではその教えが多少のバリエーションをもって伝えられても、神を創造主として捉えていく考えや行動は世代を超え、地域を超えて伝わっていく。また表現型が同じでも、遺伝子型が異なることがあるという点を宗教に適用すると、神に対する頭を垂れての敬虔な祈りの儀礼として非常に似ていても、行なう人たちが一神教の場合もあれば多神教の場合もあるというような例が挙げられよう。異なった「行動のレシピ」であっても似たような「行動そのもの」を生むと解釈できそうなことは、実際の宗教の場面では珍しくない。断食の苦行、瞑想、同じ祈りの言葉を繰り返し唱えるといった行為など、複数の宗教に見られる儀礼、修行、実践法がある。

「行動のレシピ」の模倣については、ある宗教の基本的考えは世代を超えて伝わるという従来の理解とさほど違いはないようにも見える。しかし、他者にひどく攻撃的で、争いを好むような主張が、文明化された社会でもなぜなくならないのかというような疑問に対しては、腑に落ちやすい説明となる。たとえば自分たちの集団と対立する集団は殺せというような考えは、善悪でいえば悪とされるであろう。しかし、そうしたミームを受け入れた人間がどの時代にも一定数いれば、その考えは現代にまで生き延びることができる。

宗教が平和運動を推進したり、貧しい人々に救いの手を差し伸べたりするような活動を展開する一方で、宗教戦争、あるいは宗教が深く関わった紛争も絶えることはない。現代の宗教紛争が民族紛争に始まったり、政治的利権争いが原因であったりしたとしても、宗教的な理念や宗教組織がもつ影響力が利用されているのは明らかである。このような現象もまた、こうした考えからすると確かに説明しやすくなる。

文化的遺伝子といった考えは、二重相続理論（DIT、dual inheritance theory）にもみられる。これは生態学者のロバート・ボイドとピーター・リチャーソンによって1980年代に提唱された[24]。ある世代から次の世代への行動パターンの受け渡しは、遺伝的相続と文化的相続の両方を使って行なわれるが、両者は相互に関係するので、文化的相続のパターンもさまざまな遺伝的要因（とりわけ学習能力やさまざまな心理的バイアス）によって規定されると考える。生得的、習得的という言葉はよく使われるが、両者の相互関係を議論したと言えばいいだろう。

ボイドらも認知バイアスの観点を導入している。とくに重視するのが、頻度依存バイアスである。簡単に言えば当該社会にある一定以上の割合で広まっている思想や行動形態は受け入れられやすいということである。宗教社会学者のデュルケムは聖なるものの本質を社会とみなしたことで広く知られ

23 スーザン・ブラックモア『ミーム・マシンとしての私』上・下（草思社、2000年）。
24 Robert Boyd, Peter J. Richerson, *The Origin and Evolution of Cultures*, Oxford University Press, 2005. 参照。

ているが、一つの社会に複数の宗教があるような現代社会における宗教の機能を議論するときには、二重相続論には説明しやすさがある。それは革新的な新しい宗教が出てきても、なぜ伝統的とされる宗教が、次の世代においても受け入れられやすいのかというような場合である。

現代日本では多くの人が神社に参拝し、仏教宗派にも関係する。ともに広く受け入れてきた宗教と言える。その他、カトリックやプロテスタント、そして数多くの新宗教がある。もしある人の両親がそれぞれ異なる宗教に属しており、それらが地域社会で多数派を占める宗教とは異なっていたような場合、その人は成人の過程でどの宗教を選ぶことになるか。こうした場合、たんに複数の宗教があるというだけでなく、ある突出した割合の宗教があるときは、それが選ばれる割合が高くなるという。これが頻度依存バイアスで解釈できることになる。ただし頻度依存バイアスには逆に少数派を選ぶという場合もあって、結局ある宗教の選択の傾向をどの認知バイアスで説明できるのか、事例に即した議論が必要になる。

ここでも文化的な行動に遺伝的要因をみていくから、宗教の教えや儀礼などにも、人間がもつ遺伝的要素が絡まるという見方をとる。といっても、やはり宗教的遺伝子のようなものが想定されるわけではない。

二重過程理論

二重過程理論（dual process theory）はカナダの生物学者キース・E・スタノヴィッチらによって支持されている理論である。スタノヴィッチはドーキンスのミーム論を踏まえている。『心は遺伝子の論理で決まるのか――二重過程モデルでみるヒトの合理性』[25]（みすず書房、２００８年）として邦訳された書の中で、二重過程理論に言及している。自動的に作動する認知機構（ＴＡＳＳと呼んでいる）と、分析的システムの二重過程によって人間は動かされているとみなしている。

二重過程理論という発想に属するものは、たとえば、「したい」自分と「すべき」自分、ホットシステムとクールシステム、ヒューリスティック処理と系統的処理、あるいは直観システムと推論システムなどである。いずれもＴＡＳＳと分析的システムという二つの区分に対応する。

スタノヴィッチが示したＴＡＳＳの主要な特性は、迅速で、自動的で、強制的なことである。他方、分析的システムは、論理的、記号的思考に適した強力なメカニズムであるが、文脈から離れた認知様式であるため演算能力への負担が大きく、維持するのが容易ではないとしている。先に述べた認知的節約ということに関わっている。

彼の議論の注目すべき点は、ＴＡＳＳと分析的システムとの相互関係である。人間の認知のあり方を火星探査機に喩えている。地球から発射された火星探査機は火星上で作業をするにあたって一々地球からの指令を受けるわけにはいかない。地球から火星にいる探査機に指令を送ろうとすると、相対的位置により異なるが光速でも3～5分半かかる。往復ならその倍である。目の前の障害物についての情報を得て、それに対処するのにそんなに時間がかかっては作業にならない。そこで探査機にはいくつかの予想プログラムを組みこんでおき、火星では未知の状況をそのプログラムによって対処する

25　原題は Keith E. Stanovich, *The Robot's Rebellion : Finding Meaning in the Age of Darwin*, University of Chicago Press, 2004.

ようにしておく。これはNASAが実際にとっている方法である。

これが何を比喩しているかというと、探査機が人間であり、探査機に予め組み込まれたプログラムが遺伝子である。そしてスタノヴィッチは、「ヒトは、遺伝子はみずからの利益になるとなればいつなんどきでも乗り物を犠牲にする、という驚愕の事実を認識した最初の乗り物である」と述べている。つまり人間は、自分の持つ遺伝子が自分の行動にどのような恐るべき仕掛けをもっているかについて認識した初めての生き物ということである。

「遺伝子はみずからの利益になるとなればいつなんどきでも乗り物を犠牲にする」ということが具体的に何を言いたいのかは、自爆テロを考える分かりやすい。あるいは神風特攻隊でもいい。自身を犠牲にすることが民族のため、祖国のためと思うような行為は、民族や祖国の継続を願うというミームの戦略と理解することになる。これを実行した人間は死ぬけれども、これにより民族や祖国のために命をなげうつという遺伝子は模倣されるという考えである。自爆した人が子どもをもたない場合、その人の遺伝子は継承されないが、ミームはその行為への賞賛によって継承されうる。

スタノヴィッチは宗教については、「環境に付随的に生じる偶発的ミームの古典的例である」とみなしている。カトリックやイスラム教などもミーム複合体と位置付ける。宗教は固有の領域をなすとは考えていない。

こうした考えが宗教文化教育の議論のどの部分に関わって来るか。それは世界のさまざまな宗教文化は、一体どのような理由で生き延びてきたのかという考察の際に参照することができる。ただし、二重過程理論では、宗教がその宗教を担う集団の存続にとって常に有利に機能するとは限らないということになろう。

宗教に限らず人間の行為全般へのやや悲観的な見解も垣間見られるが、この書でのスタノヴィッチの議論を支えている哲学的立場の一つを、彼自身はノイラート的試みと呼んでいる。オーストリアの哲学者オットー・ノイラートが示した考えに依拠しているからである。ノイラートが使った、底板の一部が腐った船の修繕という比喩に言及している。船を修繕するのに岸まで持っていく余裕がない。どこが腐っているかも分からない。そのままにしておくと沈没する。そうした中である決断が迫られる。そういう状況を指している。そこでは最終的に自己修正する力への信頼に言及される。合理性を用いて合理性を評価する「メタ合理性」による試行とでも言うべきものである。ノイラート的試みとは、理性もまた何か遺伝子的なものに操られているかもしれないという危惧を抱きながらも、しかし理性の働きに最終的に「賭ける」というような立場と理解できる。

二重過程理論に依拠すると、人間が限りなくロボットに近く見えてくるが、そのロボットの最後の反逆の拠り所にするのがメタ理性であり、ノイラート的試みということになろう。本書の原著のタイトルが『ロボットの反乱』となっているのは、そう理解される。これは人間が持っている価値観が、実はすでに用意されたものに操られている可能性への言及と、それから脱却する可能性を論じたものである。この書での議論を宗教文化教育の具体的な方法に直接関係づけることは困難である。そうではなく、宗教文化教育がなぜ必要かを根底から考えるときの、一つの立場として参照すべきものである。世界のさまざまな宗教文化についての理解が多文化共生時代には必要だとしても、そのこと自体が何をもたらすことになるかを吟味する姿勢も備えておかなければならない。

多くの人が自然に受け入れている宗教、社会の大半が受け入れている宗教、さらに社会から警戒されている宗教、それぞれがなぜそうなのかを自省するときにも手がかりになりうる。

宗教文化教育においては、個々の宗教への価値判断は原則的に留保されることを述べたが、それぞれが現代社会に存続していることへの評価自体をすっかり棄て去るわけにはいかない。宗教文化教育も価値に関わる問題からは自由ではありえない。あらゆる宗教、あらゆる宗教文化、そしてあらゆる宗教的信念が、一歩間違えるとどのような落とし穴に入り込みかねないかを考える余地を残しておかなければならない。

ここで紹介したような、あらゆる人間の考えや行動には、個人の存続と文化的遺伝子の存続という目的がデフォルトとして備わっているというような捉え方は、宗教文化教育の教材を作成したり、宗教文化についての説明をする際に、常に念頭に置いておくという類のものではない。宗教には非常に多様な実践形態があり、政治、経済、芸能、レジャーなどさまざまな社会現象、文化現象と影響しあっている。宗教文化教育といういくぶん的を絞った宗教教育であっても、交錯する価値観をどう評価するかという問題から自由ではありえないことを忘れてはいけないということである。客観的と思っていても、それが無意識的に何かに思い込まされた結果かもしれないという反省の道を用意しておくことは、宗教や宗教文化を対象とする教育にとっては、欠かせない視点である。

あとがき

本書の刊行は、國學院大學日本文化研究所の宗教教育プロジェクトの開始時から約30年目、宗教文化教育という発想を得てから20年近く、そして宗教文化教育推進センターが設立されてから10年目という時期にあたる。

一冊の本としてまとめることができたが、その背景には総計では２００名近くにのぼる多くの方々とのさまざまなプロジェクト、共同研究、研究調査等の積み重ねがある。以下に示す関連の刊行物に、共に研究を行なった方々や御協力いただいた方々のお名前を記してあるので、本書では触れないでおくが、こうしたつながりがあってこのような形でまとめることができたことをあらためて噛みしめ、感謝の念に堪えない。

本文中に何度か触れたが、この研究の出発点は、日本文化研究所の宗教教育プロジェクトである。このプロジェクトには10人を超えるメンバーが関わった。私が編集責任を務めることになった國學院大學日本文化研究所編『宗教教育資料集』（鈴木出版、１９９３年）と、同『宗教と教育』（弘文堂、１９９７年）は、このプロジェクトメンバーの協力の賜物である。

宗教教育プロジェクトは「宗教と社会」学会の宗教意識調査プロジェクトとの合同で、20年間に12回にわたって学生に対する質問紙調査を実施した。その成果は12冊の報告書を一冊にまとめた『学生宗教意識調査総合報告書（１９９５年度～２０１５年度）』（國學院大學、２０１７年）と、全体を比較分析した同『学生宗教意識調査総合分析（１９９５年度～２０１５年度）』（同、２０１８年）として刊行された。私は両方のプロジェクトの責任者であったので編集責任者となったが、一連の調査の分担者と協力者は１００名を超える。また宗教教育プロジェクトと宗教意識調査プロジェクトには、韓国の研究者数名の協力を得ている。

２０１１年１月に発足した宗教文化教育推進センター（Center for Education in Religious Culture）では、宗教文化士制度が軌道に乗った段階で、付属資料のある問題集を刊行した。宗教文化教育推進センター編『解きながら学ぶ日本と世界の宗教文化』（集広舎、２０１９年）である。これは私が編集委員長になっているが、30名近い方々が編集委員あるいは編集協力者になっている。

宗教文化教育推進センターの連携機関である宗教情報リサーチセンター（Religious Information Research Center）は、『ラーク便り―日本と世界の宗教ニュースを読み解く』を季刊で会員に配布している。毎回10名余のＲＩＲＣ研究員が執筆しているが、ＲＩＲＣのセンター長として最新の宗教記事に接することができ、宗教文化教育の具体的内容を考えていく上で大変役立った。２０１９年３月にＲＩＲＣ設立20周年の記念として刊行された宗教情報リサーチセンター編『海外における日本宗教の展開―２１世紀の状況を中心に』と、同『日本における外来宗教の広がり―２１世紀の展開を中心に』は編集責任者として関わったが、各執筆者の論文は本書にも参考にさせてもらった。なお、この二冊は非売品であるが、ＲＩＲＣのホームページからダウンロードできる（http://www.rirc.or.jp/20th/20th.html）。

宗教文化教育はしだいにその対象を広げてきた。当初は大学生・大学院生を主たる対象としていたが、初等・中等教育の教員、報道関係者、さらにそれ以外への人も念頭に置くようになった。21世紀に入ってからのグローバル化や情報化の急速な進行により、日本社会が激変しつつあることを意識せざるを得なかったからである。さまざまな職業で、宗教問題に向かいあうことになるであろう人々を想定して、2013年に『要点解説　90分でわかる！　ビジネスマンのための「世界の宗教」超入門』（東洋経済新報社）を編集した。『解きながら学ぶ日本と世界の宗教文化』も、読者対象には一般の人びとも想定している。

宗教文化教育を考える過程では、宗教や宗教文化と正面から向かい合うことの難しさや、それゆえの意義を感じてきた。宗教文化教育は日本で生まれた発想ではあるが、他の国々においても似たような発想で始められた試みがある。同時並行的に世界でなされているこうした試みを手がけている人たちと、さらに深く意見を交換することが必要になってきた。本書が教育の場や職場や地域社会などにおいて、多様な宗教文化がふれあったり、ぶつかりあったりするようなときに、心にとどめておくべきいくつかの視点を提供することになればと願っている。

最後に本書の刊行にあたりお世話になった弘文堂の三徳洋一氏に深く感謝したい。同氏は私の最初の単著である『海を渡った日本宗教』（1985年）の編集担当者でもあり、長いご縁である。

2020年5月

井上順孝

索　引

ア行

カ行

サ行

タ行

ナ行

ハ行

マ行

ヤ行

ラ行

ワ行

1～，A～Z

井上順孝（いのうえ のぶたか）
1948年　鹿児島県生まれ
1974年　東京大学大学院人文科学研究科博士課程退学
東京大学文学部助手、國學院大學神道文化学部教授、同学日本文化研究所所長（兼任）、同学研究開発推進機構機構長（兼任）等を歴任。
國學院大學名誉教授、宗教情報リサーチセンター長、宗教文化教育推進センター長、アメリカ芸術科学アカデミー外国人名誉会員。
博士（宗教学）。元「宗教と社会」学会会長、元日本宗教学会会長。

主な著書
『海を渡った日本宗教―移民社会の内と外―』（弘文堂、1985年）
『教派神道の形成』（弘文堂、1991年）
『新宗教の解読』（筑摩書房、1992年）
『若者と現代宗教―失われた座標軸』（筑摩書房、1999年）
『図解雑学　宗教』（ナツメ社、2001年）
『宗教社会学のすすめ』（丸善株式会社、2002年）
『神道入門―日本人にとって神とは何か』（平凡社、2006年）
『宗教社会学がよ～くわかる本』（秀和システム、2007年）
『人はなぜ新宗教に魅かれるのか？』（三笠書房、2009年）
『本当にわかる宗教学』（日本実業出版社、2011年）
『神道―日本人の原点を知る』（マガジンハウス、2011年）
『世界の宗教は人間に何を禁じてきたか』（河出書房新社、2016年）
ほか編著書等多数。

グローバル化時代の宗教文化教育

2020（令和2）年7月30日　初版1刷発行

著　者　井上　順孝
発行者　鯉渕　友南
発行所　株式会社　弘文堂　101-0062　東京都千代田区神田駿河台1の7
TEL 03(3294)4801　振替 00120-6-53909
https://www.koubundou.co.jp

装　丁　土屋順子、丸山純
組　版　堀江制作
印　刷　大盛印刷
製　本　井上製本所

ISBN 978-4-335-16099-8